RECLAMS STÄDTEFÜHRER

Prag

RECLAMS STÄDTEFÜHRER
ARCHITEKTUR UND KUNST

Prag

Von Isabella Woldt

Mit 25 Abbildungen sowie
12 Plänen und Grundrissen

Philipp Reclam jun. Stuttgart

RECLAMS UNIVERSAL-BIBLIOTHEK Nr. 18514

Umschlagabbildung: Blick auf den Hradschin. Foto: Achim Bednorz, Köln;
Innenklappe vorne: Kuppel von St. Nikolaus (Foto: imago / imagebroker);
Restaurant im Tanz-Haus Ginger & Fred (Foto: imago / CTK Photo) –
Innenklappe hinten: Schloss Troja (Foto: imago/McPHOTO);
Kloster Strahov, Philosophischer Bibliothekssaal (Foto: imago/Eibner).
Gesamtherstellung: Reclam, Ditzingen. Printed in Germany 2012
RECLAM, UNIVERSAL-BIBLIOTHEK und
RECLAMS UNIVERSAL-BIBLIOTHEK sind eingetragene Marken
der Philipp Reclam jun. GmbH & Co. KG, Stuttgart
ISBN 978-3-15-018514-8

www. reclam. de

Inhalt

Prag – *Caput Regni*
Stadt der Kaiser und Revolutionäre 9

Stadtgeschichte in Daten 36

Kulturkalender 41

Rundgänge 44

Prager Burg (Pražský hrad) 46
Historische Entwicklung 46
Sakralbauten: St.-Georgs-Kloster und -Kirche 56 · St.-Veits-Dom 59
Profanbauten: Alter Königspalast 76 · Theresianisches Adeliges Damenstift 88 · Lobkowitz-Palais 88 · Burggrafenamt 88 · Goldenes Gässchen 88 · Umwehrung 89 · Daliborka-Turm 90 · Weißer Turm 90 · Mihulka-Turm 90 · Schwarzer Turm 90 · Hirschgraben 91 · Pulverbrücke 91 · Königliches Lustschloss / Belvedere 91 · Singende Brunnen 93 · Ballhaus 93 · Villa Bílek 94 · Ehem. Reitschule 94

Hradschin (Hradčany) 96
Sakralbauten: Karmelitinnenkloster mit St.-Benedikt-Kirche 96 · Loretoheiligtum 96 · Kloster Strahov 100 · Ehem. Ursulinenkloster und St.-Johann-von-Nepomuk-Kirche 108
Profanbauten (am Hradschiner Platz): Mariensäule 110 · Schwarzenberg-Palais 110 · Palais Salm 111 · Toskanisches Palais 112 · Erzbischöfliches Palais 113 · Sternberg-Palais 114 · Martinitz-Palais 115
Profanbauten (übrige Bauwerke): Czernin-Palais 116

Kleinseite (Malá strana) 119
Sakralbauten: St.-Josef-Kirche und -Kloster 119 · St.-Laurentius-Kirche 119 · St. Maria de Victoria 120 · St. Maria unter der Kette 121 · St. Nikolaus 122 · St.-Thomas-Kirche und -Kloster 128

Profanbauten: Paläste – Fürstenberg-Palais 130 · Kolowrat-Palais 130 · Palais Pálffy 131 · Ledebour-Palais 131 · Czernin-Palais 131 · Großprioratspalais 131 · Buquoy-Palais 131 · Kaunitz-Palais 132 · Lichtensteinpalais 132 · Lobkowitz-Palais 132 · Michna-Palais 133 · Nostitz-Palais 134 · Schönborn-Palais 135 · Thun-Palais 136 · Thun-Hohenstein-Palais 136 · Slavata / Palais der Herren von Hradec 137 · Palais Czernin-Morzin 137 · Vrtba-Palais und Garten 137 · Waldsteinpalais 138 *Andere Profanbauten*: Haus Zum goldenen Hirsch 143 · Haus Zu den drei Straußen 143 · Kleinseitner Rathaus 144
Straßen, Plätze und Denkmäler: Brückengasse 145 · Brückenzollamt 145 · Kleinseitner Ring 145 · Pestsäule 145 · Smiřický-Palais 146 · Neruda-Gasse 146 · Waldsteinplatz 146 · Malteserplatz 146 · Halbinsel Kampa 147 · Großprioratsmühle 147

Altstadt (Staré město) 148
Sakralbauten: St. Aegidius 148 · St.-Agnes-Kloster 149 · St. Bartholomäus 150 · Bethlehemskapelle und Predigerhaus 150 · St. Franziskus Seraphicus 151 · St. Gallus 153 · St.-Jakob-Kirche und -Kloster 155 · Hl.-Kreuz-Rotunde 157 · St. Martin in der Mauer 158 · St. Nikolaus am Altstädter Ring 159 · St. Salvator 162 · Wälsche Kapelle 165 · St. Clemens 165 · St. Salvator 166 · Teynkirche 166
Profanbauten: Altstädter Rathaus 170 · Carolinum 173 · Clam-Gallas-Palais 177 · Clementinum 180 · Colloredo-Mansfeld-Palais 184 · Palais Goltz-Kinský 185 · Haus der Herren von Kunštát und Poděbrady 186 · Haus Zum Goldenen Brunnen 186 · Haus Zur Minute 187 · Haus Zur Schwarzen Gottesmutter 187 · Bank der tschechoslowakischen Legion 189 · Hotel Paříž 190 · Pulverturm 190 · Ständetheater / Tyl-Theater 191 · Neues Rathaus 192 · Repräsentationshaus 193
Straßen, Plätze und Denkmäler: Altstädter Ring 195 · Teynschule 196 · Haus Zur steinernen Glocke 196 · Teynhof 196 · Granovsky-Haus 196 · Johannes-Hus-Denkmal 197 · Anenská 197 · Karlsbrücke 197 · Kleinseitner Brückentürme 198 · Altstädter Brückenturm 199 · Brückenskulpturen 200 · Celetná 203 · Kleiner

Ring 203 · Kohlenmarkt 203 · Wimmer-Brunnen 203 · Haus Zu den drei goldenen Löwen 204 · Kreuzherrenplatz 204 · Denkmal Karls IV. 204 · Obstmarkt 205

Judenstadt (Josefov) 206
Altneusynagoge 207 · Hohe Synagoge 207 · Jüdisches Rathaus 207 · Klausensynagoge 208 · Alter jüdischer Friedhof 208 · Zeremonienhalle 208 · Pinkas-Synagoge 210 · Maisel- und Spanische Synagoge 210

Obere Neustadt (Nové město) 211
Sakralbauten: St. Apollinaris 211 · Emmauskloster 211 · St. Ignatius 213 · Karl-Borromäus-Kirche / St. Cyrillus und Methodius 214 · St. Johannes von Nepomuk auf dem Felsen 215 · Karlshof 216 · St. Katharina und Augustiner-Kloster 217 · Longinus-Rotunde 217 · Maria auf dem Anger / auf dem Rasen 217 · Kirche der Schmerzensmutter Maria und das Kloster der Elisabethinerinnen 218 · Maria Schnee 218 · St. Stephan 220 · St. Ursula 221
Profanbauten: Adria-Palast 221 · »Das Tanz-Haus« Ginger & Fred 221 · Nationalmuseum 222 · Nationaltheater 226 · Neustädter Rathaus 229 · Verlagshaus Urbanek 230 · Villa Amerika 230
Straßen, Plätze, Denkmäler, Gärten: František-Palacký-Denkmal 231 · Karlsplatz 232

Untere Neustadt (Nové město) 233
Sakralbauten: St. Heinrich und Kunigunde 233 · Hl.-Kreuz-Kirche 233
Profanbauten: Hauptbahnhof 234 · Hotel Central 235 · Hotel Jalta 236 · Grand Hotel Europa 236 · Kinský-Palais 236 · Koruna-Palast 237 · Lucerna-Haus 237 · Masaryk-Bahnhof 238 · Melantrich-Palast 239 · Bata-Haus 239 · Haus-Lindt 239 · Alfa-Haus 239 · Palais Sweerts-Sporck 239 · Palais Sylva-Tarouca 240 · Wiehl-Haus 240 · Zollhaus 241
Straßen, Plätze, Denkmäler: Jan-Palach-Platz 242 · Rudolfinum 242 · Prager Kunstakademie 243 · Philosophische Fakultät der Prager Universität 243 · Kunst-

gewerbemuseum 245 · Staatsoper Prag 245 · Wenzelsplatz 246 · Wenzelsdenkmal 247 · Na příkopě 248

Vyšehrad (Vyschehrad) 249
Historische Entwicklung 249
Sakralbauten: St.-Martins-Rotunde 252 · Kapelle der Jungfrau Maria an den Schanzen 253 · St.-Peter-und-Paul-Kirche 253
Straßen, Plätze, Denkmäler: Ehrenfriedhof und Slavín 255

Außenbezirke/Vororte 256
Im Norden: Holešovice (Industriepalast, Lapidarium, Stromovka, Lustschloss im Baumgarten, Messepalast, Letná-Park, Maria-Magdalena-Kapelle, Schloss Troja) 256–258
Im Osten: Vinohrady (Veitsberg, Žižka-Denkmal, Kirche des heiligsten Herzens des Herrn) 260
Im Westen: Střešovice (Villa Müller) 263 · Břevnov (St. Margareta, Weißer Berg, Schloss Stern) 264
Im Süden: Smíhov (Dientzenhofer-Haus, Villa Bertramka, Mozart-Museum, »Goldener Engel«) 267–269

Prager Umgebung 270
Burg Karlstein 270 · Kloster Sedletz 272

Museen/Galerien 275

Anhang

Karten 286

Weiterführende Informationen 292
Literaturhinweise 292 · Internetseiten 294

Nachweis der Karten und Abbildungen 295

Objektregister 296

Personenregister 302

Zur Autorin 311

Prag – *Caput Regni*
Stadt der Kaiser und Revolutionäre

Prag, die Metropole in der Mitte Europas, liegt sowohl geographisch als auch kulturell an der Schwelle zwischen dem Westen und Osten des europäischen Kontinents. Ihre kulturelle und politische Bedeutung erschließt sich aus dieser topographischen Lage wie aus der historischen Vergangenheit. Über Jahrhunderte war sie Zentrum, Residenz und Hauptstadt – zuerst des Königreiches der Přemysliden, dann des Heiligen Römischen Reiches, schließlich der Tschechoslowakei und heute Tschechiens. Die Stadt bildete zugleich immer wieder eine Plattform für Konflikte, sowohl in der Vergangenheit – zwischen den deutschen und böhmischen Landesherren, den Ständen, den Katholiken und Protestanten – als auch in der jüngsten Geschichte, als 1968 (Prager Frühling) die Bevölkerung der Tschechoslowakei sich gegen die Unterdrückung seitens des kommunistischen Regimes erhob und von den Panzern der Ostblockstaaten brutal überrollt wurde.

Nach dem Zusammenbruch des Warschauer Paktes im Jahr 1989 und dem Zerfall des kommunistischen Staates ist ein unabhängiges Tschechien mit Prag als Hauptstadt und die Slowakei mit der Hauptstadt Bratislava entstanden. Prag ist wieder zur pulsierenden Metropole herangewachsen und gehört seit den frühen 1990er Jahren neben Berlin und Paris zu den populärsten Städten Europas.

Prag ist eine multinationale Metropole, in der die tschechisch-böhmische und die deutsche Bevölkerung mit ihren jeweiligen Traditionen im gegenseitigen Austausch und im Dialog mit zahlreichen Künstlern und Architekten aus ganz Europa das Stadtbild prägten.

Die Stadt gehört zu jenen historisch gewachsenen urbanen Räumen in Europa, die weitgehend von den Zerstö-

Prag-Vedute, aus Hartmann Schedels *Weltchronik*, um 1493

rungen des Zweiten Weltkriegs verschont blieben und die es daher noch heute erlauben, die im Laufe der Zeit erfolgten Wandlungen deutlich zu erkennen.

Bis ins späte 18. Jh. bestand die Stadt aus fünf rechtlich voneinander getrennten Bezirken und bildete damit eine urbane Agglomeration. Erst 1784 wurden diese Bezirke durch Kaiser Joseph II. in eine Verwaltungseinheit zusammengeführt.

Prag entwickelte sich zwischen den beiden Burgen Vyšehrad und Hradschin, die auf beiden Seiten der Moldau im Norden bzw. im Süden gelegen sind. Die Burg auf dem Hradschin wurde erst durch das Geschlecht der Přemysliden zum festen Sitz der böhmischen Herzöge, später der böhmischen Könige sowie immer wieder der römisch-deutschen Kaiser. Mitentscheidend dafür war die topographische Lage der Burg an der Moldau, die eine gute Anbindung an das übrige Land bot, und auf verhältnismäßig hohen Bergen, die eine geeignete Verteidigung und Überblick über die Umgebung gewährten. Wirtschaftlich bedeutend waren die hier bereits im Mittelalter entdeckten reichen Erzvorkommen und in der Nähe in Kuttenberg das Silbererz, wobei Kuttenberg bald in wirtschaftlicher Konkurrenz mit Prag stand. Prag war im Gegensatz zu anderen mitteleuropäischen Städten wie Nürnberg, Breslau oder Krakau zwar verkehrstechnisch gut angebunden, lag jedoch nicht an den wichtigsten Handelswegen oder einer Wegkreuzung. Händler und Kaufleute wählten diesen Ort weniger als Umschlagplatz, sondern eher als Zielpunkt ihrer Reise, um vornehmlich Luxusgüter an den Endverbraucher, den hier ansässigen Königs- bzw. Kaiserhof und seine Verwaltungseinheiten, zu veräußern (Belzyt 2003).

Unter der Herrschaft von Wenzel, dem Sohn von Vratislav I., erfolgte eine Einigung des Landes, doch wurde er 929 von seinem Bruder Boleslav I. offenbar aus Machtgier ermordet. Da sich unter Wenzels Herrschaft das nationale Landesbewusstsein herauszukristallisieren begann, wurde er in der Folgezeit zum Märtyrer und historischen Landesvater stilisiert. Die Unterbringung seiner sterblichen Überreste im Veitsdom auf dem Hradschin ließ den Ort zur Pilgerstätte werden.

Die Zeit der Herrschaft seines Sohnes Boleslav II. zeichnet sich durch eine rege Bautätigkeit auf der Burg aus. In der immer stärker urbanisierten Umgebung entstanden, nachdem Prag 937 zum Bistum erhoben worden war, zahlreiche Kirchbauten. Innerkirchliche Streitigkeiten und der Konflikt mit seinem Bruder Jaromír führten dazu, dass Herzog Vratislav II. – Sohn Břetislavs I. – um 1070 den Herrschaftssitz auf die Burg in Vyšehrad verlegte und dort ein neues, dem Papst unterstelltes Kapitel gründete. Die Herrschaft von Vratislav II. ist insofern von Bedeutung, als Kaiser Heinrich IV. ihm für seine Treue 1085 die Königswürde verlieh. Allerdings galt sie nur ihm persönlich, nicht seinen Nachkommen. Eine erbliche Königswürde für die Přemysliden erhielt erst Přemysl Ottokar I. 1198 (durch Philipp von Schwaben) und – nachdem er in Ungnade gefallen war – erneut 1212 (durch Friedrich II.).

Dem Privileg der Umwehrung, das die Altstadt in der Regierungszeit von Ottokars Sohn Wenzel I. (1228/30–53) erhielt, folgten Urbanisierung und die Entstehung eines geregelten Stadtwesens. Die Stadtmauer umfasste ein Gebiet von etwa 40 Hektar auf dem rechten Moldauufer und bestand aus zwei Ringen und zwei Gräben. Heute ist ihr Verlauf an den Straßen Národní tŕída (Nationalstraße), Na příkopě (Am Graben) und Revolučni (Revolutionsstraße) erkennbar.

Přemysl Ottokar II. (1253–78) holte Mitte des 13. Jh. norddeutsche Siedler nach Prag, die auf dem linken Ufer der Moldau die zweite Stadt, genannt Kleinseite, gründeten. Seitdem präsentierte sich Prag als eine Doppelstadt, mit einer Verwaltung nach dem Magdeburger Recht. Zu Anfang des 14. Jh. erhielt eine dritte Prager Siedlung die Stadtrechte, nämlich die südwestlich vom Hradschin gelegene Vorburg.

Mit der Ermordung Wenzels III. 1306 endete auch das Přemysliden-Geschlecht in direkter männlicher Nachfolge. Den böhmischen Thron bestieg mit Unterstützung des böhmischen Adels der 14jährige Johann, Sohn des römisch-deutschen Königs (ab 1312 römisch-deutschen Kaisers) Heinrich VII. aus dem Hause Luxemburg. Johann ehelichte die jüngere Tochter Wenzels II. Damit übernahmen die Luxemburger und zugleich die Erben der römisch-deutschen Königs- und Kaiserkrone den böhmischen Thron, was weitreichende Konsequenzen für die Entwicklung Prags hatte. Es war Johann, der am 18. September 1338 in Amiens den Prager Altstädtern seine Zustimmung zum Privileg der Errichtung eines Rathauses erteilte. Auf diese Weise gelang es der Altstadt, die entscheidende Grundlage in Richtung städtische Autonomie zu legen.

In den Künsten dominierte im Mittelalter die höfische Förderung. Neben den beiden Burgen auf dem Hradschin und Vyšehrad wurden zum Ende des 13. Jh. mit der Errichtung der Basilika des hl. Thomas stilistische Grundlagen für eine sakrale Architektur gelegt, die neben den

Burgen zusammen mit dem altstädtischen Rathaus und den Klostergebäuden die markantesten Punkte in dem sich herausbildenden urbanen Raum Prags bildete. Die hohen Chöre Prager Kirchen gelten als Zeichen sowohl höfischer als auch städtischer Repräsentation, ganz besonders für Wenzel II., der im Rahmen seiner Politik den Einfluss und die Macht des böhmischen Königs durch eine zeitweise Erwerbung der polnischen und der ungarischen Krone sowie durch die Heirat mit Guta von Habsburg beträchtlich steigern konnte. Für seine königliche Repräsentation wählte er den Typ einer französischen Kathedrale, den er in Böhmen und Mitteleuropa einführte. Er stützte seine wirtschaftliche Macht auf die Städte und die politische auf die Kirche, insbesondere den Zisterzienserorden. In unmittelbarer Nähe zu Prag, in Königsaal, stiftete Wenzel II. die Aula Regia (Grundsteinlegung 1297), ein auch als Grabstätte vorgesehenes Zisterzienserkloster. Als dreischiffige Basilika mit einem Querschiff, einem rechtwinkligen hohen Hallenumgangschor sowie einem Kranz polygonal angelegter Kapellen erscheint die Kirche als eine zisterziensisch reduzierte Kathedrale. Das Kloster wurde später barock umgebaut, und die Kirche verfiel.

Als ein Höhepunkt der Förderung sakraler Architektur durch Wenzel II. kann auch die Kirche der Jungfrau Maria der Zisterzienser in Sedletz (Kuttenberg) genannt werden. Der Umbau der ursprünglich im romanischen Stil errichteten Kirche (und der Klosteranlage) im gotischen Stil wurde wahrscheinlich ab den 1290er Jahren durchgeführt. Ohne ein Stützsystem repräsentierte auch diese Kirche eine reduzierte Form einer Kathedrale. In der ersten Dekade des 15. Jh. in den Wirren der Hussitenkriege zerstört, wurde sie im 17. Jh. in einer gotisch-barocken Form von Paul Ignaz Bayer und Johann Blasius Santini-Aichl wiedererrichtet. Der Einfluss der Architektur Frankreichs, der Donauebene und Schwabens wird hier vermutet (Homolka 1985). Die Kirchbauten führen die bereits durch König Přemysl Ottokar II. bevorzugte basilikale Form fort und gelten zugleich als Gegenentwurf zum Bau hallenförmiger Kirchen österreichischer Herzöge und des böhmischen Adels.

Während der Herrschaft der Luxemburger in Prag, die mit Johann 1310 begann, kam es zur Blüte der gotischen Kunst. Dies gelang in den Bauten der Parler unter Kaiser Karl IV. Unter seiner Herrschaft (ab 1347 böhmischer König) entwickelte sich Prag zu einer der wichtigsten Metropolen Europas. Der Kaiser bezog die Stadt in sein politisches Machtkalkül ein, denn wenn auch das Heilige Römische Reich keine Hauptstadt kannte, versuchte Karl IV. diese Stadt besonders auszuzeichnen und plante hier die Einrichtung einer Residenzstadt europäischen Ausmaßes, die seinen dynastischen und machtpolitischen Ansprüchen den höchsten Glanz verleihen sollte. Diesem Ziel diente eine ganze Reihe weittragender Entscheidungen. Neben dem Aufbau der zerfallenen Burg auf dem Hradschin wurde der Bau des Doms beschlossen (Grundsteinlegung 1346, im Krönungsjahr Karls zum römischen König), nachdem Prag zum Erzbistum erhoben worden war. Matthias von Arras begann den Bau, Peter Parler setzte ihn fort. Am 25. April 1346 wurde die Gründung einer Universität beschlossen, sodann erfolgte die Kodifizierung der Machtbefugnis und der Grenzen des böhmischen Königreiches im Generallandtag, und schließlich wurde die offizielle Grundsteinlegung zum Aufbau der Neustadt – eines gewaltigen urbanen Entwicklungsprojektes im Südosten der Altstadt – durchgeführt. Der Erweiterungsplan der Stadt in dem Areal zwischen der Altstadt und dem Vyšehrad umfasste etwa 360 Hektar bislang nichturbaner Fläche, die mit einem 40 Kilometer langen Mauerring mit repräsentativen doppeltürmigen Toren umfasst werden sollte. Im Inneren des Rings, der auch die zweite Prager Burg, den Vyšehrad, einbezog, wurde ein neues, schachbrettför-

St.-Veits-Dom, Südfassade, ab 1348

miges Straßennetz nach römischen und mittelitalienischen Vorbildern angelegt und gepflastert, Backsteinhäuser und Plätze wurden errichtet, die vorhandenen romanischen Kirchen und Klöster integriert und zusätzlich 40 neue Kirchengebäude geplant, davon als erste die monumentale Karmeliterkirche Maria Schnee mit einem 34 Meter hohen Mittelschiff, die bereits 1347 begonnen worden war. Es folgten dann 1347 St. Hieronymus / Na Slovenach (Benediktiner slawischer Sprache), 1350 der Karlshof (Augustiner-Chorherrenstift), 1355 St. Katharinen (mit dem Augustinerinnen-Kloster), St. Ambrosius (Benediktiner des Mailänder Ritus) und St. Apollinaris (Kapitelkirche), 1360 St. Maria am Wesen (Serviten). Als Pfarrkirchen errichtete man für die obere Neustadt St. Stephan und für die untere Neustadt St. Heinrich und Kunigunde (Baubeginn 1351). Andere Kirchen wurden vergrößert und erweitert (Kollegiatskirche St. Peter und Paul / Vyšehrad).

Mit der politischen und kirchlichen Eigenständigkeit betonte Karl IV. seinen Anspruch auf die kaiserliche Krone, und mit dem Erhalt der Krone des böhmischen Monarchen 1347 wuchs sein Anspruch noch mehr. Schließlich erwirkte er die Kaiserkrone in Rom im Jahr 1355.

Karl IV. strebte nach einer Annäherung von Religion und kaiserlicher Ideologie. Auch seine Universitätsgründung verstand er als Wohltat für das Königreich und seine Untertanen. Darauf lässt das Siegel der Universität aus den Anfangszeiten schließen. Hier kniet der Kaiser vor dem böhmischen Patron Herzog Wenzel und übergibt ihm die gefaltete Gründungsurkunde. Letztendlich aber scheiterte sein Vorantreiben eines »geheiligten Königtums der Luxemburger durch Kunst, Architektur und dynastischen Mythos« (Karl IV. 2006, 215f.) Ende des 14. Jh. an der Bewegung der Hussiten, die ihre Wurzeln in der Prager Universität hatte. Hier stießen religiöse und nationale Interessen aufeinander. Aber auch die Errichtung der Neustadt barg Konfliktpotenzial, da die Altstädter den

Siegel der Prager Universität, 14. Jh.

Verlust ihrer Privilegien zugunsten der Neustadt befürchteten. Die vom Kaiser Karl IV. 1367 befohlene Zusammenlegung der beiden Gemeinwesen und die Abtragung der Stadtmauern der Altstadt riefen einen heftigen Widerstand der Altstädter hervor. Zehn Jahre später wurde der Beschluss zurückgenommen.

Zur politischen Bedeutung von Prag unter Karl IV. kam die wirtschaftliche. Die Händler trafen hier auf einen potenten Absatzmarkt. Wie auch in anderen mittelalterlichen Metropolen konzentrierte sich der Handel auf die städtischen Märkte (Altstädter Ring, Gallusmarkt und spezialisierte Märkte wie Rossmarkt oder Obstmarkt). Fremde

Kaufleute waren jedoch wegen Zollbestimmungen dazu verpflichtet, mit ihren Waren auf dem Hauptmarkt (Altstädter Ring) zu handeln.

Bereits der Nachfolger Karls IV., sein Sohn Wenzel IV., war sowohl durch innere Auseinandersetzungen mit dem Prager Erzbischof, dem Patriziat und dem böhmischen Adel als auch durch äußere religiöse und politische Konflikte mit den Päpsten, mit Frankreich und England geschwächt. Die nachfolgende, national geprägte Hussitenbewegung, die sich um 1400 an der Prager Universität um den Magister Jan Hus formierte, führte schließlich zum Fall der Luxemburger-Dynastie und bereitete der Stadt Prag sowohl kulturell als auch wirtschaftlich große Zerstörungen und Verluste. Die national-religiösen Konflikte eskalierten, als Johannes Hus während des Konstanzer Konzils als Ketzer verurteilt und auf dem Scheiterhaufen verbrannt wurde. Am 30. Juli 1419 drang eine aufgebrachte Menge ins Neustädter Rathaus am Karlsplatz ein und stürzte sieben katholische Ratsherren aus dem Fenster (der erste Prager Fenstersturz), da der Stadtrat die Haftentlassung einiger Hussiten verweigerte. Ab 1419 führte König Sigismund (ab 1433 römisch-deutscher Kaiser) einen Kreuzzug gegen die Hussiten in Prag. Ihm gelang zwar der Einzug auf dem Hradschin, die Eroberung von Vyšehrad allerdings nicht.

Während die Stadt in der ersten Hälfte des 15. Jh. eine bedeutende Rolle für die europäische Geschichte spielte, verlor sie in der zweiten Hälfte des 15. Jh. sowohl politisch als auch kulturell an Gewicht.

Als führende Künstlerpersönlichkeit agierte vor allem als Vertreter der Spätgotik der deutsche Baumeister Benedikt Rieth, der von Vladislav II. nach Prag berufen wurde, um im Nordwestflügel des Prager Königspalastes auf dem Hradschin den imposanten Vladislavsaal zu errichten (1490/93–1502). Vladislav verlegte allerdings bald die böhmische Hauptresidenz von Prag nach Budapest.

Nach dem Tod von Vladislavs Sohn Ludwig fiel der böhmische Thron 1531 an dessen Schwager Ferdinand I. von Habsburg (1526–1564). Mit seiner Wahl erhielt auch Prag weitreichende Privilegien. Der Versuch von deren Beschränkung rief 1547 einen Ständeaufstand hervor, der allerdings niedergeworfen werden konnte. 1556 wurde Ferdinand I. zum römisch-deutschen Kaiser ernannt. Er holte Jesuiten nach Prag, die als Gegengewicht zu den seit dem frühen 16. Jh. erstarkenden Lutheranern und anderen Protestanten agieren sollten. Die Errichtung des Clementinums (Bau ab 1556; ab 1616 katholische Universität) als Jesuitenuniversität schwächte die Prager Universität und die Protestanten weitgehend.

Ferdinand I. zog sich 1547 aus Prag nach Wien zurück und überließ die Statthalterschaft seinem gleichnamigen Sohn Erzherzog Ferdinand (II.) Er ging in die Geschichte als Mäzen italienischer Künstler und der italienischen Renaissance ein. Ganz besonders die Prager Kleinseite, die 1541 einer Feuersbrunst zum Opfer gefallen war, bot Gelegenheit zu neuen Bauunternehmungen (Lustschloss, Ballhaus). Auch der böhmische Adel errichtete hier zahlreiche repräsentative Paläste (u.a. Schwarzenberg-Palais).

Ab 1583 wurde Prag unter der Herrschaft Kaiser Rudolfs II. abermals zum Zentrum der Politik und Kultur. Am spanischen Hof erzogen, war Rudolf ein streng gläubiger Katholik. In besonderer Weise förderte er die Kunst und die Wissenschaften. An seinem Hof waren die Künstler Giuseppe Arcimboldo, Hans von Aachen, Bartholomäus Spranger und die Wissenschaftler Tycho Brahe und Johannes Kepler tätig. Die Sammlung seiner Kunst- und Wunderkammer wurde berühmt. Während die profane Architektur sowohl der Magnaten als auch des Prager Patriziats die Renaissancelösungen übernahm, herrschten in der sakralen Architektur immer noch spätgotische Stilformen vor (St.-Rochus-Kapelle). Als Vorboten des Barocks gelten hingegen die ovale Wälsche Kapelle im Clementinum und das Matthiastor zur Prager Burg auf dem Hradschin, und schließlich die Dreifaltigkeitskirche (Pavlik 1998).

Die Herrschaft von Maximilian von Habsburg war nicht anders als die seiner Vorgänger durch Konflikte zwischen dem Regenten und den böhmischen Ständen geprägt. Am 23. Mai 1618 drangen Vertreter der protestantischen Stände in die Prager Burg ein und warfen zwei Vertreter der katholischen Fraktion aus dem Fenster (zweiter Prager Fenstersturz). Anlass zu diesem Ereignis gab der Versuch der katholischen Liga, das Recht zum freien Kirchenbau aufzuheben. Die Unternehmungen des böhmischen Adels durch die Wahl des Kurfürsten Friedrich V. von der Pfalz zum böhmischen König 1616 brachten keine Befriedung, der Konflikt mit dem katholischen Ferdinand II. verschärfte sich so weit, dass es Anfang November 1620 am Weißen Berg bei Prag zu einer entscheidenden Schlacht kam. Friedrich und seine Verbündeten erlitten eine Niederlage, die erhebliche Folgen für die Zukunft Böhmens und Prags hatte. Nicht nur haben zahlreiche protestantische Familien ihren Besitz verloren und das Land verlassen müssen, am 10. Mai 1627 trat eine neue Landesordnung in Kraft, in der die konfessionelle Freiheit komplett unterbunden und das katholische Bekenntnis als bindende Konfession festgeschrieben wurde. Zu dieser Zeit befand sich Europa mitten im Dreißigjährigen Krieg. Der Frieden zwischen Kaiser Ferdinand und dem Kurfürsten von Sachsen, der 1635 in Prag geschlossen wurde, hielt nicht lange. Frankreich erklärte dem habsburgischen Spanien den Krieg und verbündete sich mit Gegnern der Habsburger. Bereits 1637 wurde Südböhmen im Zuge der Kriegshandlungen von Schweden besetzt. Die Belagerung Prags 1639 scheiterte zwar, trotzdem, ungeachtet der Friedensverhandlungen in Osnabrück und Münster, besetzten die schwedischen Truppen 1648 die Kleinseite und die Prager Burg auf dem Hradschin. Die Alt- und die Neustädter konnten dem Angriff standhalten. Die dauernden Angriffe der schwedischen bzw. sächsischen Truppen beschädigten nicht nur die Architektur der Stadt empfindlich, schwedische Truppen raubten bei ihrem Abzug zugleich die Kleinseite und die Burg aus. Die wertvolle Kunstsammlung Rudolfs II. wurde geplündert.

Blickt man auf die baukünstlerischen Aktivitäten in den Jahren des Dreißigjährigen Krieges, ist zwar eine Stagnation festzustellen, aber kein kompletter Baustopp. Im Gegenteil, während einige Adelsfamilien ihren Einfluss und ihren Reichtum im Zuge der Kriegshandlungen verloren, traten neue auf, die daraus Nutzen zogen. Aus einer Reihe von Adelspalästen, die in dieser Zeit die Macht und Stärke der Adelsfamilien zu repräsentieren hatten, sticht insbesondere das am Fuße des Hradschin von Albrecht von Waldstein, dem Oberbefehlshaber kaiserlicher Truppen, errichtete Waldsteinpalais.

Intensive Bauaktivitäten entwickelten auch die Mönchsorden. Neben dem Clementinum der Jesuiten, das zu den größten innerstädtischen barocken Bauensembles zählt, gehören dazu das St. Ignatiuskolleg in der Neustadt und das Professhaus von St. Nikolaus auf der Kleinseite.

In der zweiten Hälfte des 17. Jh. dominierten Künstler aus Italien, die zum Teil mit ganzen Familienverbänden nach Prag kamen. Carlo Lurago setzte wirksam die Kolossalordnung für die Fassaden des Clementinums (1654–1678) ein. Nach den Plänen von Francesco Caratti entstand das sich ebenfalls durch eine Kolossalordnung auszeichnende monumentale Palais Czernin. Ab 1700 kamen auch Künstler und Architekten aus anderen Regionen Europas (Süddeutschland, Österreich und Frankreich) nach Prag. Besonderes Interesse galt der Ansichtigkeit der Bauwerke. Sowohl Paläste als auch Kirchen mussten perspektivisch und mit Raumdekor in den schmalen Straßenfluchten ihre Wirkung entwickeln können. Zugleich entstanden zahlreiche Plätze; Laubengänge und Ausblicke wurden in dem zum Teil noch mittelalterlichen Bauvolumen der urbanen Umgebung errichtet. Die visuelle Wirkung des urbanen Raumes wurde mittels Terrassengärten, ausgestattet mit Kleinarchitektur, Skulptur und Grün, gesteigert.

Sowohl in der sakralen als auch profanen Architektur dominieren barock geschwungene Linien, Gewölbe und Illusionsmalereien. Die Kirchenbauten finden zur dynamischen Zentralstruktur oder zu Mischformen, die Paläste öffnen ihre geschlossene Kubusform und werden mit ausladenden und festlichen Vestibüls und Treppenanlagen ausgestattet. Nicht selten erhalten sie einen Vorhof oder einen Terrassengarten. Zu den zentralen Dekorelementen gehören Skulpturen, Reliefs, ausgeprägte Gesimse, Supraporten und Portale, die die feierliche Fassade des Palastes von der städtischen Umgebung abheben.

Es war die oberbayerische Baumeisterfamilie der Dientzenhofer, die mit ihren Bauten das Prager barocke Stadtbild im großen Maße beeinflusste und es immer noch tut, da der historische Baubestand die Kriege vor allem des 20. Jh. weitgehend unbeschädigt überstanden hat. Ab 1717 war Christoph und nach ihm sein Sohn Kilian Ignaz Dientzenhofer in Prag tätig (u.a. Loreto, St. Nikolaus, St. Johann Nepomuk, St. Johann Nepomuk auf dem Felsen, Villa Amerika, Sylva-Tarouca-Palais). Zu den Barockkünstlern, die hier arbeiteten, gehören außerdem Marcantonio Canevalle (1652–1711), František Maximilian Kaňka (1674–1766), Anton Haffenecker (1720–1789), Giuseppe Bartolomeo Scotti (1685–1737), Christian Luna (1699 in Prag verzeichnet), Giovanni Battista Alliprandi (1670–1720), Paul Ignaz Bayer (1650–1733). Ihre Aufgabe lag vornehmlich im Wiederaufbau oder in der Renovierung und Modernisierung älterer Bauwerke im Stil des Hochbarocks.

In der zweiten Hälfte des 18. Jh. unter der Herrschaft Maria Theresias nahm die politische Bedeutung der Stadt kontinuierlich ab. In der Kunst sind noch einige Bürgerhäuser als Ausläufer des Hochbarocks zu finden. Das Rokoko bringt wenig Imposantes oder das Stadtbild Prägendes. Das Palais Goltz-Kinský nach den Plänen von Kilian Ignaz Dientzenhofer am Altstädter Ring gilt als die höchste Ausformung des Rokokostils in der Architektur Prags. Erwähnenswert ist die Tätigkeit von František Ignác Prée (um 1702–1755), Johann Joseph Wirch (1732–1787), Josef Jäger (1731–1793) und Anselmo Lurago (1701–1765).

Seit der mittelalterlichen Neustadtgründung hat Prag bis ins 18. Jh., bis zur Zusammenlegung der autonomen Städte in eine Verwaltungseinheit 1784, keine großen urbanistischen Erneuerungen oder Veränderungen erfahren. Die Bebauung durch die Kirche, den Adel und das Bürgertum folgte keinen langfristig angelegten kommunalen Plänen. Erst Ende des 18. Jh. kam es im Zuge der Aufklärung, der Stärkung des Bürgertums und der Politik Kaiser Josefs II. im Sinne des sogenannten Aufgeklärten Absolutismus zu entscheidenden Veränderungen (Marek 2000). Anfang des 19. Jh. wurden die Befestigungsanlagen zwischen der Alt- und der Neustadt vom Pulverturm ausgehend in Boulevards verwandelt. All diese Maßnahmen sind nicht ausschließlich als Folge der Aufklärung, sondern auch als Konsequenz des erwachenden und sich konstituierenden Nationalbewusstseins der Tschechen zu verstehen.

In dieser Zeit vollzog sich auch die Ablösung des Barocks durch den Klassizismus in seinen verschiedenen Ausformungen bis zum Historismus. Allerdings sind es nur einzelne klassizistische Bauten, wie das Ständetheater und das Hauptzollamt oder die 1820 errichtete Piaristenkirche Hl. Kreuz (Na příkopě /Am Graben), die das barocke Stadtbild neu belebten. Zum großen Teil wurden weniger Neubauten als Modernisierungen oder Umbauten alter Bausubstanz vorgenommen.

Nicht ohne Einfluss auf die Stadtentwicklung blieben die Industrie und der technologische Fortschritt. Dazu gehörte die Gründung neuer Stadtteile, in denen die Industrie ihren Platz finden sollte – wie die Vorstadt Karolinenthal (Karolín) von 1816–17. Auf einem modernen rasterförmigen Grundriss wurde hier ein Standort explizit für Manufakturen und industrielle Produktionsstätten bestimmt. Den industriellen Fortschritt förderte vor allem der ständische Adel. Als Resultat dieser Förderung kann die Errichtung einer modernen Kettenbrücke in den Jahren 1839 bis 1841 gesehen werden. Das Projekt ging auf die Initiative des Grafen Johann Rudolf Chotek von 1804 zurück. Als »Kaiser-Franzens-Kettenbrücke« wurde sie Anfang November 1841 eingeweiht und kurz danach in Betrieb genommen (Marek 2004). Unmittelbar an dieses Projekt schloss ein weiteres Prestigevorhaben an: 1842 begannen die Planungen für den Prager Bahnhof.

Das sich konsolidierende Nationalbewusstsein der Tschechen ging mit politischen Umwälzungen in der ersten Hälfte des 19. Jh. einher. 1806 löste Kaiser Franz förmlich das Heilige Römische Reich auf, um Napoleons Zugriff auf die Kaiserkrone zu vereiteln. Damit war auch Böhmen nicht mehr Teil des Reiches. Bereits seit dem Ende des 18. Jh. wehrte sich Prag gegen den Wiener Zentralismus. Das Selbstbewusstsein stärkte vor allem die Industrialisierung von Tschechien, wodurch das Land und mit ihm auch Prag als größte Metropole zum wirtschaftlichen Rückgrat des Österreichischen Kaiserreiches wurden. Es schwand zugleich der Einfluss der deutschsprachigen Bevölkerung in der Stadt, und zwar so stark, dass 1861 die Deutschen ihre Mehrheit im Prager Magistrat verloren; die Zahl der tschechischen Bevölkerung stieg dagegen stetig an. Die tschechische Sprache war allerdings nicht die der »hohen Kultur«. Ganz im Gegenteil, noch Anfang des 19. Jh. diente sie lediglich der volkstümlichen Unterhaltung. Erst das Engagement einiger Bürger, unter anderem von Josef Kajetán Tyl und Johann August Stöger sowie František Ladislav Rieger, führte schließlich zum

Aufbau eines tschechischen Nationaltheaters. Mit seinem hochgewölbten Dach dominiert es noch heute zusammen mit den Kirchtürmen das Panorama der Stadt. Die Abschlussarbeiten am Nationaltheater gingen mit dem Beginn eines weiteren Monumentalbaus – des letzten bis zur Jahrhundertwende – einher: 1883 begannen die Planungen zum Nationalmuseum am Wenzelsplatz, dem früheren Rossmarkt der Neustadt. Diese Maßnahmen standen auch in Verbindung mit dem von der Prager Stadtgemeinde 1893 verabschiedeten »Assanierungsgesetz«, mit dem man vor allem die hygienischen Missstände im Judenviertel und in der Altstadt beheben, aber nicht zuletzt das Stadtgefüge an die neuen gesellschaftlichen und sozialen Verhältnisse anpassen wollte. In den Jahren 1895–1915 wurden zahlreiche Gebäude abgerissen, eine neue Kanalisation gebaut und lange Reihen von modernen Mietshäusern errichtet, wie in der Pařížská (Pariser Straße).

In den Jahren 1890–1914 entwickelte sich Prag zu einem modernen Zentrum der Kultur (vor allem der tschechisch-nationalen) und der Industrie. Gesellschaftspolitisch brodelte es jedoch schon seit Mitte des 19. Jh. Soziale Konflikte, vor allem der Ruf der Arbeiter nach dem Wahlrecht, störten empfindlich den wachsenden Kapitalismus. Waren es in der Vergangenheit religiöse Konflikte oder solche zwischen den Ständen, bewirkte die neue Gesellschaftsstruktur Probleme zwischen den Armen und den Reichen, den Tschechen, den Deutschen und den Juden ebenso wie zwischen den Liberalen und den Konservativen.

Der Erste Weltkrieg führte zum Zerfall der Österreichisch-Ungarischen Monarchie. Am 28. Oktober 1918 wurde die Tschechoslowakische Republik (ČSR) gegründet und am 14. November ausgerufen. Als ersten Staatspräsidenten berief man Tomáš Garrigue Masaryk und als Außenminister Edvard Beneš. Das größte Konfliktpotenzial barg das Verhältnis zur deutschen Minderheit, die um

1930 etwa 22 Prozent der Bevölkerung betrug. Die Auseinandersetzungen gingen so weit, dass 1933 Konrad Henlein die Sudetendeutsche Heimatfront gründete, welche sich bald mit den in Deutschland an die Macht gelangten Nationalsozialisten verband. 1935 wurde die Sudetendeutsche Partei die zweitstärkste Fraktion im Tschechoslowakischen Parlament. Drei Jahre später konnte sich das Sudetenland mit Hitlers Unterstützung von der ČSR abspalten. Zur Lösung des Konflikts um das Sudetenland, das vornehmlich von deutscher Bevölkerung besiedelt war, schalteten sich europäische Mächte ein. Im Münchner Abkommen vom 30. September 1938 – allerdings ohne die Teilnahme der tschechoslowakischen Vertreter – bestätigten Frankreich, Großbritannien und Italien den Anschluss des Sudetenlandes an das Deutsche Reich Hitlers. Auch die Nachbarn Polen und Ungarn stellten territoriale Forderungen, und die Slowakei erklärte sich für unabhängig. Im Oktober 1938 marschierte die deutsche Wehrmacht ins Sudetenland ein. Wenige Monate später drangen die deutschen Truppen weiter in das Gebiet von Böhmen und Mähren ein. Hitler zwang damit den Präsidenten Emil Hácha, ein Abkommen über die Gründung des Reichsprotektorats Böhmen und Mähren als Teil des Deutschen Reiches zu unterzeichnen.

Vor diesem konfliktreichen politischen Hintergrund zeigt sich, dass Prag seine Stellung als industrialisierte und moderne Metropole nicht eingebüßt hat. Die Stadt, die bis zur Gründung der souveränen ČSR Schauplatz des Wiedererwachens und der Konsolidierung der tschechischen Nation war, wurde auch für die junge Republik zum Zentrum – politisch, kulturell und wirtschaftlich. Die Miteinbeziehung der umliegenden Vororte zu »Groß-Prag« sicherte der Stadt neuen Entfaltungsraum. Die hier in den kurzen Jahren der Republik zwischen den Kriegen errichteten architektonischen Monumente lösten sich von der »tschechischen Neorenaissance« – man wandte sich der Moderne zu. Die sich an den neuen gesellschaftlichen Verhältnissen orientierenden Bauten sollten eine organische Verbindung von Funktion, Konstruktion, Material und Ornament eingehen. Schon um die Jahrhundertwende war die Erneuerung der Architektur propagiert worden, vor allem von Jan Kotěra (1871–1923), der nach seiner Lehrzeit bei Otto Wagner in Wien die Nachfolge von Friedrich Ohmann als Professor für dekorative Architektur an der Prager Kunstgewerbeschule antrat. Ohmann hatte einen dekorativen Fassadenstil betrieben, in dem er aus dem Formenrepertoire des Hochbarocks der Dientzenhofer mit Elementen der Neorenaissance schöpfte, doch viele Grundformen der Architektur wie Pilaster, Halbsäulen, Gesimse oder Giebel durch figurale und vegetabile Ornamentik ersetzte (Hotel Central).

Die Kunstgewerbeschule war führend in der Förderung der Sezession, jedoch setzten zunächst nicht die Architekten, sondern die Dekorateure die Konstruktionen gekonnt um. Neben Karel Vítězslav Mašek (1865–1927) war es Celda Klouček (1855–1935) – Bildhauer, Stuckateur und Keramiker, der selbst und mit seinen Schülern die Prager Sezession stark beeinflusste (Kreditbank, 1902). Bezeichnend für die Prager Sezession ist im Gegensatz zu anderen Regionen Europas eine Hinwendung zur einheimischen Pflanzenwelt und zur Volkskunst, die nicht zuletzt auch mit einer ähnlichen Vorliebe der Bildhauerei für Volkskunst und Naturalismus zusammenhing. Eine Verschmelzung von Ornament der Fassade und Baukörper wurde bald zum Beispiel in Werken von Bedřich Bendelmayer, einem Schüler von Ohmann, erreicht (Hotel Europa).

Einen anderen Weg zur Moderne schlug Karel Janda an. Seine Bauwerke basieren auf der Neorenaissance. Zuweilen verwendet er bei den errichteten mehrstöckigen Mietshäusern auch vegetabile Ornamente, doch dominieren bei ihm klassische Architekturformen, die die Fassade stärker geometrisiert vollplastisch erscheinen lassen als die eher

Friedrich Ohmann, Hotel Central, 1901

flach wirkenden Sezessionsfassaden. Über eine Reduktion des klassischen Ornaments gelangte Janda zur geometrischen Moderne, die jedoch vor allem bei Jan Kotěra deutlich zur Sprache kommt. Kotěra entfernte sich in seiner reifen und Spätphase von dem vegetabilen Dekor der Sezession und wandte sich der Sachlichkeit der geometrischen Muster zu, insbesondere unter dem Einfluss der Lehren und der Backsteinarchitektur des Niederländers Hendrik Petrus Berlages. Die geometrische Moderne fand ihre Realisierung jedoch erst in den 1920er und 1930er Jahren in den Werken der Schüler von Kotěra (u.a. Otakar Novotný). Während Kotěras Sachlichkeit asymmetrisch ist, wandten sich andere Schüler Otto Wagners der Symmetrie des Klassizismus zu. Eben dieser monumentalisierte »moderne Klassizismus« entsprach den Ansprüchen der neuen tschechischen Gesellschaft und gewann bald in der Architektur der ČSR, explizit in Prag, den Rang eines offiziellen Baustils in Werken von Antonín Engel, Bohumil Hübschmann, Jože Plečnik, František Roith (Staatsbibliothek). Die Rationalisten unter den Architekten der Prager Moderne gruppierten sich im Verein *Mánes*. Eine Gruppe jener Künstler hingegen, die sich der rationalistischen Zweckmäßigkeit verweigerten und auf eine Identität von Form und Dekor setzten, bildete den Verein *Skupina vytvornych umelcu*. Unter dem Einfluss des deutschen Expressionismus konzipierten sie (u.a. Pavel Janák, Vlastislav Hofmann, Josef Gočár, Josef Chochol) den auf dem Kristallelement von Peter Behrens aufbauenden Architekturkubismus (Gočárs Haus Zur Schwarzen Gottesmutter, 1912). Nach 1920 steigerte sich der Prager Kubismus zu dem sich durch einen übertrieben ausgeformten Dekorativismus auszeichnenden sogenannten Rondokubismus mit Kreisen, Zylindern und Würfeln als zentralen Strukturformen (Bank der tschechoslowakischen Legion). Trotz des Versuchs, eine eigenständige tschechische Republik mit einem eigenen nach außen wirksamen künstlerischen

Antlitz zu erschaffen, waren die Jahre nach der Republikgründung vor allem durch die nationalen Konflikte mit der deutschen Bevölkerung geprägt. Nach dem deutschen Einmarsch in die Tschechoslowakei 1938 führte Hitlers zunächst gemäßigte Politik, vor allem gegenüber der tschechischen Industrie, zu verhaltenem Widerstand seitens der Bevölkerung. Während des Zweiten Weltkriegs zeichnete sich ab, dass die tschechische Exilregierung von Edvard Beneš einen demokratischen Staat mit sowjetischer Unterstützung anstrebte; dies war nicht nur der Tatsache geschuldet, dass die Tschechoslowakei durch die sowjetische Rote Armee von den Nationalsozialisten befreit wurde, sondern auch der Erfahrung mit den Alliierten beim Münchner Abkommen. Am 5. April 1945 wurden in Košice (Kaschau) die Ansätze zur Bildung einer sozialistischen Republik verkündet: die Bildung einer Nationalen Front, die Nationalisierung der Industrie und des Finanz- und Versicherungswesens. Die folgenden Enteignungen trafen vor allem stark die Minderheiten, insbesondere die Deutschen. 1948 trat Beneš als Staatspräsident zurück, und die Kommunisten errangen eine überwältigende Mehrheit. Ab 1960 hieß die sozialistische Republik ČSSR – Tschechoslowakische Sozialistische Republik. Prag blieb auch im kommunistischen Staat das wirtschaftliche und kulturelle Zentrum der Region. Die kommunistische Planwirtschaft, die gesellschaftliche Verengung sowie Repressionen gegen die mit den Leitlinien der Kommunisten nicht konform Denkenden führten in den späten 1960er Jahren zu wirtschaftlicher Stagnation und gesellschaftlicher Krise, die in den sogenannten »Prager Frühling« unter Führung von Alexander Dubček – einen Versuch, durch Reformen dem Kommunismus ein gesellschaftlich relevantes Antlitz zu verleihen – und schließlich in soziale Unruhen mündeten. Sie wurden von den Soldaten des Warschauer Pakts niedergeschlagen. Am 16. Januar 1969 wurde auch der Prager Wenzelsplatz zum grausamen

Schauplatz des Widerstandes, als der Student Jan Palach aus Protest gegen das Vorgehen sich selbst verbrannte – ein Mahnmal vor dem Aufgang zum Nationalmuseum erinnert heute an dieses Ereignis. Zwanzig Jahre später, 1989, zerfiel der Warschauer Pakt als Folge der Perestroika von Michail Gorbatschow, und die ehemals kommunistischen Länder wandelten sich in freie demokratische Republiken, so auch die ČSSR. Im Zuge der sogenannten »Samtenen Revolution« wurde am 29. Dezember 1989 der Dramatiker Václav Havel zum Staatspräsidenten gewählt. Bei den ersten freien Parlamentswahlen im Juli 1990 gewann das Bürgerforum. Seit 1993 ist die ČSSR aufgelöst, und Tschechien und die Slowakei sind selbständige Demokratien.

Noch vor dem Umsturz der Kommunisten 1948 glaubten Vertreter der Vorkriegsavantgarde, dass der Nachkriegssozialismus eine moderne Utopie einer »renaturalisierten Landschaft« realisieren könne, wo die Kunst aus ihren Grenzen in einen erweiterten Raum in der Architektur und dem gesamten Lebensumfeld treten könne (Ševčik/Weibel 2007). Doch die Kommunisten vereitelten jegliche Versuche einer international orientierten Moderne. Im März 1948 wurde der zentralistische Verband der tschechoslowakischen bildenden Künstler gegründet. Er vereinnahmte alle bisherigen Künstlervereinigungen, die nun von den Kommunisten systematisch verboten wurden. Der Verein vertrat die Richtlinien der offiziellen Kunst- und Kulturpolitik. Die Architektur folgte der Planwirtschaft und den Prinzipien des sozialistischen Realismus. Seine Höhepunkte erreichte der »Soz-Realismus« in den 1940er, 1970er und beginnenden 1980er Jahren, das heißt unmittelbar nach der Gründung der ČSSR und nach dem »Prager Frühling«. Seine Folgen sind zahlreiche »Bausünden« in der Prager Innenstadt mit Plattenbauten, deren Oberfläche und Baukörper sich durch einfache Nüchternheit und langweilige, einförmige Rasterelemente auszeichnen. Satellitenstädte mit überdimensionierten Plattenbauten prägen – nicht anders als in vielen anderen Metropolen des Ostblocks – auch das Bild der Prager Vorstädte. Sie sollten den vermeintlichen wirtschaftlichen Erfolg demonstrieren, dabei entpuppten sie sich als verfehlt und an den tatsächlichen Bedürfnissen der Bevölkerung vorbei konzipiert. Der historische Stadtkern verfiel zunehmend. Immerhin wurden 1950 die Prager Altstadt und Josefov (Judenviertel) als gesamte städtebauliche Ensembles unter Denkmalschutz gestellt. Die Denkmalpflege untersteht seit 1954 dem Staatlichen Institut für die Rekonstruktion von denkmalgeschützten Stätten und Objekten (SURPMO). In den 1970er Jahren hat das Institut einzelne historische Objekte im historischen Kern von Prag technisch und bauhistorisch untersucht und vermessen. Ziel dieser Maßnahmen war die Erhaltung der historischen Bausubstanz, zugleich aber auch die Verbesserung der Lebensbedingungen in diesen Vierteln.

Nach dem Tod Stalins 1953 lockerte sich das ideologische Fundament des sozialistischen Realismus. In einigen offiziellen Zeitschriften erschienen Artikel, in denen der Versuch unternommen wurde, die Moderne mit dem sozialistischen Realismus zu versöhnen (»Moderner Realismus« von Luděk Novák, 1957). Infolge dieser Unternehmungen versuchte auch Zdeněk Pešánek, ein Vertreter der kinetischen Kunst, den Kinetismus mit der modernen formalistischen Architektur zu verbinden. 1963 fand eine wichtige Kunstausstellung in Frauenburg statt, wo die tschechische Moderne aus den Jahren 1900 bis 1963 fernab ideologischer Einschränkungen des Soz-Realismus gezeigt wurde. Der Vertrieb des Ausstellungskatalogs wurde jedoch verboten. Eine ähnliche Situation war bei anderen Ausstellungen der 1960er Jahre zu beobachten.

Nach der »Wende« erstrahlte Prag in seinem alten Glanz, vor allem die historischen Bauten fanden private und öffentliche Förderer.

Beklagenswert jedoch ist jene Entwicklung, die dazu führt, dass einige historische Bauwerke dem kulturhistorischen Wert der Objekte unangemessen genutzt werden, dass die Werbeflächen kostbare Dekorelemente alter Barockpaläste (Palais Sylva-Tarouca) oder frühmoderner Mietshäuser verdecken oder Innenräume und -raumaufteilungen durch Baumaßnahmen zerstört werden. Zahlreiche Straßenzüge sind dem Kommerz geopfert, wo viele kleine Geschäfte sich auf den Tourismus eingestellt haben. Dennoch sind die jüngsten Sanierungsmaßnahmen in den meisten Fällen als positiv zu bewerten, ebenso die zeitgenössische Architektur, die mit einzelnen qualitätsvollen Objekten das Bild der postmodernen Metropole bereichert (Frank O. Gehry). Nicht nur der Stadtkern, auch die historischen Bauwerke der Prager Außenbezirke unterliegen umfangreichen Sanierungsmaßnahmen. Zugleich entstehen moderne Wohnkomplexe, die sich insbesondere durch einen differenzierten Umgang mit Baumaterialien – wie die Verbindung von Holz, Glas, Stahl oder Beton – auszeichnen (Villa Park Strahov, Prag 6, Břevnov von Atelier 69, 2003). Darunter finden sich auch Einfamilienhäuser am Rande der Stadt, die in Form und Energieverbrauch zukunftweisend sind. Sie zeugen zugleich von Kreativität und Offenheit gegenüber internationalen Tendenzen. Im Stadtzentrum entstehen seit dem Anfang der 1990er Jahre Neubauten, erfolgreich werden auch Baumaßnahmen im historischen Bestand durchgeführt. So besetzt der Palace Euro, ein Büro und Geschäftshaus in der Neustadt (Prag 1, Václavské náměstí 2, DaM spol. s. r. o., 2002), schwungvoll mit seiner Glasfassade die Straßenecke.

In unmittelbarer Nähe des Pulverturms und des Repräsentationshauses wurde 2001 das ehemalige Zollhaus von 1850 in ein modernes Geschäftszentrum umgewandelt (Prag 1, Altstadt, V Celnici 4). Die historische Bausubstanz wurde saniert und durch moderne Fassaden aus Glas und Stahlkonstruktion ergänzt, ohne den historischen Baukörper zu erdrücken. Für die Architektur der Gegenwart ist es von Vorteil, dass Prag auch nach der Wende ein Wirtschaftszentrum des Landes geblieben ist. Neben traditionellen Produktionszweigen wie der Nahrungsindustrie entwickelte sich auch die Produktion von Elektrogeräten. Hervorzuheben ist zugleich die Filmindustrie – die Stadt dient seit den 1990er Jahren als eine gern genutzte Kulisse für Filmaufnahmen. Vor allem die Tourismusindustrie steigerte sich in den vergangenen Jahren maßgeblich. Als Verkehrsknotenpunkt Mitteleuropas wird Prag immer häufiger als Standort für internationale Unternehmen gewählt. Die Stadt zieht vor allem junge Unternehmer, Designer und Kreative an, denn mit ihren zahlreichen Bildungsstätten bietet sie viele Entfaltungsmöglichkeiten. Neben der altehrwürdigen Prager Karls-Universität, mit heute fast 50 000 Studierenden, sind auch die Technische Universität, die Agraruniversität, die Universität für Chemie und Technologie sowie die Wirtschaftsuniversität zu nennen. Die Stadt beherbergt zugleich die wichtigsten Kunsthochschulen und Akademien des Landes und zahlreiche Museen. Musikalisch gehört Prag sicher zu den lebendigsten Metropolen Europas. Auch wenn die Stadt nicht über so viele große Konzerthäuser wie Paris oder Berlin verfügt, so zeichnet sich die Tschechische Philharmonie doch durch hohe Qualität aus, ebenso wie die Staatsoper. Hervorzuheben sind die Veranstaltungen des Repräsentationshauses, wo im Smetana-Saal das berühmte internationale Festival »Prager Frühling« stattfindet. Eine besondere Bereicherung des Prager Musiklebens bilden die fast täglich in den zahlreichen Kirchen der Stadt angebotenen Konzerte klassischer Musik, die nicht selten neben dem musikalischen Genuss auch einen optischen bieten, insofern sie bisweilen die einzige Gelegenheit sind, diese zu anderen Tageszeiten für Besucher unzugänglichen Objekte zu besichtigen.

Das Nationaltheater, das Ständetheater und das Rudolfinum gehören nicht nur architektonisch zu den wichtigsten Sehenswürdigkeiten der Stadt, vielmehr bieten sie zusammen mit den zahlreichen kleineren Theaterhäusern ein anspruchsvolles Repertoire klassischer und avantgardistischer Vorstellungen.

Wie schon in den vergangenen Jahrhunderten ist Prag heute wieder das politische Zentrum – hier befinden sich die wichtigsten politischen Organe des Landes, das seit 2004 der Europäischen Union angehört. Allerdings werden, nicht anders als in anderen postkommunistischen Ländern, auch in Tschechien im Parlament immerwährend Konflikte zwischen den konservativen nationalistischen, den immer noch aktiven postkommunistischen und den liberalen proeuropäischen politischen Kräften ausgetragen. Ob sich diese langfristig auf die Entwicklungen im Stadtbild auswirken, bleibt abzuwarten.

Stadtgeschichte in Daten

1. Jh.	Einwanderung der germanischen Stämme aus dem Norden ins Prager Becken.
um 550	Einwanderungen der Slawen.
9. Jh.	Gründung der Prager Burg auf dem Hradschin durch die böhmischen Herzöge der Přemysliden. Errichtung der ersten christlichen Gotteshäuser. Erste Ansiedlungen auch auf der Kleinseite und auf dem Hradschin.
973	Gründung des Bistums in Böhmen durch Kaiser Otto unter Boleslav II. Prag wird zum Bischofssitz.
10. Jh.	Gründung der Burg auf dem Vyšehrad.
1070	Herzog Vratislav II. verlegt den Hauptsitz der Přemysliden vom Hradschin auf den Vyšehrad. Gründung des Kollegiatsstifts St. Peter und Paul.
1085	Vratislav II. wird zum ersten König von Böhmen gekrönt (erbliche Königswürde erst ab 1198 und 1212 unter Přemysl Ottokar I.).
12. Jh.	Bau der steinernen Judith-Brücke über die Moldau und damit der ersten befestigten Verbindung zwischen den beiden Moldauufern.
1228/30–35	König Wenzel I. erteilt der Prager Altstadt die Stadtrechte. Bau der Altstädter Umwehrungsmauer. Prag wird zur Residenzstadt der böhmischen Landesherren.
1257	Přemysl Ottokar II. holt deutsche Siedler nach Prag und gründet eine Neustadt auf der Kleinseite nach dem Magdeburger Recht.

1303 Zerstörung der Prager Burg auf dem Hradschin durch Feuer (Wiederaufbau durch Karl IV. ab 1355).

1306 Tod Wenzels III. Ende des Přemysliden-Geschlechts in direkter männlicher Nachfolge.

1310 Johann von Luxemburg wird zum böhmischen König gewählt. Beginn der Herrschaft der Luxemburger.

1320 Gründung der Prager Stadt Hradschin durch den Burggrafen Hynek Berka von Dubá.

1344 Papst Clemens VI. erhebt auf Drängen Karls IV. das Prager Bistum zum Erzbistum.

1347 Karl IV. aus dem Hause Luxemburg wird böhmischer König (ab 1346 römisch-deutscher König; ab 1355 römisch-deutscher Kaiser).

1348 Baubeginn des St. Veitsdoms auf dem Hradschin. Gründung der Neustadt. Gründung der Prager Universität. Erweiterungsarbeiten in der Burg auf dem Vyšehrad. Baubeginn zahlreicher Kirchen und Klöster im Areal der von Karl IV. neu gegründeten Neustadt.

1357 Baubeginn der Karlsbrücke.

1367 Zusammenlegung der Alt- und der Neustadt (zehn Jahre später wird die Anweisung des Kaisers wegen Protesten der Altstädter zurückgenommen).

1378 Kaiser Karl IV. stirbt.

1419 Der erste Prager Fenstersturz. Beginn der Hussitenkriege. Zerstörung der Prager Städte.

1422 Hinrichtung des radikalen Hussitenanführers Jan Želivský auf dem Altstädterring.

1526 Beginn der Regierungszeit der Habsburger (bis 1918).

1541	Zerstörung des Hradschins und der Kleinseite durch einen Großbrand.
1546/47	Böhmischer Ständeaufstand gegen König Ferdinand I. von Habsburg. Der Kaiser zieht sich mit seiner Residenz nach Wien zurück.
1556	Gründung des Clementinums. Das Jesuitenkolleg wird 1616 zur katholischen Universität erhoben.
1576	Beginn der Regierungszeit Kaiser Rudolf II. (bis 1611). Prag wird wieder Hauptresidenz des deutsch-römischen Kaisers und zugleich abermals politisches und kulturelles Zentrum des Kaiserreiches.
1618	Zweiter Prager Fenstersturz und Beginn des Dreißigjährigen Krieges.
1620	Schlacht auf dem Weißen Berg. Niederlegung des Aufstandes der böhmischen Stände durch die Habsburger.
1635	Prager Frieden geschlossen zwischen Kaiser Ferdinand und dem Kurfürsten von Sachsen.
1648	Schwedische Truppen besetzen den Hradschin und die Kleinseite. Verwüstung und Plünderung der Burg.
1744	Zweiter Schlesischer Krieg. Einmarsch der Preußen in Böhmen.
1757	Schlacht bei Prag im Siebenjährigen Krieg.
1784	Zusammenschluss der vier selbständigen Prager Städte unter einer Verwaltung mit dem Hauptsitz im Altstädter Rathaus.
1806	Förmliche Auflösung des Heiligen Römischen Reiches. Böhmen nicht mehr Teil des Reiches.
1818	Gründung des Nationalmuseums als Teil der Wiedergeburt des tschechischen Nationalbewusstseins.

1848 Prager Pfingstaufstand und dessen Niederschlagung durch die österreichischen Truppen.

1882 Teilung der Prager Universität in eine deutsche und eine tschechische Universität auf Drängen der nationalgesinnten Tschechen.

1893 Assanierungsgesetz. Abriss der Judenstadt Josefov.

um 1900 Trotz wachsender nationaler Konflikte zwischen der tschechischen und deutschen Bevölkerung entwickelt sich Prag abermals zu einem florierenden kulturellen Zentrum.

1918 Das Nationalkomitee ruft die Selbständigkeit der Tschechoslowakischen Republik (ČSR) aus. Prag wird zur Hauptstadt des neuen Staates. Tomáš Garrigue Masaryk wird erster Präsident.

1920 Entstehung Großprags durch die Eingemeindung umgebender Siedlungen.

1938 Münchner Abkommen. Sudetenland wird an das Deutsche Reich Hitlers angeschlossen.

1939 Im März marschieren deutsche Truppen in Böhmen und Prag ein. Hitler ruft auf dem Hradschin die Errichtung des »Reichsprotektorats Böhmen und Mähren« aus. Prag wird damit Teil des »Großdeutschen Reiches«.

1945 Am 8. Mai kapitulieren die deutschen Kriegstruppen vor der ČSR. Ende des Zweiten Weltkriegs. Prag wurde im Laufe des Krieges wenig beschädigt, da die Stadt weitgehend von tschechischer Bevölkerung besiedelt war und keine militärisch strategischen Industrieobjekte besaß.

1948 Die Machtergreifung durch die Kommunistische Partei (KSČ). Beginn des kommunistischen Regimes in der Tschechoslowakei.

1968	»Prager Frühling«: Friedlicher Umsturzversuch, der durch das Militär der Staaten des Warschauer Pakts blutig niedergeschlagen wird.
1969	Am 16. Januar verbrennt sich der Student Jan Palach aus Protest gegen das Vorgehen während des »Prager Frühlings« auf dem Wenzelsplatz vor dem Nationalmuseum.
1989	»Samtene Revolution«: Sturz der sozialistischen Regierung. Václav Havel wird erster Präsident der Demokratischen Republik Tschechien. In der Prager Deutschen Botschaft verschanzen sich Hunderte von Deutschen, die aus der DDR auswandern wollen. Beginn des Zerfalls des Ostblocks.
1993	Trennung von Tschechien und Slowakei in zwei unabhängige Staaten. Prag wird Hauptstadt der Tschechischen Demokratischen Republik.
2004/05	EU-Beitritt Tschechiens.
2008	Zerstörung des linken Flügels des Industriepalastes.
2009	Tschechien übernimmt zum ersten Mal die Präsidentschaft im Rat der Europäischen Union.

Kulturkalender

Die Termine der Veranstaltungen variieren von Jahr zu Jahr. In vielen Kirchen finden laufend **Konzerte klassischer Musik** statt. Alle zwei Jahre wird in den Sommermonaten die **Prague-Biennale** organisiert, die größte Veranstaltung zur Kunst und Fotografie in Tschechien.

Januar

Prager Winterfestival (Prager Staatsoper): Weltbekanntes Festival für klassische Musik, Oper und Ballett. Verschiedene Standorte.

Februar

AghaRTA (verschiedene Standorte): Prager Jazzfestival. Präsentiert internationale Jazzmusiker.

Bohemian Carnevale. Prager Ballsaison. Karnevalsveranstaltungen an unterschiedlichen Standorten.

Opernfestival (verschiedene Standorte): größtes Opernfestival der Tschechischen Republik (Febr./März).

März

One World: Festival für Dokumentarfilme über Menschenrechte in verschiedenen Kinos.

Praga Cantat Echo: Prager internationales Chorfestival und Chorwettbewerb.

Prague Young: Chorwettbewerb für junge Leute bis 26 Jahre.

Fabio-Fest: Internationales Film-, Fernseh- und Videofestival (März/April).

April

Tage des europäischen Films: In Prag werden eine Woche lang in den Kinos Světozor und Lucerna zahlreiche europäische Filme und Kurzfilme präsentiert.

Bookworld Prague: Prager Buchmesse.

Mai

Prager Frühling (verschiedene Standorte): eines der renommiertesten Musikfestivals Europas (Mai/Juni).

Mozart's Prague (verschiedene Standorte): internationaler Wettbewerb für Chor- und Instrumentalensemble.

Khamoro: Weltfest der Kultur der Roma in Prag (Mai/Juni).

Marionettenfest (verschiedene Standorte): Festival der Puppentheater (Mai/Juni).

Juni

Schriftstellerfestival: Lesungen und Präsentationen an verschiedenen Orten.

Musica Sacra Praga: Festival sakraler Musik an verschiedenen Standorten.

Juli

Prager Folkloretage: internationales Treffen verschiedener Folkloregruppen.

Sommerfest alter/historischer Musik: Musikkonzerte und Musikveranstaltungen an verschiedenen Standorten.

August

Sommer im Letná-Park: internationales Zirkus- und Theaterfest.

September

Prager Herbst (verschiedene Standorte): internationales Festival klassischer Musik.

Dvořák Prague Festival (verschiedene Standorte): internationales Musikfestival.

Oktober

Praga Cantat: internationaler Chorwettbewerb und Festival.

November

Alterniva: Festival alternativer Theater, Musik und Kunst (Nov./Dez.).

Internationales Jazzfestival: Jazzmusikkonzerte an verschiedenen Standorten.

Prager Theaterfestival deutscher Sprache: Theateraufführungen von deutschen Theaterensembles in der gesamten Stadt.

Dezember

Prager Weihnachten: weihnachtliche Musikveranstaltungen an verschiedenen Standorten.

Bohuslav-Martinu-Tage: Veranstaltungen um den tschechischen Musiker und Komponisten an verschiedenen Standorten.

Rundgänge

Prag in drei Tagen

1. Pulverturm, Zollhaus, Repräsentationshaus, Altstadt (Altstädter Ring mit St. Nikolaus, Teynkirche und Altstädter Rathaus), Josefov (jüdisches Viertel), Clementinum
2. Karlsbrücke, Kleinseitner Ring (mit St. Nikolaus), Nerudova, Prager Burg, Burggärten, Hradschin mit Loreto, Czernin-Palais und Kloster Strahov
3. Neustadt: Wenzelsplatz (Maria Schnee, Wiehl-Haus, Grand Hotel Europa, Hotel Jalta, Nationalmuseum, Wenzelsdenkmal), Karlsplatz (St. Ignatius, Neustädter Rathaus), Emmauskloster, Vyšehrad

Prag in fünf Tagen

1. Pulverturm, Zollhaus, Repräsentationshaus, Altstadt (Altstädter Ring mit St. Nikolaus, Teynkirche und Altstädter Rathaus), Josefov (jüdisches Viertel), Jan-Palach-Platz
2. Karlsbrücke, Kleinseite (Kleinseitner Ring mit St. Nikolaus), Nerudova, Prager Burg, Burggärten, Hradschin mit Loreto, Czernin-Palais und Kloster Strahov
3. Clementinum, Agneskloster mit Mittelalter-Sammlung des Nationalmuseums, Waldsteinpalais
4. Neustadt: Wenzelsplatz (Maria Schnee, Wiehl-Haus, Grand Hotel Europa, Hotel Jalta, Nationalmuseum, Wenzelsdenkmal), Karlsplatz (St. Ignatius, Neustädter Rathaus), Emmauskloster, Vyšehrad
5. Karlstein oder Kloster Sedletz

Prag in sieben Tagen

1. Pulverturm, Zollhaus, Repräsentationshaus, Altstadt (Altstädter Ring mit St. Nikolaus, Teynkirche und Altstädter Rathaus), Josefov (jüdisches Viertel), Jan-Palach-Platz
2. Karlsbrücke, Kleinseite (Kleinseitner Ring mit St. Nikolaus), Nerudova, Prager Burg, Burggärten, Hradschin mit Loreto, Czernin-Palais und Kloster Strahov
3. Clementinum, Agneskloster mit Mittelalter-Sammlung des Nationalmuseums
4. Neustadt: Wenzelsplatz (Maria Schnee, Wiehl-Haus, Grand Hotel Europa, Hotel Jalta, Nationalmuseum, Wenzelsdenkmal), Karlsplatz (St. Ignatius, Neustädter Rathaus), Emmauskloster, Vyšehrad
5. Messepalast mit dem Museum für Moderne Kunst, Lapidarium, Industriepalast, Schloss Troja
6. Waldsteingasse (Waldsteinpalais, Fürstenberg-Palais, Kolowrat-Palais, Ledebour-Palais), Schloss Stern
7. Karlstein oder Kloster Sedletz

Prager Burg (Pražský hrad)

Historische Entwicklung

Seit nunmehr eintausend Jahren fungiert die Prager Burg als Sitz des tschechischen Staatsoberhaupts, zuerst als Fürstensitz des böhmischen Geschlechts der Přemysliden, ab dem 13. Jh. als Königssitz, sodann als Sitz der römisch-deutschen Kaiser und schließlich als Regierungssitz des demokratisch gewählten Präsidenten von Tschechien. Damit gilt die Prager Burg als ein tragendes Symbol böhmischer bzw. tschechischer Eigenständigkeit.

Die frühesten Spuren der Besiedlung des Platzes stammen aus dem 8. Jh. Zur Burggründung kam es offenbar im letzten Viertel des 9. Jh. im Zusammenhang mit dem Beginn des Einigungsprozesses der slawischen Stämme dieser Region unter der Herrschaft der Přemysliden-Herzöge, die ihren ursprünglichen Hauptsitz in dem wenige Kilometer nordwestlich von Prag gelegenen Levý Hradec hatten. Zuvor bestand im Areal der Prager Burg eine slawische heidnische Begräbnis- und Opferstätte.

Die Wahl dieses auf einem hohen Berg gelegenen Ortes war nicht nur topographisch bedingt, vielmehr bot die schon bestehende Handelsstätte auf der anderen Uferseite der Moldau (heutige Prager Altstadt) auch einen günstigen logistischen Hintergrund. Allerdings unterhielt noch Bořivoj I. (gest. um 894) seinen Hauptsitz in Levý Hradec. Eine endgültige Übertragung der Residenz auf die Prager Burg wurde von seinem Sohn Spytihněv I. (um 895–905/915) vollzogen. Einen bedeutenden Einfluss auf die bauliche Entwicklung der Prager Burg hatte die Christianisierung Böhmens. 857 ließ sich Bořivoj I. samt seiner Gemahlin Ludmila taufen. Bereits vor dem Baubeginn eines Fürstenschlosses auf der Burg ließ er aus Stein die

Kirche Jungfrau Mariae (Kostel P. Marie) kurz nach 885 errichten – damit wurde die Burg auch zum Zentrum des Christianisierungsprozesses in Böhmen. Die Reste dieser romanischen einschiffigen Kirche mit Presbyterium finden sich unter dem Westtrakt der Burg. Hier wurde Herzog Spytihněv begraben. Anfang des 10. Jh. war die Prager Burg durch einen Wall mit einem inneren Holzrost und einer Steinvorderblende befestigt, womit sie den typischen slawischen Burgwällen ähnelte. Das gesamte Areal hatte eine Ausdehnung von etwa 6 ha, so dass die Burg sich schon damals über das gesamte Bergplateau erstreckte. Sie bestand aus einer Akropolis (3/4 der Fläche) sowie einer Vorburg im Westen des Burgberges. Der erste Wall ist offenbar um 912, also unter der Herrschaft von Spytihněv I. errichtet worden. Ein Hauptweg führte von einem Tor im Westen zu einem im Osten. Der nördliche Teil der Burg wurde von kirchlichen Institutionen und der südliche von dem herzöglichen Hof genutzt. Alle Gebäude dieser ersten frühen Phase waren einstöckig aus Holz mit einer Umzäunung, wobei der Fürstenpalast im Erdgeschoss gemauert und im Obergeschoss hölzern war und aus einem großen Saal (Saalbau) mit einem Umgang bestand.

Es folgten im Auftrag von Vratislav, Bruder und Nachfolger von Spytihněv I., die St.-Georgs-Kirche (920) und das Frauenkloster. Ende der 20er Jahre des 10. Jh. beendete man den Bau der St.-Veits-Rotunde. Der St.-Wenzels-Kult, der um den durch seinen Bruder ermordeten Herzog Wenzel entstand, ließ die Prager Burg zum Wallfahrtsort werden. Zugleich aber erlosch die Funktion der Burg als Stammessitz, sie entwickelte sich im Lauf des 11. und 12. Jh. zur Residenz der Přemysliden. Die Bauten konzentrieren sich in dieser Epoche um den heutigen dritten Burghof. Auch die Befestigungen der alten westlichen Vorburg wurden in die neue Befestigungsanlage nicht aufgenommen. Soběslav (1125–40) errichtete anstelle einer

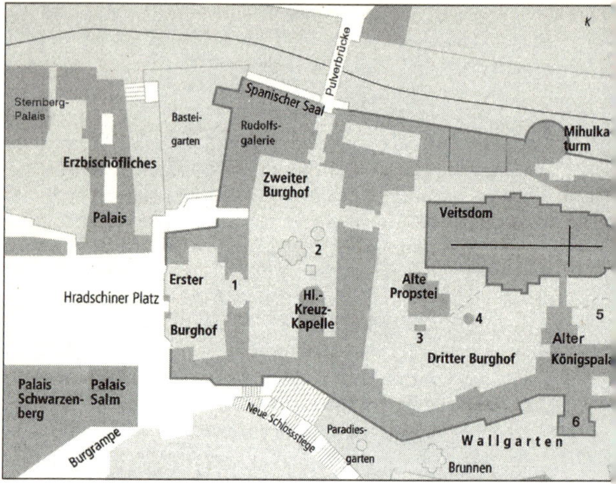

Prager Burg: Lageplan

1 Matthiastor
2 Brunnen
3 Obelisk (Plečnik)
4 St. Georg
5 Palasthof
6 Böhmische Kanzlei
7 Allerheiligenkapelle

hölzernen, mit Palisaden umgebenen Fürstenresidenz eine steinerne Pfalz, doch die gerade vollendete romanische St.-Veits-Basilika, die direkt über der Rotunde entstand, dominierte das Burgpanorama Mitte des 12. Jh. Große Baumaßnahmen veranlasste schließlich Kaiser Karl IV., der im Zuge der Verwandlung Prags in ein neues »Jerusalem des Nordens« sowohl einen Neubau des Königspalasts als auch die einem Erzbistum angemessene prachtvolle St.-Veits-Kathedrale nach französischen Vorbildern ausführen ließ. Die Hussitenkriege brachten große Zerstö-

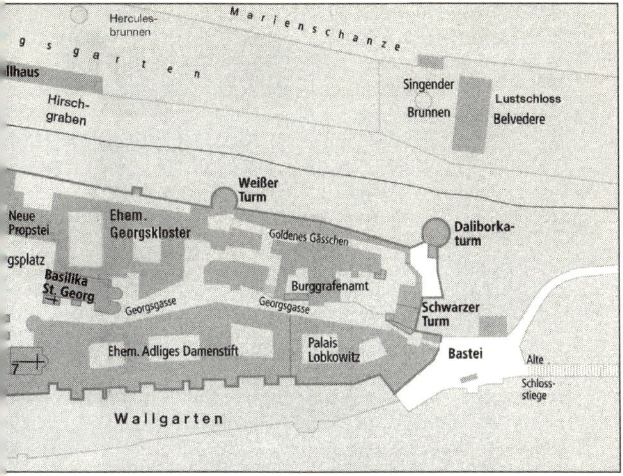

rungen mit der Folge, dass die böhmischen Könige ihre Residenz in den Königshof (im Areal des heutigen Repräsentationshauses [Obecní dům]) verlagerten. Während die Burg in der Regierungszeit von Georg von Poděbrady unbewohnt blieb, siedelte sein Nachfolger, der polnische König und Großherzog von Litauen, Vladislav Jagiello 1485 die Residenz wieder auf die Burg über. Unter der Leitung von Benedikt Ried wurden nicht nur die Befestigungsmauern modernisiert, erweitert und verstärkt, sondern auch der Königspalast erweitert und Arbeiten zum Abschluss des St.-Veits-Doms vorgenommen, wobei sich letztere wegen Geldmangels auf die Vollendung des königlichen Oratoriums beschränkten. Stilistisch stehen die Arbeiten unter Ried an der Schwelle zwischen Gotik und Renaissance, was an den noch erhaltenen, aus beiden Stilen zusammengesetzten Architekturelementen sichtbar ist.

Die Hochrenaissance zieht auf der Prager Burg erst mit der Regierungszeit der Habsburger ein, doch deren Hauptresidenz ist dann nicht mehr auf der Prager Burg, sondern in Wien auf dem Belvedere. Erzherzog Ferdinand hinderte dies jedoch nicht daran, in Prag das Zeitalter der Renaissance einzuläuten. Der moderne Bezug zur Natur erforderte eine Erweiterung der Residenz außerhalb der Burgmauern. Hinter dem Hirschgraben errichtete Ferdinand ausgedehnte Gärten (Královska zahradá) und schenkte seiner Gemahlin ein prächtiges Lustschlösschen, dessen Bau dem Italiener Paolo della Stella übertragen wurde. Eine Verbindung zwischen der Residenz innerhalb der Burgmauern und den Gärten bildete die zu Anfang auf Pfeilern errichtete und überdachte Pulverbrücke (Prašný most). Eifrig gebaut wurde auch im Königspalast, der jetzt zu einem Verwaltungsgebäude umgewandelt wurde. Zahlreiche Ämter zogen hier ein: Neben den schon vorhandenen Landtafeln kommen das Appellationsgericht, die Böhmische Kanzlei, die Gerichtskanzlei u. v. m. hinzu. Die Gemächer des Königs wurden zu Amtsstuben. 1541 zerstörte ein großes Feuer in der Kleinseite nicht nur den kompletten Stadtteil, es griff auch auf die Burg über und vernichtete Teile des Königspalasts. Zum Wiederaufbau und weiteren Bautätigkeiten wurden zwei zusätzliche Künstler berufen: Hans Tirol (ab 1522) aus Augsburg und der in Wien tätige Bonifaz Wohlmut (ab 1556). Vor allem Wohlmut hinterließ bedeutende Werke, u. a. den Renaissancehelm im St.-Veits-Dom, er vollendete den Bau des Lustschlosses und errichtete entlang des Hirschgrabens das Ballhaus. Große Bauarbeiten insbesondere südlich des Burgflügels folgten der alten romanischen Burgmauer zwischen dem heutigen zweiten und dritten Burghof in Richtung Norden – hier ließ der leidenschaftliche Sammler Kaiser Rudolf II. (1576–1612) seine Repräsentationsräume und Galerien für die kostbare Sammlung bauen. Die Türme der Burgmauern wurden in astronomische und astrologische Observatorien umgewandelt. Hier waren nicht nur die durch ihre wissenschaftlichen Entdeckungen berühmten Astronomen Tycho Brahe und Johannes Kepler tätig, sondern auch zahlreiche Scharlatane trieben ihr Unwesen.

1596 ließ Rudolf II. einen imposanten Repräsentationssaal im Nordwesttrakt der Burg errichten. Dieser sogenannte Spanische Saal, der seinen Namen dem am Hof Rudolfs II. vorherrschenden spanischen Zeremoniell verdankt, zeichnete sich vor allem durch die heute nicht mehr existierende Säulenreihe aus, die sich quer durch den Saal zog. Nachfolger des zwar für die Kunstgeschichte durch seine Kunstkammer bedeutenden, doch in seinem Regiment wohl unfähigen Herrschers Rudolf II. war Kaiser Matthias (als Matthias II. König von Böhmen). Dieser verlegte die Hauptresidenz wieder nach Wien. Die Prager Burg verlor damit abermals ihren Status, wurde aber nicht gänzlich vernachlässigt. Anfang des 17. Jh, im Zeitalter des anbrechenden Barocks, wurde an der Westseite des zweiten Burghofs gebaut. Aus dieser Zeit (um 1615) stammt auch das offenbar nach Plänen von Giovanni Maria Philippi errichtete **Matthiastor** (Matyášova brána) – ein repräsentatives Zeugnis des Frühbarocks in Böhmen, von dem man sagt, durch dieses Tor habe der Barock Einzug in Böhmen gehalten. Auch wenn der Barock in Prag mit zahlreichen Adelspalästen das Stadtbild noch heute prägt, so ist davon auf der Burg – abgesehen von dem Matthiastor – wenig zu spüren. Das Bild der Burg wurde maßgeblich um die Mitte des 18. Jh. verändert, nachdem sie unter dem Beschuss der preußischen Belagerung 1757 stark gelitten hatte. Zudem war es notwendig geworden, die parasitäre Verbauung des Areals zu bereinigen. Dazu erhielt der Oberhofarchitekt der Kaiserin Maria Theresia, Nikolaus Pacassi, den Auftrag. In den Jahren 1756 bis 1774 gestaltete er die Repräsentationsbauten am sogenannten ersten Burghof zum Ehrenhof um, wobei die Bauarbeiten bereits 1753 aufgenommen wurden. Das Ziel war eine

Giovanni Maria Philippi, Matthiastor in der Prager Burg auf dem Hradschin, um 1615 (wahrscheinlich nach einem Entwurf von Vincenzo Scamozzi, genannt nach Kaiser Matthias, dem Nachfolger Rudolf II.). Im Vordergrund der Eingang auf die Burg mit den ringenden Giganten von Ignaz Franz Platzer (1768)

Vereinheitlichung und Schließung der Burgbauten zu einem übersichtlichen Baukomplex. Das gelang mittels eines nüchternen Klassizismus. Das flache klassizistische Relief der Wandflächen dieser Bauten am ersten Burghof nimmt zwar das Relief des Matthiastors wieder auf, doch strahlen die flachen, schmalen, stakkatoartig geordneten Pilaster der Fassadengliederung keine Lebendigkeit aus. Den Eingang in den Ehrenhof markieren die prächtigen kämpfenden Giganten (1768) von Ignaz Franz Platzer (1717–1787), die sich auf hohen Sockeln jeweils kraftvoll über ihre Opfer beugen, die, zu Boden geworfen, keine Chance auf Überleben haben. Ob damit die Macht und Stärke Österreichs symbolisiert werden sollte?

Maria Theresias Architekten waren auch am zweiten Burghof tätig. Sie gestalteten die Bauten Rudolfs II., die 1642–44 zusammengeschlossen wurden, um. Aus dieser Zeit (1758–1763) stammt die an der Sakristei-Seite halbrund abgeschlossene Heiligkreuzkapelle im Südflügel des zweiten Burghofs. Sie wurde in den Jahren 1852–58 im Inneren historistisch umgestaltet.

Kaiser Franz Joseph I. hat sich nicht zum böhmischen König krönen lassen, doch gab es eine Phase, in der man von einer bevorstehenden Krönung ausging. Anfang der 1860er Jahre wurden im Zuge der Vorbereitungen darauf die Rudolfsgalerie und der Spanische Saal mit neuen, pseudobarocken Stuckaturen ausgestattet. Von einem anderen Geist dagegen rührte die Vollendung des St.-Veits-Doms, der bis dahin ohne ein Langhaus den dritten Burghof dominierte. Dem erwachenden Nationalbewusstsein, das in der Prager Burg ein Zeugnis der böhmischen Geschichte und ein Symbol der Eigenständigkeit des böhmischen Feudalstaates erblickte, ist dieses Vorhaben zuzuschreiben. Unter der Leitung der Architekten Kamil Hilbert und Josef Mocker wurde es in den Jahren 1873–1929 realisiert. Den Höhepunkt erreichte diese Bewegung mit der Gründung der Tschechoslowakei nach dem Ersten Weltkrieg mit der Proklamation am 28. Oktober 1918. Das Staatsoberhaupt der Republik wählte die Prager Burg als seinen Amtssitz.

Für die Bauarbeiten berief man den slowenischen Architekten Jože Plečnik, Schüler aus der Wiener Meisterklasse von Otto Wagner. Plečnik war eine Ausnahmeerscheinung in der Prager Architekturgeschichte, ein Solitär, der die Diskussionen um die Moderne und die nationale Architektur in Prag offenbar wahrgenommen hatte, sich aber nicht daran beteiligte. Seine künstlerischen Ursprünge lagen in der Antike, namentlich bei den Bauten auf

Kreta, wo er die Inspiration zu seiner individuellen Architektursprache fand. Sein oberstes Gebot war stets das Bauen im Dialog mit dem Ort, Plečniks Architektur ist ortsbezogen. Im Zuge seiner Tätigkeit zwischen 1918 und 1920 wurden am dritten Burghof wesentliche Objekte aus der Geschichte der Burg freigelegt: Terrassen, Bauten sowie eine heidnische Begräbnisstätte aus der Zeit vor der Entstehung der Burg. Plečnik schuf Pläne zur Ausgestaltung des dritten Burghofs, wo er die Unebenheiten mit einer Pflasterung aus Granitplatten beseitigte. Dabei wurden leider ein Teil der unteren Fassade der Alten Burg sowie die Barockfontäne verdeckt. Dadurch schuf Plečnik einen repräsentativen Hof südlich der Kathedrale und einen kleineren vor der Westfassade. Doch seine Meisterleistung ist wohl die Gestaltung des **Paradiesgartens** (Rajská zahradá). Hier gelingt es ihm, die freie Fläche des Gartens mit einer Vase in der Mitte in eine unmittelbare Beziehung zum Treppenaufgang und dem dort befindlichen Obelisken zu bringen, der seinerseits auf den spitzförmig auslaufenden Garten verweist. Alle neu gestalteten Elemente beziehen sich stets visuell-ästhetisch auf den vorhandenen historischen Bestand. Das gilt auch für die Aussichtspunkte, die wiederum Bezug auf die markantesten Stellen in der Prager Stadtsilhouette nehmen, so z.B. die Aussichtsterrasse im Wallgarten, von der aus man auf die Kuppel und die Turmspitze der Kleinseitner St.-Nikolaus-Kirche blickt. Die Aussichtspunkte der südlichen Gärten sind also nicht nur »bloß Logenplätze mit Blick in eine andere Welt, sondern januskopfige Gebilde, zwei Welten zugewandt, zwei Welten zugehörig und beide verbindend. Es sind immer Orte des Dialogs, dem aber von Plečnik ein Thema vorgegeben wird« (Valena).

Unmittelbar an der südlichen Fassade des Domes blieb die Alte Propstei aus dem 17. Jh. erhalten. Die Eckstatue des hl. Wenzel schuf der bekannte Barockbildhauer Johann Georg Bendl (1620–1680). Die Statue des Heiligen ist umgeben von einem vegetabilen Relief und steinernen Vorhängen, die anmutig zu fallen scheinen. Seine antikisierende Erscheinung ruht im leicht angedeuteten Kontrapost. Die Dynamik der barocken Giganten am Eingang zum Ehrenhof bildet dazu einen deutlichen Kontrast.

Die Mitte des großen Hofes markiert die Kopie der spätmittelalterlichen Reiterstatue des Drachentöters St. Georg. Auf einem modernen Sockel aufgestellt, fungiert sie als Fontäne, wie schon seit 1563 in verschiedenen Formationen. Das Original (heute im Lapidarium des Prager Nationalmuseums) ist als Werk der Brüder Martin und Georg aus Klausenberg in Siebenbürgen aus dem Jahr 1373 überliefert. Vermutet wird jedoch auch, dass hier die Parler-Hütte – vielleicht sogar Peter Parler selbst – aktiv war, die gleichzeitig am Dom arbeitete. In jedem Fall gilt die Statue als erste von der Architektur losgelöste Skulptur nördlich der Alpen. Sie weist in der Gestalt des Pferdes, das sich schwungvoll mit dem Vorderteil zur Seite beugt, schon die Dynamik der italienischen Skulptur auf, während der schlanke Reiter eher noch die spätmittelalterliche Starrheit der französischen Plastik zum Ausdruck bringt. Mit der emporstrebenden Streckung des rechten Armes mit der Lanze schlägt er gleichsam eine dramatische Gegenbewegung zum Pferd ein.

Kritisch betrachtet wurde die optische Ausrichtung der gesamten Anlage des dritten Burghofs. Diese hat Plečnik nämlich vor das Präsidentenportal an die Südfront des Pacassi-Baus in der Südwestecke des Platzes gelegt. Von hier aus entfaltet die Linienführung der Granitplatten ihre ästhetische Wirkung, die aber dem Besucher, der den Platz gewöhnlich vom kleinen Platz an der Westfront des Doms betritt, verwehrt bleibt. Darüber hinaus lieferte Plečnik auch Pläne zum Ausbau eines Säulensaals im Westtrakt nördlich vom Matthiastor sowie für Repräsentationsräume im Südflügel. Des weiteren gestaltete er den Basteigarten (zahradá Na baště) neu, den erwähnten Paradiesgarten

(Rajská zahradá) und den Wallgarten (zahradá Na valech). Die Planungen von Plečnik wurden noch in den 1940er und 1950er Jahren fortgeführt und vollendet.

Sakralbauten

St.-Georgs-Kloster und -Kirche (Klášter a kostel svatého Jiří; I C4): Die St.-Georgs-Kirche gehört zu den ältesten Sakralbauten in der Prager Burg und in Prag überhaupt. Ihre heutige Erscheinung geht auf die Renovierungsarbeiten um 1900 zurück, als im Zuge des erwachenden Nationalbewusstseins der Tschechen eine Gruppe von Patrioten über die Renovierung der seit der Auflösung des Klosters im Jahre 1782 verfallenden Kirche beschloss. Man entschied sich für eine »Reromanisierung« zahlreicher später hinzugefügter oder umgestalteter Bauteile (ausgeführt 1888–1907). Dabei wurde wahrscheinlich die flache Holzdecke dem Renaissancegewölbe vorgeblendet und an den romanischen Türmen der barocke Helm aus Metall durch eine steinerne Spitze ersetzt.

Die Basilika wurde bereits 920 von Herzog Vratislav I. gestiftet. Mit der Gründung des Prager Bistums 973 und des Benediktinerinnenklosters zwischen 970 und 976 durch Herzog Boleslav II. mit seiner Schwester Mlada Maria als erster Äbtissin fiel auch die Umgestaltung der Kirche in eine vorromanische dreischiffige Basilika an. Der Haupteingang lag an der Südseite der Kirche. Über den kurzen Seitenschiffen erhoben sich Tribünen, über den Krypten an der Ost- und Westseite fügte man Emporen ein. Vor dem Altar im Mittelschiff wurde Herzog Boleslav II. 999 bestattet.

1142 brannte die Kirche während der Belagerung Prags durch den Herzog Konrad von Znaim aus dem Přemysliden-Geschlecht ab. Im Zuge des Wiederaufbaus im romanischen Stil wurden die Westkrypta und die Westempore aufgehoben, die östliche Empore, das Seitenschiff und die Kapelle überwölbt, zugleich fügte man am Ostchor zwei Türme hinzu. In der zweiten Hälfte des 14. Jh. wurde anstelle einer älteren gotischen Kapelle im Südosten der Kirche die Ludmila-Kapelle angeschlossen. Nach dem Brand von 1541 erhielt die Kapelle ein neues Gewölbe im Renaissancestil. Die Deckenmalereien stammen aus dem letzten Viertel des 16. Jh. und zeigen Maria und Christus sowie die böhmischen Landespatrone und die Kirchenväter. Die Figuren am Triumphbogen zum Chor hin zeigen Heiligengestalten aus dem 15. Jh., an der Westwand befinden sich Wandmalereien mit Szenen aus dem Leben Ludmilas von Josef Hellich aus dem Jahr 1858. In der Kapelle steht der Sarkophag der 921 erdrosselten Herzogin Ludmila, der Mutter von Vratislav und Großmutter des hl. Wenzel, die in der Georgsbasilika bereits seit 925 ruht. Die Tumbafigur der Heiligen lagert auf einem steinernen Sarkophag aus der Parler-Bauhütte. Der Schleier um ihren Hals und nicht zuletzt der verzerrte Gesichtsausdruck weisen auf den gewaltsamen Tod hin.

Am rechten Treppenaufgang befindet sich das Grabmal des Herzogs Vratislav, der von Karl IV. hier bestattet wurde. Die hölzerne Tumba stammt aus dem 14. Jh., während der mit Wappen geschmückte Aufbau um 1438 zu datieren ist.

Eine Umgestaltung des Portals an der südlichen Außenfassade unternahm um 1510/20 Benedikt Ried. Der Architekt flankierte das Portal mit kannelierten korinthischen Halbsäulen, die ein ausladendes Gebälk mit Dreiecksgiebel als Abschluss tragen. Die Aufmerksamkeit wird sogleich auf das Innenportal gelenkt, das ebenfalls von kannelierten korinthischen Halbsäulen gerahmt wird und unter der kassettierten, mit Rosetten geschmückten Decke im Halbrund des Giebelfeldes ein noch spätgotisch anmutendes Relief mit der Kampfszene des hl. Georg enthält (heute durch eine Kopie ersetzt).

In den 1670er Jahren unter Leopold I. begann die Barockisierung der Kirche. Dabei wurde das Hauptschiff verlängert und dem romanischen Westportal ein barockes vorgeblendet. Die fünfachsige Westfassade stammt von Francesco Caratti (1620–1677) und gliedert sich in der Horizontalen in drei Geschosse, wobei das dritte Geschoss mit einem Portikus (im Tympanon die Figur des hl. Georg als Relief) bekrönt ist. Das Hauptschiff markieren zwei nach außen vortretende kolossale Pilaster, die die Figuren der Äbtissin Mlada und des Herzogs Vratislav tragen. Vom Südwesten schließt an den Baukörper die 1716 bis 1722 errichtete St.-Nepomuk-Kapelle an. Sowohl das Altarbild als auch die Deckenmalerei der Kapelle zeigen die Apotheose des Heiligen.

Das Innere der Kirche unterlag zahlreichen Umbauten, doch vermittelt es grundsätzlich immer noch einen romanischen Charakter. Es dominieren massive Mauerflächen, die von rundbogigen, von schweren rechteckigen Pfeilern getragenen Arkaden aufgebrochen werden. Den Einblick in die Emporen darüber gewähren nur unzureichend jeweils in Vierer-, Dreier- und Doppelgruppierungen geordnete, einfach eingeschnittene Rundbögen. Das Tageslicht dringt durch kleine Fenster in den Obergaden des Mittelschiffs. Die innere Westfassade schmücken das barocke Wandgemälde mit der Himmelfahrt Mariens von Johann Georg Heintsch (1647–1712) sowie das Martyrium der hl. Ludmila auf einer Holztafel des deutschen Renaissancemalers Hans Burgkmair. Die doppelläufige Treppe an der Ostseite, die zum höher gelegenen, mit einer halbrunden Apsis abgeschlossenen Chor führt, stammt von 1730. Darunter findet sich eine dreischiffige Krypta aus der Zeit unmittelbar nach dem Brand von 1142. Ein aus der Marienkapelle des Klosters stammendes romanisches, nach 1212 entstandenes Portaltympanon schmückt den Altar der Krypta, der vor der halbrunden Apsis steht. Die Relieffiguren zeigen in der Mitte Maria, begleitet von den Äbtissinnen Mlada und Berta, sowie weiter außen König Přemysl Ottokar I. links und seine Tochter Agnes rechts.

Vom mittelalterlichen Klostergebäude blieb nach den zahlreichen im Lauf der Jahrhunderte durchgeführten Umbauarbeiten wenig übrig. Die gesamte Klosteranlage bestand bis ins 12. Jh. aus Holz. Als ältester Teil gilt die St.-Annen-Kapelle, obwohl auch sie mehrfach umgestaltet wurde. Das Gebäude schließt an die Nordseite der Kirche an und dient heute nach einer Neugruppierung der Sammlungen des Prager Nationalmuseums 2003 als Museum der böhmischen Kunst des 19. Jh.

St.-Veits-Dom (Katedrála sv. Víta; I B4):

BAUGESCHICHTE Der St.-Veits-Dom auf der Prager Burg gehört zu den imposantesten Kathedralen Europas. Der Bau hat eine Länge von 124 Metern, die Breite des Querschiffs beträgt 60 Meter, das Hauptschiff ist 34,24 Meter hoch, der mittelalterliche Südturm 96,65 Meter, der Umgang 56 Meter, die neugotischen Westtürme 82 Meter. Das heutige Erscheinungsbild der Kathedrale ist das Ergebnis von siebenhundertjähriger Bautätigkeit, wobei der Dom über Jahrhunderte – nicht anders als z.B. der Kölner Dom – eine Dauerbaustelle war, dessen Vollendung erst Ende des 19. Jh. erfolgte, als dem gotischen Chor ein dreischiffiges Langhaus mit Westtürmen hinzugefügt wurde.

Die dreischiffige Kathedrale mit Kapellenkranz geht auf das Jahr 1344 zurück: Am 21. November wurde das Prager Bistum zum Erzbistum erhoben, nicht ohne wesentlichen Anteil des Kaisersohnes, späteren Kaisers und böhmischen Königs Karl (später Karl IV.). Über die Grundsteinlegung berichtet die Chronik des Prager Domherrn Beneš von Weitmühl. Als erster Dombaumeister wurde Matthias von Arras berufen. Die Kathedrale war nicht nur ein sichtbares Zeichen der erzbischöflichen Würde, sie war auch in das Machtkalkül des Hauses Luxemburg eingebunden, vor allem durch Karl von Luxemburg, der ab

St.-Veits-Dom, Innenansicht

1355 als römischer Kaiser an einem Repräsentationsformat für seine Herrschaft in Prag arbeitete.

Der Dombau ist der dritte Kirchenbau an dieser Stelle. Bereits im 10. Jh. (ab 926) hatte Herzog Wenzel (921–929) eine **Rotunde** (Veitsrotunde / Rotunda sv. Víta) errichten lassen. Es handelte sich dabei um einen sechs bis acht Zentimeter dick verputzten Quaderbau mit einem Innendurchmesser von 13 Metern und einer Mauerdicke von 1,44 Metern. Er besaß anfangs eine Ostapsis, über deren eigentlichen Grundriss man sich nicht sicher ist. Es könnte sich um einen Tri- oder Tetrakonchos, d.h. um einen Zentralbau mit angeschlossenen drei oder vier Einbuchtungen in der Wand gehandelt haben. Diese Kirche beherbergte die Armreliquie des hl. Veit, die Wenzel als Gegenleistung für die Lehenshuldigung vom sächsischen König Heinrich I. erhielt. 929 fiel Wenzel einem Brudermord zum Opfer. Seine Gebeine wurden in der von seinem Bruder (und Mörder) Boleslav d. Grausamen um die Südapsis erweiterten Rotunde beigesetzt. Die Stilisierung des Mordes zum Martyrium machte die Kirche zum Wallfahrtsort.

Mit der Erhebung Prags zum Bistum im Jahr 973, in dem die Veitsrotunde zur Bischofskirche erhoben wurde, und vor allem mit der Überführung der aus Gnesen durch Herzog Břetislav II. gestohlenen Gebeine des zweiten Prager Bischofs, des hl. Adalbert, in die Rotunde zu Beginn des 11. Jh. folgte an dieser Stelle ab 1061 (Grundsteinlegung) der Bau einer dreischiffigen romanischen Basilika. Es handelte sich um eine flach gedeckte **Pfeilerbasilika** mit einem Querschiff sowie einem Ost- und einem Westchor und einem im Nordosten angeschlossenen Kreuzgang. Die Kirche übernahm bereits in dieser historischen Phase die Funktion einer Hauptkirche und wurde zum Symbol des Strebens der böhmischen Herzöge nach Unabhängigkeit – schon 1085 wurde das Herzogtum zum Königreich erhoben, Vratislav II. zum ersten König Böhmens gekrönt.

Matthias von Arras begann den Bau des Chores der gotischen **Kathedrale** weiter im Osten, so dass die Mauern der romanischen Basilika nicht sogleich abgetragen werden mussten. Arras verstarb 1352. Als auf ihn 1356 die Bauhütte von Peter Parler (gest. 1399) folgte, waren bereits fertiggestellt: der Kapellenkranz des Chores, der Umgang sowie eine nördliche Kapelle des Langchors, die östliche Hälfte der Sakristeiostjoche und zweieinhalb Kapellen auf der südlichen Seite des Langchors, weiterhin die dazugehörigen Pfeilerarkaden und das Gewölbe des Umgangs bis auf die Höhe des Triforiums, und schließlich ein Oratorium für das Kaiserpaar an der zweiten östlichen Kapelle auf der Südseite. In der vierjährigen Zwischenphase vermuten Bauforscher die Aktivität eines Übergangsmeisters (wahrscheinlich aus der Arras-Bauhütte), der einige Veränderungen am Bauplan vornahm, wovon z.B. die Konsolen an der Ostwand der Sakristei oder Änderungen an den Sockelprofilen der Arkadenpfeiler zeugen, wo schmale, den Sockel abschließende Profile eingezogen wurden.

Die Fortsetzung des Kirchenbaus unter Peter Parler erfolgte offenbar nach neuen Bauplänen. Verändert wurden die Bauform, der Grundriss und die Baumasse. Darauf verweisen u.a. breitere Ostjoche im Bauabschnitt von Peter Parler. Mit der Berufung Parlers, der seine Ausbildung in Köln beim Bau des Domes erfuhr und als Baumeister der Hl.-Kreuz-Kirche in Schwäbisch Gmünd tätig war, wurde das mittelfranzösische Formvorbild einer Kathedrale im Sinne Matthias' von Arras mit dem rheinischen und südwestdeutschen Typus verschmolzen. Nicht ohne Einfluss war auch die Architektur der Zisterzienser, die von den Přemysliden besonders gefördert wurden.

Bereits 1356 vollendete Peter Parler die Heiligkreuz- und die Martinitzkapelle. Zugleich wurde die Arbeit an den Chorpfeilern fortgesetzt. 1362 sind die Sakristei und die Sigismundkapelle als vollendet zu zeichnen. Die Wenzelskapelle an der südwestlichen Ecke des Langchors wurde in den Jahren 1356–67 errichtet. 1371 wurden die südliche Querhausvorhalle sowie die Schatzkammer darüber fertiggestellt. An der Außenwand der Vorhalle wurde das Mosaikbild des Jüngsten Gerichts von venezianischen Künstlern vollendet.

Zwischen 1369 und 1373 folgten der Weiterbau an den Langchorpfeilern und dem Gewölbe, der Bau der Seitenschiffe und die Schließung des großen Triumphbogens; 1373 wurde gleichzeitig auch der Abschluss an der nördlichen Ostwand des Querschiffs mit dem Treppentürmchen vollzogen; 1374 waren wohl die Arbeiten bis zum Triforium fortgeschritten; 1384 war das Strebewerk fertig, und die Einwölbung des Presbyteriums wurde am 12. Juli 1385 abgeschlossen. Die Weihe des Chores folgte im selben Jahr. 1392 legte man den Grundstein für das Hauptschiff. Wenige Jahre später, noch zu Lebzeiten Peter Parlers, wurde der Bau des großen Südturms begonnen. Als Parler 1399 starb, war wohl der Turm bis zum dritten Geschoss hochgezogen. Zu Beginn des 15. Jh. wurden die Arbeiten im Süden fortgesetzt, gleichzeitig muss auch der Bogen für das große südliche Spitzbogenfenster am Querschiff eingeschnitten worden sein.

Um 1400 sind die Bauarbeiten zunächst ins Stocken geraten, dann ab 1419 wegen der Hussitenkriege komplett abgebrochen worden.

Nach den Hussitenkriegen folgten noch drei größere Bauvorhaben an dem Dom, bis er schließlich im 19. Jh. vollendet wurde: 1490–93 errichtete Hans Spiess nach den Plänen von Benedikt Ried für den Jagiellonen-König Vladislav II. das königliche Oratorium. Es ist durch einen geschlossenen Gang in Form einer Arkaden-Brücke mit dem Königspalast verbunden. Das Oratorium wurde in die zweite Kapelle des südlichen Umgangs eingebaut. Es hat die Form einer Empore und schiebt sich mit der Brüstung in den Domumgang vor. In der Mitte der Brüstung wurde ein polygonaler Erker für den König angebracht, die Brüstung selbst ist mit vegetabilen Reliefs reich geschmückt und mit Wappenschilden versehen. Ein zweites frühneuzeitliches Bauvorhaben führte Bonifaz Wohlmut aus. Nach dem großen Brand von 1541 richtete er im Zuge der Wiederherstellungsarbeiten an der Burg nach den Plänen von Francesco Terzio 1556–60 einen im Renaissancestil gestalteten zweistöckigen Musikchor an der Westwand des Hauptschiffs ein (der Chor wurde im Zuge der Bauarbeiten zur Vollendung der Kirche in den nördlichen Querschiffsflügel verlagert). Wohlmut besorgte auch die 1563 im Auftrag Kaiser Ferdinands I. von Habsburg erfolgte Abdeckung des Südturms.

Die Idee der Vollendung der Kathedrale im 19. Jh. hängt mit dem europäischen Geist der Romantik zusammen. Eine Gruppe (ab 1859 der »Dombauverein von St. Veit«) um den Kanonikus Wenzel Michael Pešina legte 1844 die ersten Pläne vor. Die Renovierungs- bzw. Bauarbeiten begannen 1861 nach den Plänen und unter der Leitung von Josef Andreas Kranner. Nach Kranners Tod 1871 übernahm die Leitung Josef Mocker, und nach dessen Tod 1899 ging sie an Kamil Hilbert über, der das Vorhaben auch beendete. Bereits 1892 wurden die Türme am Westportal vollendet; 1903 erhielt das Hauptschiff sein sternförmiges Gewölbe (in dieser Phase entstanden auch die neue Sakristei und der Raum für den Domschatz darüber sowie die außen angefügte Wendeltreppe); 1915 folgte die Vollendung des Rosettenfensters an der Westfront; im Millenniumsjahr schließlich – zum tausendsten Todestag des hl. Wenzel am 28. September 1929 – wurden die bronzenen Westportale (von Vratislav H. Brunner und Otakar Španiel) fertiggestellt und die vollendete Basilika übergeben. Erwähnenswert ist, dass gerade in dieser Bauphase umfangreiche archäologische Arbeiten durchgeführt wurden, die z.B. die baulichen Überreste der frühromanischen St.-Veits-Rotunde und der romanischen Basilika zutage förderten; man fand auch die Gräber der mittelalterlichen Baumeister der Kathedrale, Matthias von Arras und Peter Parler.

Aussenbau und Grundriss Der Prager Dom folgt im Grundriss dem Vorbild des französischen Kathedralchores, der aus einem Hauptschiff und zwei Seitenschiffen in Form eines Umgangs und eines Kapellenkranzes am Innenchor realisiert wurde.

Während der Binnenchor und der Umgang in einem 5/10-Polygon ausgerichtet sind, ist der Langchor dreischiffig angelegt. Der mit einem Kreuzgewölbe ausgestattete Umgang verfügt im Innenchor über fünf trapezförmige Joche; die fünf Joche des Seitenumgangs am Langchor sind mit einem Kreuzgewölbe versehen. Die Chorkapellen ruhen auf dem Grundriss eines 5/8-Polygons, dazwischen erheben sich die massiven Strebepfeiler. Zusätzlich gestützt wird das Bauwerk durch schmalere Strebepfeiler an den Polygonecken der Kapellen. Das System vermittelt eine harmonische, vertikal hochstrebende Bewegungsrichtung. Von den fünf Chorkapellen schieben sich drei stärker in die Ansicht. Sie sind jeweils auf einem abgetreppten Sockel aufgesetzt und von schmalen Strebepfeilern gestützt, die auf der Höhe der leicht angespitzten Bogenfenster mit Maßwerk und einem figürlichen Wasserspeier abschließend enden. Die Walmdächer sowie das mäßig verspielte Strebewerk ziehen die Linienführung des Bauwerks in eine Vertikale. Dabei erscheint das Kapellengeschoss durchaus nicht ohne Last, da es mit einer aus auf die Spitze gedrehten Quadraten geformten Maßwerkbrüstung mit einem Vierpass abschließt, die die Horizontale zu betonen vermag; die Horizontale war möglicherweise noch deutlicher herausgearbeitet, da die Dächer eher als Werk der Abschlussarbeiten um 1900 anzusehen sind, während die Kapellen ursprünglich mit Flachdächern gedeckt waren. Die Fenster der Chorkapellen sind zugleich mittels Stabwerk in drei Felder unterteilt, wobei die Bogenfelder gotisches Maßwerk füllt.

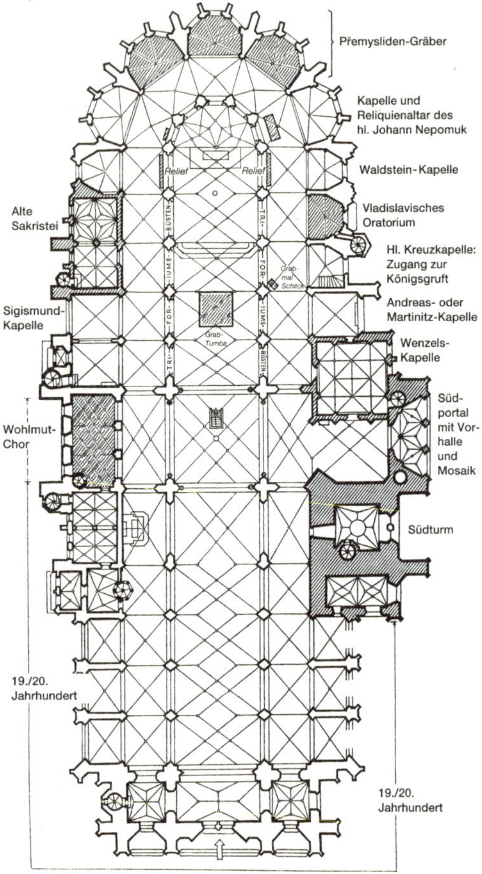

St.-Veits-Dom, Grundriss

Am Langchor schließen sich weitere polygonale Kapellen an: im Norden eine und im Süden zwei. Aus der südwestlichen Chorkapelle tritt ein Treppenturm hervor. Die Konstruktion der freistehenden Pfeiler am Innenchor ebenso wie die der Langchorpfeiler bis zum dritten an der Südseite geht auf Matthias von Arras zurück; sie sind als Bündelpfeiler mit birnstabförmigen Diensten umstellt und schließen unmittelbar an einen oktogonalen Sockel an; ab dem vierten Pfeiler an der Südseite wie auch ab dem dritten an der Nordseite sind sie als Werk von Peter Parler identifiziert; in Parlers Pfeilersystem sitzen die Bündelpfeiler auf runden Pfeilervorlagen. Auch der Kern des Pfeilers tritt nicht so stark in Erscheinung wie noch bei Arras. Peter Parlers Anteil an der Grundrissgestaltung wird besonders deutlich bei der Umformung der Kapellen fassbar. So formte er die Heiligkreuzkapelle (die dritte am Langchor im Süden) aus einem Polygon in einem Rechteck. Alle übrigen Kapellen, die Peter Parler gestaltete, weisen einen streng rechteckigen Grundriss auf. Die an die Heiligkreuzkapelle anschließende Martinitzkapelle vermittelt durch einen leichten Vorsprung nach außen und einen Strebepfeiler, der aus der Ecke hervorspringt, harmonisch zur noch größeren quadratischen **Wenzelskapelle,** dem Südportal mit der polygonalen Vorhalle und dem Südturm, der wiederum in die Achse der Wenzelskapelle zurückkehrt. Auch wenn der Turm im allgemeinen den gleichen Mauerumfang wie die Wenzelskapelle aufweist, so fällt sein Innenraum durch die massiven Mauern wesentlich schmaler aus. Die in seinem unteren Geschoss untergebrachte Hasenburgkapelle verliert ihre Regelmäßigkeit im Innenraum durch einen Treppentunnel, der ins Innere hineinreicht. Die Wenzelskapelle ragt nicht nur nach außen stark hervor, sie schiebt sich mit ihrer Westseite auch in das Querschiff hinein.

Im Norden am Langchor schließt an die von Matthias von Arras gestaltete polygonale erste Kapelle des Langchors (Nostiz-Kapelle) die quadratische Sakristei mit einem schmalen Treppenturm an der westlichen Ecke an, wohin ein massiver Strebepfeiler von außen vermittelt. Es folgen zwei breitere rechteckige Kapellen, von denen die nordwestliche ebenfalls von einem von massiven Mauern und Strebepfeilern umschlossenen Treppenturm gestützt wird.

Insgesamt ist eine unterschiedliche Raumgestaltung beider Baumeister zu beobachten: Matthias von Arras legt auf Einheitlichkeit des Baukörpers auch in seinen einzelnen Elementen Wert – das zeigt sich in dem gleichförmigen Kapellenkranz des Innenchors, sowohl im Grundriss als auch in der Gestaltung der Stern- bzw. Kreuzrippengewölbe. Gleiches gilt auch für das Pfeilersystem im Innenraum und das Strebepfeilersystem außen. Peter Parler dagegen setzt auf Variation der Raumauffassung: Er setzt an den Bau von Arras die einzeln durchgeformte, eher stereometrische Grundrissform der Kapellen, er variiert auch im gleichen Maße die Sternkonstruktion der Gewölbe in den einzelnen Kapellen, die als eigenständige Raumuniversen fungieren.

Bemerkenswert ist die neugotische Vollendung des Baus, die letztlich die gleiche Variabilität aufnimmt, wenn auch nicht konsequent. So weist die neue Sakristei in der Nordseite eine Längsform auf, verlässt damit das Streben nach Regelmäßigkeit eines Quadrats bei Peter Parler und setzt diese Form durchaus harmonisch am Hauptschiff fort.

Parlers Variabilität, ja Kreativität tritt insbesondere in der Gewölbegestaltung in Erscheinung. Das betrifft nicht nur die Kapellengewölbe, sondern zuallererst das Gewölbe des Langchors und des Umgangs, denn die feine Konstruktion des Rippennetzes und ein unmittelbarer Übergang von der Wandfläche zum Gewölbe schließen den gesamten Kirchenraum in eine Einheit. Die Kunstgeschichte hebt weitere Elemente hervor, die auf Parlers Eigenständigkeit hinweisen, z.B. die flamboyanten Formen des Fenstermaßwerks, das Paneelmaßwerk auf den Pfeilern im äußeren Stützsystem sowie die abgeschrägten kleinen Baldachine am Umgang des Triforiums. Als ein besonders gelungener Kunstgriff wird die Position des großen Turms an der Südwestecke des Bauwerks gewertet, denn damit wendet sich die Kirche in ihrer ganzen Pracht in die Richtung, aus der die Prager Burg betrachtet wird, zum Königspalast, zur Stadt und zur Moldau hin.

INNENRAUM UND AUSSTATTUNG Die Vollendung der Kathedrale erfolgte gemäß der Formauffassung Peter Parlers. Der Raum wirkt in seiner Struktur einheitlich, wobei Parler ein besonderes Lichtspiel gelang. Einzelne schmale Dienste vermitteln von den Arkadenpfeilern hoch zum Triforium, das nicht vermauert mit den spitzbogigen Obergadenfenstern verbunden ist. Dabei wird der strengen Linearität entgegengearbeitet, indem die untere Brüstung des Triforiums gerade verläuft und lediglich von den im Netzgewölbe auslaufenden Diensten, die den Raum schließen, unterbrochen wird, während die obere Brüstung im Langchor symmetrisch eingedrückt bzw. auf der Höhe der Dienste vorgeschoben wird, wodurch ein rhythmisches Zurück- und Vorspringen der Wand entsteht. Im Binnenchor bleibt die obere Brüstung gerade ausgerichtet.

Ähnlich innovativ ging Parler in der Gestaltung des Chorgewölbes vor: Anstelle eines traditionellen Kreuzrippengewölbes, bei dem in den Jochen vier Kappen zusammengeschlossen werden und die Joche selbst durch Gurtbögen voneinander getrennt sind, setzt Parler ein durchgehendes Tonnengewölbe ein, in das flache Stichkappen einschneiden; die Netzkonstruktion der Rippenverläufe, die das Gewölbe artikulieren, schließt im Binnenchor mit einem eine enorme Leichtigkeit der Decke vermittelnden, einen Baldachin nachahmenden Abschluss, in dessen Spitzen die hohen Chorfenster einschneiden. Die Rippenfolge wird im Neubau harmonisch fortgesetzt, wobei die Schlusssteine, die an der Decke dort platziert sind, wo traditionell die Jochbögen verlaufen, und nicht in der Jochmitte, die ausladende Bewegung der Dachkonstruktion wieder auffangen. Parlers Kreativität in der Konstruktion der Gewölbe zeigt sich auch in anderen Raumteilen. So zeichnet sich die Vorhalle des repräsentativen Südportals durch eine Verbindung zwischen Stern- und Schirmgewölbe aus. Die Türen, die ins Kircheninnere führen, sind schräg zum Mittelpfosten, dem Trumeaupfeiler, ausgerichtet. Der Pfeiler selbst vermittelt unmittelbar ins Gewölbe mit Hilfe von Diensten, die in Luftrippen auslaufen; damit erfüllt der Pfeiler keine tragende Funktion im Raum. Ähnlich kreativ geht Parler mit dem Gewölbe in der alten Sakristei an der Nordseite um. Der zweijochige Raum entstand aus ursprünglich geplanten zwei Räumen. Parler versah das östliche Joch mit einem feingliedrigen Rippennetz, aus der Mitte beider Joche hängen aus Luftrippen geformte Gewölbeabhänglinge, die jeweils mit einem dekorativen Schlussstein abschließen.

Am Südportal fällt die äußere, mit einem farbigen Mosaikbild des Jüngsten Gerichts geschmückte Wand über den Portalarkaden auf. Auf der einen Seite stört die Flächigkeit der Wand die Feingliedrigkeit des gesamten Gebäudes, auf der anderen Seite jedoch betont die prachtvolle Farbigkeit des 82 Quadratmeter großen Glasmosaiks den hohen Repräsentationswert dieser Seite, die zum Königspalast und zur Stadt hin ausgerichtet ist. Während das große Maßwerkfenster erst in das 19. Jh. datiert, stammt der Maßwerkvorhang noch aus der Parler-Hütte. Das Mosaik entstand 1370–71 und zeigt das Jüngste Gericht. In der Mitte erscheint Christus in einer Mandorla als Weltenrichter, rechts und links sind die Muttergottes und Johannes der Täufer platziert, darunter werden sie von Heiligenfiguren begleitet: Jeweils in Dreiergruppen erscheinen links und rechts die sechs Landespatrone Prokop, Sigismund und Veit sowie Adalbert, Ludmila und Wenzel. Der mittelalterlichen Bildanordnung entsprechend erscheinen hier die Stifter Kaiser Karl IV. und seine vierte Gemahlin Elisabeth von Pommern weit unten im Bild, während auf der Höhe der Mandorla weitere Figuren der Apostel und dazwischen die Verdammten dargestellt sind.

Auch der mächtige Südturm dient der herrschaftlichen Repräsentation des Bauherrn Kaiser Karl IV. Das Erdgeschoss ist das Werk Peter Parlers, die beiden mittleren Geschosse errichtete sein Sohn Johann. Der Turmabschluss wurde von Bonifaz Wohlmut besorgt, wobei die Form im 18. Jh. der aktuellen Mode angepasst wurde.

Das gesamte Bauwerk darf als sichtbares Zeugnis des herrschaftlichen Repräsentationsanspruches Kaiser Karls IV. angesehen werden. Dazu gehören die imposante Form der Kathedrale und die Berufung führender Baumeister, zuerst aus Frankreich, dem Mutterland des Kathedralbaus, dann aus Deutschland, wo der Bau des Kölner Doms und dessen Strukturformen neue Maßstäbe für die Region setzen. Teil dieses symbolträchtigen Vorgangs ist nicht zuletzt auch die **Büstengalerie** im Triforium. Sie wurde an den Pfeilern des Triforiumumgangs in Form von 21 überlebensgroßen steinernen Büsten platziert. Die Büste Kaiser Karls IV. sitzt am südlichen Pfeiler, ihm gegenüber befindet sich seine vierte Ehefrau Elisabeth von Pommern, es folgen Anna von Schweidnitz auf der anderen Seite desselben Pfeilers, Anna von der Pfalz sowie Blanka von Valois auf dem zweiten nördlichen Pfeiler am Abschluss – damit sind die Ehefrauen gemäß ihrer Rangordnung angeordnet, die damals noch lebende Ehefrau ist Karl IV. näher als die bereits verstorbenen. Auf der anderen Seite dieses Pfeilers mit Karls Bildnis befindet sich die Büste seines Vaters Johann von Luxemburg; diesem gegenüber auf dem südlichen Pfeiler des Abschlusses findet sich dessen erste Gemahlin Elika aus dem Geschlecht der Přemysliden, Mutter von Karl (es fehlt die zweite Frau Johanns). Auf der anderen Seite des Pfeilers wurde die Büste von Karls Sohn und Nachfolger Wenzel IV. untergebracht, ihm gegenüber dessen Gemahlin Johanna von Bayern. Gegenüber von Blanka von Valois auf dem nördlichen Pfeiler befindet sich der Bruder Karls IV., Heinrich von Luxemburg, auf dessen anderer Seite Karls zweiter Bruder Wenzel. Zu der zweiten Büstengruppe gehören Bildnisse der Prager Erzbischöfe Ernst von Pardubitz, Jan Očko von Vlašim und Jan von Jenstein sowie der Direktoren der Bauhütte: Beneš von Weitmühl und Andreas Kotlík (am Nordpfeiler) sowie Nikolaus Holubec und Leonard Bušek (am Südpfeiler); schließlich finden sich auch – wohl dem anbrechenden Humanismus geschuldet – die Porträts der Baumeister der Kathedrale, Matthias von Arras und Peter Parler, sowie des letzten Bauleiters, Wenzel von Radeč. Peter Parler hat hier nicht nur das erste Künstlerselbstbildnis als Skulptur geschaffen und sein Werk signiert, er wurde – und das ist eine sehr hohe Ehre – ebenso wie sein Vorgänger in der Metropolitankirche begraben. Die gesamte Porträtgalerie im Triforium weist unterschiedlich stark ausgeprägte Bildnismerkmale auf, was sicherlich zum einen auf die künstlerische Fähigkeit der Bildhauer in der Parler-Werkstatt, zum anderen auf den langen Entstehungszeitraum zurückzuführen ist. Die Porträts der kaiserlichen Familie zeigen bereits starke Individualisierungsmerkmale (sie entstanden etwa 1376–78), während eine zweite Gruppe, mit noch stärkeren Ausmodellierungen (am besten die Büste von Wenzel von Radeč), auf 1379–85 datiert ist.

Die Triforium-Büsten finden ihre Entsprechung in den Gruften der Kathedrale: Karl IV. betont seinen Herrschaftsanspruch mit Blick auf die historische Kontinuität, d.h., er sucht die Nähe zu dem böhmischen Geschlecht der Přemysliden – nicht nur im Bildnis seiner Mutter im Triforium. 1373 lässt er die böhmischen Herzöge und Könige in die Kapellen des Binnenchors umbetten. Als erster wurde der Herzog Břetislav I. hierher verbracht, sodann sein Nachfolger Spythiněv II., nördlich fanden ihren Platz Břetislav II. und Bořivoj II., auf der Südseite die Könige Přemysl Ottokar I. und Přemysl Ottokar II.

Zum Repräsentationsprogramm der Kirche gehören auch die Königsgräber in der Königsgruft unter dem Oratorium Vladislavs II. Während der Bauarbeiten zur Vollendung der Kirche 1928–35 wurde die Gruft umgestaltet, im Zuge dessen sind die sterblichen Überreste der böhmischen Herrscher, u. a. Karls IV., in moderne Metallsärge umgebettet worden. Im Originalsarg ruhen Kaiser Rudolf II. sowie Maria Amalia, eine Tochter der Kaiserin Maria Theresia.

Im Kircheninneren, in der Mitte des Chors, befindet sich auch das Mausoleum der Habsburger. Das Grabmal wurde von Kaiser Ferdinand I. bei Alexander Collin in Innsbruck in Auftrag gegeben. Seine Entstehung wird auf die Jahre 1564–89 datiert. Hinter einer schmiedeeisernen Umwehrung liegen auf dem Deckel die Marmor-Reliefskulpturen Kaiser Ferdinands, seiner Gemahlin Anna Jagiellonka und Maximilians II. Zu ihren Füßen steht eine aus Alabaster gearbeitete Christusfigur, umgeben von kleinen Engelsfiguren. Die Seitenwände des Grabmals schmücken Medaillons mit Bildnissen Karls IV. und seiner vier Gemahlinnen sowie weiterer böhmischer Herrscher bis zu Rudolf II.

Zu den prunkvollen Epitaphien des Barocks gehört das **Grabmal des Grafen Leopold Schlick** direkt gegenüber dem Eingang zur Wenzelskapelle. Schlick war als Kaiserlicher Kanzler ein Vertreter des Kaisers in Böhmen. Das Grabmal wurde nach einem Entwurf von Joseph Emanuel Fischer von Erlach (Sohn des Architekten Johann Bernhard Fischer von Erlach) durch František Maximilian Kaňka verändert, spricht aber in seinem Aufbau und der Konzeption der Bewegung der Figuren, von dynamisch gesteigert bis in sich ruhend, die künstlerische Sprache

Gianlorenzo Berninis, des italienischen Meisters der barocken Bildhauerei. Die Tumba des Verstorbenen ruht auf einem hohen Sockel aus schwarzem Granit. Die Büste Schlicks füllt eine ovale Öffnung in der Mitte eines hohen Obelisken, der auf der Tumba aufgestellt ist und von mannshohen Figuren der Minerva mit dem Lorbeerkranz in der Hand und Mars mit einem Schwert in der Rechten flankiert wird. Über dem Obelisken spannt sich ein Vorhang, in dessen oberem Teil über der kugelförmigen Spitze links Engel ein Wappen des Verstorbenen präsentieren, während rechts Fama seinen Ruhm der Nachwelt verkündet.

Die Kanzel aus Lindenholz stammt aus dem frühen 17. Jh., wobei die erste Umgestaltung bereits 1631 mit stärkerem Barockanklang stattfand.

Ein Werk des Hochbarocks ist dagegen der **Reliquienaltar des hl. Nepomuk** im Südumgang der Kirche. Johannes von Pomuk starb 1393 eines gewaltsamen Todes. Der Legende nach soll er im Auftrag König Wenzels IV. von der Karlsbrücke in die Moldau gestürzt worden sein, weil er das Beichtgeheimnis der königlichen Gemahlin bewahrte und bis zu seinem Tod nicht preisgab, ob sie ihrem Mann treu gewesen war oder nicht. 1729 wurde Nepomuk heiliggesprochen. 1733 gab Kaiser Karl VI. bei Joseph Emanuel Fischer von Erlach den Reliquienaltar in Auftrag. Nach seinen Entwürfen fertigte der Bildhauer Antonio Corradini ein Holzmodell an, während das silberne Grabmal von der Hand des Wiener Goldschmieds Johann Joseph Würth stammt (1733–36 fertiggestellt). Vier weitere silberne Figuren – Allegorien der Gerechtigkeit, Wahrheit, Verschwiegenheit und Weisheit – des Prager Goldschmieds Johann Seitz wurden dem Altar 1746 hinzugefügt, der von Engelsfiguren umgeben ist. Vier große schwebende Engel halten einen über dem Altar aufgespannten Baldachin, der auf Geheiß Maria Theresias 1771 errichtet wurde. Die Tumba des Heiligen wird von lebensgroßen Engeln gehalten, während der Heilige selbst auf der Tumba kniet. Bemerkenswert ist seine Körperhaltung, die sich gegen die vorherrschende barocke Dynamik wendet und vielmehr in sich ruht – Nepomuk fixiert mit seinem Blick das Kruzifix, das er in den Händen hält, und gibt sich gänzlich seiner inneren Versunkenheit hin. Es scheint, als ob er der Wenzelsfigur in der **Wenzelskapelle** folgt. Diese steht in einem leichten Kontrapost und hält ihrer martialischen Gewandung nicht stand. Wenzel blickt mehr melancholisch als kraftvoll vor sich hin, hält die Lanze in einem leichten Griff, während der Ellbogen an den Körper gedrückt ist, wodurch die Haltung sehr ungeschickt ausfällt, nicht minder auch die Haltung des Wappenschildes: Wenzel umfasst den Schild an der oberen Kante und wird von den ihn flankierenden gemalten Engeln wie in einer Opferhaltung vorgeführt. In der Figur des Heiligen und Přemyslidenherzogs und in seiner Kapelle wird der heilige Auftrag – die Herrschaftsausübung Karls IV. – veranschaulicht und eine im Ausstattungsprogramm der Kirche dominierende Konstruktion einer historischen Kontinuität der Herrschaft legitimiert. Sicherlich war dies auch der Grund für die aufwendige Gestaltung der Wenzelskapelle in der südwestlichen Ecke des Chores. Bereits der Rundbogeneingang zeigt eine herausgehobene Stellung des Ortes an. An der um 1370 von Meister Frenzlin oder Wenzel gestalteten Schmiedetür prangt ein bronzener Türklopfer in Form eines Löwenkopfes, eines der wenigen Werke, die noch aus der Romanik stammen (Datierung auf das Ende des 13. Jh.). Die unteren Kompartimente der Wenzelskapelle wurden ab 1372 mit kostbaren Halbedelsteinen und vergoldetem Stuck dekoriert. Es wurden Korneole, Chalcedone, Chrysopase, Jaspisse, Amethyste und Achate eingesetzt, Smaragde formen ein Kreuz. Gleichzeitig hat ein einheimischer Meister die Kapelle mit Wandmalereien ausgestattet, die Motive aus dem Leidensweg Christi darstellen. Die Wandgemälde oberhalb des Gesimses entstanden über hundert Jahre später. Sie zeigen in zwei übereinandergestellten Folgen Szenen aus dem Leben des hl. Wenzel, in die auch zeitgenössische Ereignisse einbezogen worden sind. Die Entstehung der Wandbilder von der Hand des Meisters des Leitmeritzer Altars hängt zusammen mit der Geburt des böhmischen Kronprinzen Ludwig Jagiello im Jahr 1506.

Über der Wenzelskapelle liegt die Kronkammer, in der die Kroninsignien aufbewahrt werden, unter anderem die Wenzelskrone aus dem 14. Jh., die im Auftrag Karls IV. geschaffen wurde und der Ende des 11. Jh. verlorengegangenen Krone der böhmischen Přemysliden-Könige ähneln soll. Weiter finden sich dort das königliche Zepter und der Reichsapfel – beide aus der zweiten Hälfte des 16. Jh.

Profanbauten

Der **Alte Königspalast** (Starý Královský Palác; I B–C4):

Baugeschichte Die Prager Burg weist in ihrer Struktur, in der sakrale und weltliche Macht zusammenkommen, auf die slawische vorchristliche Tradition einer räumlichen Nähe zwischen Heiligtum und Fürstensitz in einer Wallburg. Die slawischen Burgen waren nicht nur Sitz des Stammesfürsten und ein Zentrum der Verteidigung und der Rechtsprechung, sie waren zugleich auch das Stammesheiligtum. Nach der Übernahme des Christentums in Böhmen setzte sich diese Konzentration kultisch-religiöser und weltlicher Macht fort. Damit erklärt sich auch die Baugestaltung der Prager Burg, in der der Dom ungleich stärker in Erscheinung tritt als der Königspalast.

Nimmt man die späteren Erweiterungsbauten aus, die vor allem entlang der alten Befestigungsmauern verlaufen, so erscheint der eigentliche Kern des Palasts, der einen un-

Hradschin, Alter Königspalast, Aufriss

1 Kanzlei der neuen Landtafeln
2 Arkadengang aus der Zeit Přemysl Ottokars II.
3 Karlssaal
4 Soběslavs romanischer Fürstenpalast
5 Vladislavsaal

regelmäßigen Grundriss aufweist, nicht wesentlich ausgedehnt.

Nach jahrhundertelangen Neu- und Umbauten gruppieren sich heute die Räume um den länglichen, west-östlich ausgerichteten Vladislavsaal, an dessen Stirn im Osten sich die herzögliche bzw. königliche Allerheiligenkapelle anschließt. Vom Nordosten her schieben sich an den Saal der Alte Landtagssaal und die Reitertreppe mit den Kanzleien der neuen Landtafeln, während die übrige Nordseite ein Palasthof einnimmt. Ein weiterer großer Wohntrakt mit der Böhmischen Kanzlei schließt sodann vom Westen, die Reichshofratsstube vom Südwesten an, während unmittelbar an der Westfront des Saals sich Vladislavs Wohntrakt mit seiner Schlafstube im Nordosten sowie der Grünen Stube daneben und weiteren größeren oder kleineren Räumen befinden. Bis ins 16. Jh. diente der Palast als Sitz des böhmischen Monarchen, zunächst bis ins 13. Jh. als Sitz des Herzogs, danach des Königs und zuweilen auch des römisch-deutschen Kaisers. Dieser Teil der Burg diente als Wohn- und Repräsentationsbau der Herrscher bis zur Übernahme der Regierung durch die Habsburger im 16. Jh. Danach wurde der Wohntrakt in den Südflügel der Burg verlagert. Die Räume des Alten Palasts dienten dann lediglich als Amtsräume der Verwaltung, zum Teil auch als Lager für verschiedene Güter. Nach der Aufhebung der Ämter durch die Habsburger im 18. Jh. standen sie leer, heute sind sie ein Museum.

An dieser Stelle befand sich bereits im Frühmittelalter ein Saalbau des böhmischen Herzogs. Die ältesten Teile des Alten Königspalasts (eine Befestigungsmauer sowie ein Teil des Damenstifts), die tief unter dem Vladislavsaal freigelegt wurden, stammen aus der Zeit Herzog Soběslavs I. (1125–40). Der Palast hatte einen großen tonnengewölbten, 33 Meter langen Saal, der unter Soběslav II. um 1182 vollendet wurde. Der Bau des mittelalterlichen Palasts wurde unter König Vladislav II. in der zweiten Hälfte des 12. Jh. zu Ende geführt. Weiterer Aus- bzw. Umbau folgte unter König Přemysl Ottokar II. ab 1252. Im Zuge dessen wurden ein Wohntrakt im Westen sowie ein weiterer im Osten errichtet, die mittels eines Arkadengangs, dessen Überreste unter dem Vladislavsaal zu finden sind, miteinander verbunden waren. Nach seiner Rückkehr aus Paris fand Karl IV. den Palast in einem schlechten Zustand vor, wie er in seiner Lebensbeschreibung berichtet. Er ließ über der frühmittelalterlichen Pfalz einen Palas einrichten, der zum Hof einen Arkadengang aufwies. Karl IV. veranlasste auch den Bau des westlichen Querflügels. Aus den Umbau- und Erweiterungsarbeiten seiner Zeit ist heute der große Saal (Karlssaal) erhalten geblieben. Durch die

Verlegung des Wohnsitzes 1383 in die Altstadt durch Wenzel IV. und während der Hussitenkriege verlor der Palast an Bedeutung. Doch ließ der König die flach gedeckten Räume des Palasts mit Gewölben ausstatten und richtete über dem romanischen Saalbau einen neuen großen Saal ein. Im Osten entstand ein neuer Querflügel (Landrechtsstube).

Es folgte ein Jahrhundert ohne Baumaßnahmen. Erst der polnische König Vladislav Jagiello führte, nachdem er 1471 zum König von Böhmen und 1490 auch von Ungarn gekrönt worden war, große Baumaßnahmen durch, die bis heute das architektonische Bild des Palasts prägen. Dazu gehört insbesondere die Errichtung des großen Vladislav-

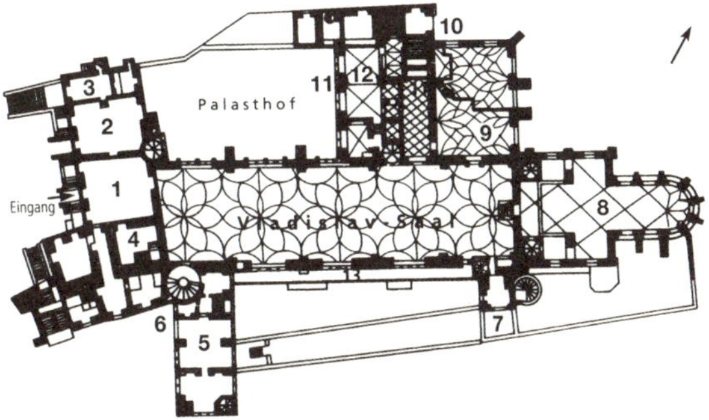

Hradschin, Alter Königspalast, Grundriss

1 Vorsaal (Kleiner Saal)
2 Grüne Stube
3 Vladislav-Schlafstube
4 Romanischer Turm
5 Böhmische Kanzlei
6 Reichskanzlei
7 Aussichtsterrasse
8 Allerheiligenkapelle
9 Landtagssaal
10 Reitertreppe
11 Kanzlei des neuen Appellationsgerichts
12 Aussichtsgang

saals und der Wohntrakte im Westen. Der große Brand von 1541 zerstörte einen Teil der vor allem von Benedikt Ried ausgeführten Bereiche. Der Wiederaufbau erfolgte bald darauf unter der Herrschaft der Habsburger, wobei im Geist der Renaissance größerer Wert auf die Ausdehnung der Palastbauten außerhalb der Burgmauern gelegt wurde. Während der Regierungszeit Kaiser Rudolfs II. 1576–1612 wurden keine nennenswerten Veränderungen am Alten Königspalast durchgeführt. Rudolf II. erweiterte ihn um neue Wohntrakte, die an den Palast im Südwesten anschließen. Das gleiche gilt für die Regierungszeit weiterer Habsburger. Die Prager Burg verlor ihren Status als Hauptresidenz der römisch-deutschen Kaiser an Wien. Der Palast diente nun vornehmlich als Verwaltungsgebäude für die königlichen Statthalter.

PALASTRÄUME UND AUSSTATTUNG **Vladislavsaal** (Vladislavský sál): Der sogenannte Vladislavsaal verdankt seinen Namen dem Erbauer, König Vladislav Jagiello. Unmittelbar nach der Besteigung des böhmischen Throns 1471 bezog er die Prager Burg als Hauptresidenz. Doch bereits 1490 überreichten ihm die ungarischen Stände die Königskrone Ungarns, und Vladislav zog mit der Hauptresidenz nach Ofen. Um sich vor allem die Zuneigung der böhmischen Stände zu sichern und seine stete Präsenz als Herrscher in Prag zu demonstrieren, ließ er 1490–1502 durch seinen Hofarchitekten Benedikt Ried im Obergeschoss des Alten Palasts einen repräsentativen Saal errichten. Mit seinen Ausmaßen von 62 Metern Länge und 16 Metern Breite sowie 13 Metern Höhe ist er der größte profane Saal in Prag in dieser Zeit. Der Saal, den Ried aus dem Zusammenschluss von drei Räumen im Obergeschoss über dem mittelalterlichen Saalbau König Wenzels schuf, diente als Thronsaal, Versammlungsort der böhmischen Landtage und Ort aller Feste und Feierlichkeiten wie Krönungsmahle oder Turniere. Unter der Herrschaft Rudolfs II. diente der Raum auch als Verkaufshalle für

Benedikt Ried, Vladislavsaal im Alten Königspalast in der Prager Burg auf dem Hradschin, 1490–1502

Kunsthändler. Auch heute wird er zu repräsentativen Zwecken genutzt. Benedikt Rieds Werk steht stilistisch an der Schwelle zwischen der Renaissance und der Spätgotik. Das imposante Sternrippengewölbe, das sich wie ein Zeltdach über dem Saal aufspannt, gehört der Tradition der Gotik an. Das fünfjochige Gewölbe schwingt freischwebend ohne eine in der Mitte platzierte Stütze aus und ein, wobei über den Fenstern die Decke stichkappenartig eingeschnitten wird. Die komplizierte Linienführung der Rippen, die blumenförmig in der jeweiligen Mitte der Joche zentriert sind, verläuft so, dass die Rippen sich auf der Höhe der Fenster sammeln und jeweils gebündelt entlang der Pfeiler zu Boden verlaufen, wodurch die Pfeiler nicht als Stützen, die die Last tragen, erscheinen, sondern wie Verankerungen für das Gewölbe, ähnlich einer Baldachinkonstruktion. Die Leichtigkeit der Riedschen Gewölbekonzeption konnte wohl dadurch erreicht werden, dass die Traglast nach außen verlagert wurde. Dort sind massive gotische Strebepfeiler zwischen die Fenster eingebaut, die weit nach unten bis zu den Mauern des romanischen Palasts reichen. Mit dieser Gewölbekonstruktion folgt Ried dem kreativen Werk von Peter Parler im Veitsdom.

Fünf Meter hohe Doppelfenster durchbrechen die Wände der Längsseiten des Saals. Auch die Stirnwand besteht weitgehend aus einem zwei Stockwerke hohen Fenster sowie einem Eingang in die Allerheiligenkapelle. Bei den tief am Boden eingeschnittenen Fenstern griff Benedikt Ried auf Stilelemente der Renaissance zurück, die er mit den Elementen der Gotik kombinierte, innen wie außen. Vor allem die östliche Stirnwand, die bis zur Schließung des kleinen Hofraums zwischen der Kapelle und dem Vladislavsaal 1580 ins Freie führte, vermittelte große Raumweite. Die Gestaltung der Wand zeigt einen kreativen Umgang mit Stilelementen der Renaissance: Der rundbogige Eingang wird von kannelierten gedoppelten Pilastern flankiert, die ein hohes Gebälk tragen, das von einer geradezu barock anmutenden Kartusche mit Obelisken rechts und links gekrönt ist, während die hohen kannelierten Pilaster der oberen Ebene ungewöhnlich übereck gestellt sind. Die spiralförmigen Wandsäulen der Eingangsebene erinnern eher an gotische Stilelemente.

Das Außendekor der Fenster entstammt der Renaissance: An der Nordwand sind die Doppelfenster von kannelierten korinthischen Pilastern gerahmt, die auf schmalen vegetabil dekorierten Konsolen aufsitzen und ein hohes, schlichtes, plan abschließendes Gebälk tragen. Die massiven gotischen Strebepfeiler münden in eine Fiale, aus der gotische Wasserspeier hervortreten. Die Südseite blieb weitgehend unverändert. Dem Saal war eine niedrige offene Galerie vorgelagert, die durch ein kleines Portal neben dem westlichen Fenster zu erreichen war.

Allerheiligenkapelle (Kostel Všech svatých): Bereits in der frühromanischen Zeit befand sich an dieser Stelle eine herzögliche Kapelle, die zum Palastbau gehörte. Unter dem Schiff der Kapelle sind Mauerreste aus dieser Epoche freigelegt worden. Darüber wurde 1263 die dreischiffige frühgotische sogenannte Čiča-Kapelle errichtet. 1370–87 fügte ihr Peter Parler unter Karl IV. einen Chor hinzu. Der Bau war sehr repräsentativ. 1541 wurde die Kapelle durch die Feuersbrunst zerstört und erst 1570–74 in Form einer Renaissancekirche wiederaufgebaut. Zugleich erfuhr das Langschiff eine Verlängerung bis an den Vladislavsaal, von dem aus man die westliche Empore der Kirche betritt.

Landtagssaal (Stára sněmovna): Im nordöstlichen Teil des Palasts gelegen, gehört dieser Raum ursprünglich zur Bauphase unter Karl IV. Um 1500 wurde er zusammen mit dem Vladislavsaal, der Reiterstiege, der Landrechtsstube und schließlich den im Westen gelegenen Audienzzimmern durch Benedikt Ried für König Vladislav Jagiello umgebaut und zusammen mit dem nach dem Vorbild des französischen Hôtels umgestalteten Palasthof zu einer Einheit verbunden. Nach dem Brand von 1541 folgte 1559–63 ein Wiederaufbau durch Bonifaz Wohlmut. Dieser stellte das spätgotische Riedsche Deckengewölbe wieder her und fügte in der nördlichen Ecke des Raumes eine Renaissanceempore für den obersten Landesschreiber hinzu (die Empore bzw. Tribüne ist durch eine Eisentür mit der Kanzlei der Landtafel nebenan verbunden). Die Ausstattung des Saales ist weitgehend neugotisch. Die Wände schmücken Bildnisse habsburgischer Herrscher. Die Anordnung der Möbel mit dem zentral platzierten Königsthron spiegelt die 1627 erlassene neue Landesordnung.

Reitertreppe (Jezdecké schody): Im Nordosten des Alten Palasts gelegen, diente sie mit ihren niedrigen Stufen als Zugang für die Reiter zum großen Festsaal. Von Benedikt Ried wurde sie um 1500 mit einem vier Joche umfassenten Bogenrippengewölbe ausgestattet. An der Ostseite öffnete sie sich zum Palasthof hin mit einer repräsentativen Loggia, die jedoch beim Brand von 1541 zerstört und von Bonifaz Wohlmut als geschlossener Raum wiederaufgebaut wurde. Einige aufgefundene Mauerreste lassen vermuten, dass es sich bei der Loggia um eine von kolossalen Renaissancepilastern getragene Doppelbogenstellung mit verkröpftem Gesims handelte. Innen war sie wahrscheinlich mit Bogenrippen eingewölbt. Der äußere Torbau der Reiterstiege blieb beim Brand unversehrt. Die drei Renaissancetore führen jeweils nach Westen zum Palasthof, das östliche zum Domplatz und das südliche zur (nun umgebauten) Loggia.

Kanzleien der Neuen Landtafeln (Místnost Nových zemských desek): Die Landtafeln sind ein Spezifikum des böhmischen Landrechts, ihre Ursprünge gehen bis in die Regierungszeit von Přemysl Ottokar II. (1253–78) zurück. In den Büchern (Tafeln) wurden jegliche Landtagsbeschlüsse, der Besitz der jeweiligen Ständemitglieder und auch Prozessentscheidungen festgehalten. Zur Unterscheidung waren sie an ihren Rücken farbig mit floralen oder Tier-Symbolen gekennzeichnet. Während der Herrschaft der Habsburger im 18. Jh. erhielten sie eine Numerierung. Beim großen Burgbrand 1541 waren die Tafeln an ihrem Aufbewahrungsort im Untergeschoss des Nordostflügels zerstört worden. Neu angelegt, wurden sie in den unter Kaiser Maximilian II. neu gebauten Raum im Obergeschoss verlagert, dem sie seinen Namen gaben. Im Zuge der Verwaltungsreformen Kaiser Josefs II. verloren sie an Bedeutung und wurden 1783 entfernt. Heute finden sich an den Wänden gemalte Wappen der Beamten, die das Amt vom 16. bis ins 18. Jh. leiteten. In dem Raum haben annähernd zwanzig Beamte gearbeitet, die Anordnung der Möbelstücke gibt die Situation des 18. Jh. wieder.

Der **Ludwigsflügel** (Ludvíkove křídlo) trägt seinen Namen nach dem Sohn König Vladislavs II. und ist von Benedikt Ried 1502–09 im Südwesten des Vladislavsaals angelegt worden. Der Bau des Flügels hängt mit der Vergrößerung der Hofhaltung aufgrund der Heirat von König Vladislav II. mit Anna von Foix-Candale zusammen, da der Wohntrakt im Norden des Palasts damals als unmodern erschien. Unter den Habsburgern wurden die neuen Räume in Verwaltungsräume umgewandelt. Der Flügel besteht aus vier Geschossen, wobei die Repräsentationsräume im zweiten und dritten Obergeschoss lagen. Im zweiten Obergeschoss befand sich die **Böhmische Kanzlei** (Česká kancelář) – auch Kammer genannt –, das königliche Finanzverwaltungsamt. Gegründet wurde sie 1527 von Ferdinand I. und bestand bis 1745, als sie in den Verwaltungsapparat des habsburgischen Statthalters überging. Hier fand 1618 auch der zweite Prager Fenstersturz statt. Die Böhmische Kanzlei erhielt noch ein spätgotisches Netzgewölbe, dagegen wurde der Raum darüber, die **Reichskanzlei** (Kancelář říšské dvorské rady; Reichshofratsstube) mit ihrer flachen Balkendecke vollständig im Renaissancestil gestaltet. Benedikt Ried lernte die italienische Renaissance über den ungarischen Hof in Ofen kennen, wo Baumeister und Architekten aus Italien schon Ende des 15. Jh. tätig waren. Deutliche Renaissance-Elemente zeigt z.B. das repräsentative Portal der Reichskanzlei.

Im Gegensatz zum Vladislavsaal sind die Außenwände des Ludwigsflügels nicht verputzt, sondern in glatt gehauenem Sandsteinquader gehalten. Auch die Fenster zeigen keine dekorativen Rahmungen, sondern lediglich schmale Gesimsstreifen und gerade Bedachung.

Grüne Stube (Zelená světnice): Im nordöstlichen Flügel des Alten Palasts gelegen, ist sie über einen Vorsaal, den sogenannten Kleinen Saal mit ursprünglich gotischem Gewölbe, zu erreichen (einige Mauerreste in der südlichen Wand entstammen noch der romanischen Zeit – **romani-**

scher Turm). Die Stube erhielt ihren Namen von der grünen Ausstattung des Raumes während der theresianischen Umgestaltung, als auch das gotische Gewölbe einer Flachdecke weichen musste. Die Stube wurde im 14. Jh. errichtet und diente als Gerichtssaal. Ab 1512 tagte hier das Kammer- und Hofgericht. Unter Ferdinand I. wurden hier die Audienzen abgehalten. Schließlich diente die Grüne Stube auch als Versammlungsraum der Ritterschaft während der Landtagssitzungen. Die Wände sind mit Wappen der Beisitzer des Kammer- und Hofgerichts versehen. Die Decke schmückt ein Gemälde mit der Darstellung von Salomons Urteil (aus dem 18. Jh., 1962 aus dem Burggrafenamt hierher übertragen).

Schlafstube Vladislavs (Vladislavova ložnice): Vom Nordwesten schließt die Vladislav-Schlafstube an die Grüne Stube an. Zur Zeit Vladislav Jagiellos Ende des 15. Jh. umgestaltet, enthält sie ein polychromes Gewölbe mit Schlusssteinen, welche die Wappen Böhmens, Mährens, Schlesiens und Luxemburgs nachbilden. Über dem Fenster an der Ostwand ist der polnische König Vladislav durch den polnischen Adler mit Krone ebenso wie durch seine Initialen präsent. Außen führt eine kleine Treppe zu den ehemaligen Wohngemächern des Monarchen im Obergeschoss. Die schmale Kammer, von der im Westen der Durchgang zum Oratorium im Veitsdom abgeht, diente als **Hoftafeldepositorium** (Depozitář dvorských desek).

Unter den Palasträumen Vladislav Jagiellos befinden sich Räume aus den früheren Bauphasen. Sie sind von dem Hofportal der Reiterstiege erreichbar. Zuerst passiert man den **Raum der Alten Landtafeln** (Světnice starých zemských desek). Mit einem schweren, von zwei massiven Rundpfeilern getragenen Kreuzgratgewölbe vermittelt er einen Eindruck von der Architektur der Zeit Přemysl Ottokars II. Hier wurden auch 1541 durch ein Feuer die alten Landtafeln, die hier seit dem Mittelalter aufbewahrt worden waren, zerstört. Die nächsten Räume gehören dem Untergeschoss des Palasts von Karl IV., das Obergeschoss wurde zum Vladislavsaal umgebaut. Die Räume befinden sich auf einer zwei Meter hohen Aufschüttung über dem Obergeschoss des romanischen Palasts. Auf einen kleineren Raum (zwei Portale eröffnen hier einen Durchgang zum Erdgeschoss des Palasts sowie zur Empore der früheren Allerheiligenkapelle) folgt der sogenannte **Karlssaal** (Síň Karlova paláce), der aus zwei früheren Räumen zusammengefasst wurde. Das Kreuzrippengewölbe im östlichen Teil verweist bereits auf eine fortgeschrittene gotische Baukunst aus der Zeit Wenzels IV. Karls Sohn ließ die Palasträume nochmals umgestalten. Unter anderem entstand in dieser Epoche der sogenannte **Säulenraum**, ein zweischiffiger Raum mit einem fein konzipierten Kreuzrippengewölbe, das auf massiven Rundpfeilern ruht. Von diesem Saal aus sind auch Ausgrabungen über dem dritten Burghof mit frühmittelalterlichen Mauerwerkresten (11.–13. Jh.) zu erreichen.

Přemysl Ottokars II. Arkadengang (Sloupová chodba Přemysla Ottokara II.): An der Längsseite des Palasthofs finden sich Reste aus der frühgotischen Ausbauperiode des Palasts. Der ursprünglich neun Arkaden umfassende Arkadengang entstand im Auftrag Ottokars II. in der zweiten Hälfte des 13. Jh. an der Nordseite des Palasts.

Soběslavs romanischer Fürstenpalast (Soběslavův románský knížecí Palác): Tief unter dem Karlschen Palast ist der Saalbau des frühmittelalterlichen romanischen Fürstenpalasts freigelegt (Teile aus der Zeit nach 1135). In unmittelbarer Nähe davon (südlich bzw. nördlich) konnten die aus Holz errichteten Bauten der herzöglichen Paläste (9.–11. Jh.) freigelegt werden.

Das Gelände östlich des dritten Burghofs und des Georgklosters wird durch die Georgsgasse in ein nördliches und ein südliches Areal gegliedert. Die Gasse geht zurück auf den bereits seit der Burggründung hier verlaufenden

Weg vom westlichen bis zum östlichen Tor der Burg. Im Süden dominieren Gebäude des **Theresianischen Adeligen Damenstifts** (Teresiánský Ústav šlechtičen) sowie das im äußersten Osten errichtete **Lobkowitz-Palais** (Lobkovický Palác; heute ein Museum; I C4). Das Palais entstand in der zweiten Hälfte des 16. Jh. zunächst im Renaissancestil für die Herren von Pernštejn; ab 1602 gehörte es den Grafen Lobkowitz. Es wurde 1677 durch Carlo Lurago barock umgebaut (1791 renoviert), wobei die zum Teil in den beiden Innenhöfen erhaltenen Sgraffito-Dekorationen noch aus der Renaissance herrühren, als sie zu den populärsten Dekorationselementen der Außenfassaden in Böhmen gehörten (z.B. am Schwarzenberg-Palais).

Gegenüber dem Palais steht das ehemalige **Burggrafenamt** (Purkrabství; I B4). Seit dem Mittelalter befand sich hier das Haus des herzöglichen Kastellans, dann des Burggrafen und schließlich des Oberstburggrafen der Prager Burg, eines unmittelbaren Vertreters des Königs, falls jener abwesend war. Das Amt wurde stets von den Mitgliedern der höchsten Adelsgeschlechter bekleidet. Zunächst war das Burggrafenamt ein romanischer, mit Türmen versehener Bau, der nach seiner Zerstörung durch den Brand 1541 im Renaissancestil als Giebelhaus von dem italienischen Baumeister Giovanni Ventura wiedererrichtet wurde. Über dem barocken Portal sind Wappen von vier Oberstburggrafen (Karl von Fürstenberg, Adam von Waldstein, Jaroslav von Martinitz, Jan Josef von Vrtba) angebracht. Das Hauptgebäude ist mit weiteren Wappen der Oberstburggrafen und einer noch auf die Renaissance verweisenden Sgraffito-Dekoration (jetzt eine Rekonstruktion des 20. Jh.) versehen. Bis zu den Josefinischen Reformen 1783 befand sich hier auch das Burggräfliche Gericht, danach wurde das Gebäude in ein Mietshaus umgewandelt.

Hinter dem Burggrafenamt entlang der nördlichen Befestigungsmauer verläuft das sogenannte **Goldene Gässchen** (Zlatá ulička; I C4). Die kleinen Häuschen an dieser schmalen Gasse dienten ursprünglich als Behausungen der Burgwächter, die hier per Dekret Kaiser Rudolfs II. ihre Häuser einrichten sollten. Sie sind in die Mauerbögen zwischen dem **Daliborka-Turm** (I C4) und dem **Weißen Turm** (I C4) eingebaut. Die Wächter waren zugleich als Handwerker tätig, um sich ein Zubrot zu verdienen. Es lebten hier aber auch Handwerker, die nicht den Zünften in der Stadt angehörten und damit ihr Handwerk dort nicht ausüben durften, da die Burg nicht zum Rechtsbereich der Zünfte gehörte.

Die **Umwehrung** (Opevnění Hradu): Bereits im Frühmittelalter wurde das Areal mit einer Umwehrung versehen. An der nördlichen und östlichen Seite zum Hirschgraben entstand eine starke Mauerschutzlinie, während vom Süden und Südwesten ein steiler Abhang und die Moldau einen geeigneten natürlichen Schutz des Burgareals boten. Im Lauf der Jahrhunderte wurden die Mauern stets um- bzw. ausgebaut, um den immer weiter fortschreitenden Kriegsgeräten standzuhalten. Im 10. Jh. hatte die Burg die Form eines typischen slawischen Burgwalls. Sie war durch einen äußeren Wall mit einem inneren Holzrost und einer Steinvorderblende befestigt (Frolík). Auch im Westen befand sich ein Graben, der im 17. Jh. zugeschüttet wurde. Seitdem die Burg ab dem 11. Jh. nicht mehr nur Stammesburg, sondern auch Fürstensitz war, war es notwendig, sich und das Gefolge zu schützen. Es wurden Steinbefestigungen errichtet, die jedoch nicht das ganze Areal umfassten. Das Gebiet der westlichen Vorburg wurde in das neue Verteidigungssystem nicht aufgenommen. Ottokar II. baute neue Befestigungen mit Türmen und tiefen Wehrgräben. Zugleich wurde auch die westliche Vorburg in die Mauern aufgenommen. Dabei hatte die Burg keinen für die westeuropäischen Burgen typischen Burgfried (später trat zumindest symbolisch an diese Stelle der mächtige Südturm des Veitsdoms). Erst nach den Hussitenkriegen, unter denen die Burg gelitten hat und in deren Folge die Herrscher mit ihrer Residenz in die Altstadt umsiedelten und die Burg verwahrloste, wurde sie von dem auf die Burg zurückgekehrten König Vladislav Jagiello neu befestigt. Sie erhielt neue Befestigungsmauern und Wehrtürme, an der Nordwestseite den Daliborka-Turm, im Norden den Weißen Turm und den Mihulka-Turm. Der **Daliborka-Turm** (Daliborka věž; I C4) diente nicht nur als Wehranlage, sondern auch als Gefängnis. Daher stammt auch sein Name. Einer der Gefangenen, Ritter Dalibor von Kozojedy, wurde wegen der Unterstützung eines Aufstandes von Untertanen gegen ihren Gutsherrn 1498 hier eingekerkert. Der Turm wurde 1496 von Benedikt Ried vermutlich auf den Mauern eines Přemyslidenbaus errichtet und besteht aus drei Geschossen, von denen die beiden oberen Gefängniszellen enthielten, während sich im untersten Geschoss ein Verlies für Schwerverbrecher befand. 1781 geriet der Bau durch einen Blitzschlag in Brand.

Seit 1594 diente auch der neben dem Georgskloster platzierte **Weiße Turm** (Bílý věž; I C4) als Gefängnis. Er wird auch als »der neue Turm« bezeichnet, denn ein alter romanischer Weißer Turm befand sich bereits in der Südwestecke des dritten Burghofs. Auch der alte Turm diente über Jahrhunderte als Staatsgefängnis. Der neue Weiße Turm, in dem u.a. Vertreter des Ständeaufstandes von 1618 eingekerkert waren, erfüllte diese Funktion bis in die zweite Hälfte des 18. Jh. 1795 richtete man hier Wohnungen ein. Der massive **Mihulka-Turm** (Mihulka věž; I B4) wird auch der Pulverturm genannt, denn hier wurde im 16. und 17. Jh. die Munition gelagert.

Von der romanischen Umwehrung blieb bis heute der sogenannte **Schwarze Turm** (Černá věž; I C4) an der Nordostecke des Hofs im Burggrafenamt erhalten.

Nördlich des Burggrabens (Hirschgraben; Jelení příkop): Der Hirschgraben bildet im Norden des Burgberges einen natürlichen Schutz für die Prager Burg. Ursprünglich war es ein Tal des Flüsschens Brusnice. Da hier auch Wild gehalten wurde, heißt der Graben »**Hirschgraben**« (I B-C4). Einen Zugang zur Burg bietet die **Pulverbrücke** (Prašny most; I B4). Sie wurde 1535 als Holzbau errichtet. Ihren Namen bezog sie von dem nahe gelegenen Mihulka-Turm, in dem sich ein Schießpulvermagazin befand. 1541 durch einen Brand komplett zerstört, wurde sie wenige Jahre später in Form eines gemauerten einstöckigen, von massiven Pfeilern gestützten Brückenbaus wieder aufgebaut. Während der Regierungszeit von Maria Theresia wurde die Brücke abgerissen und stattdessen die heute existierende Erdaufschüttung vorgenommen.

Geht man vom zweiten Burghof auf die Brücke, erstreckt sich rechts der große Burggarten mit dem Renaissanceschloss und dem Ballhaus, links erheben sich die Gebäude der ehemaligen Reitschule.

Königliches Lustschloss / Belvedere (Letohrádek královny Anny; I C4):

BAUGESCHICHTE Ganz im Sinne des neu aufkommenden Humanismus ließ Kaiser Ferdinand I. für seine Gemahlin, Königin Anna, 1538–63 mitten in den 1534 begründeten königlichen Gärten außerhalb der Burgmauern ein Lustschloss errichten. Es ziert den Rand des östlichen Hügelabhangs und gilt als der früheste Schlossbau der Hochrenaissance nördlich der Alpen. Am Bau waren mehrere Architekten beteiligt, vornehmlich italienischer Herkunft: Giovanni Spazio, Paolo della Stella, Joan Maria del Pambio, Hans von Tirol und Bonifaz Wohlmut, der den Bau nach dem Tod von Paolo della Stella vollendete. Das Erdgeschoss errichtete Paolo della Stella in den Jahren 1538–52. Die Bauarbeiten ruhten ab 1539 über zehn Jahre zunächst wegen Geldmangels, dann aufgrund des großen Brandes von 1541 (Wiederaufnahme der Bauarbeiten etwa 1547). 1556–63 hat Bonifaz Wohlmut nach dem Tod von Paolo della Stella (1552) das Obergeschoss und das Dach ausgeführt.

Aussenfassade und Grundriss Das Schlösschen wurde auf einem flachen, mit Stufen abgesetzten Sockel als ein länglicher zweigeschossiger Block gebaut, dem eine umlaufende, an der Längsseite dreizehnachsige und in der Tiefe fünfachsige Loggia vorgelagert wurde. Der Grundriss leitet sich aus einem griechisch-antiken Tempel ab. Das kupfergedeckte Kieldach (von Bonifaz Wohlmut) ebenso wie das gesamte Bauwerk waren zu Beginn des 16. Jh. eine Neuheit in der gesamten Region. Im Erdgeschoss, im Schatten der kreuzgewölbten Arkaden, schließen die schmalen, länglich geschnittenen Fenster mit schlichten Rahmen und einer ausgeprägten Bedachung auf schmalen Konsolen ab. Im Obergeschoss wechseln die Fenster mit etwas breiteren rundbogigen Blendnischen ab, die von flachen Pilastern und Gebälk umrahmt werden, während die Fenster wie im Erdgeschoss lediglich schmale Rahmen aus Sandstein mit Bedachungen auf kleinen Konsolen aufweisen. Die Ecken des Obergeschosses schließen dekorative breite dorische Pilaster ein, während den Anschluss an die schmale Dachkrempe ein das ganze Gebäude umlaufender, aus Triglyphen geformter Fries bildet. Die Rundbögen der Loggia werden von schlanken Säulen mit Volutenkapitellen gestützt. Sie setzen auf einer Brüstung auf, wobei die Säulen selbst von sockelförmigen Blöcken mit Reliefschmuck getragen werden. Auch in die Zwickel der Bögen wurden Reliefflächen eingefügt. Die Tableaus von Paolo della Stella enthalten ein humanistisches Programm, bestehend aus 74 Szenen aus der antiken Mythologie und der römischen Geschichte von Livius und Ovid, ebenso wie Themen aus der Zeit Ferdinands I. In die Eckreliefs wurden die Herkulestaten eingearbeitet, die ikonographisch wohl auf die Leistungen der Habsburger verweisen sollen.

Innenraum Von dem ursprünglichen, reich geschmückten Inneren des Schlösschens ist heute nichts erhalten. Während es noch zur Zeit Ferdinands vornehmlich als Lustschloss, als Ort der Feste und des Vergnügens diente, nutzte es Kaiser Rudolf II. für seine erlesene Kunst- und Mineraliensammlung. Eine Zeitlang arbeitete hier auch der Astronom Tycho Brahe. Während des Dreißigjährigen Krieges und in der Regierungszeit von Maria Theresia wurde das Schloss stark beschädigt. Kaiser Josef II. wandelte das Bauwerk 1783 in ein Artillerielaboratorium um. 1851–65 erhielt das Innere des Obergeschosses vierzehn Wandgemälde mit Motiven aus der böhmischen Geschichte. Die Entwürfe stammen von dem Prager Maler und Akademiedirektor Christian Ruben (Ausführung von Antonín Lhoták, Karel Svoboda, Josef Trenkwald, Emil Lauffer, Jan Thiele).

Unmittelbar vor dem Lustschloss entstand ein Giardinetto, dessen Mitte der sogenannte **Singende Brunnen** (Zpívjící fontána u Belvedéru; I C4) bildet. Der Brunnen wurde nach den Entwürfen von Francesco Terzio (plastischer Teil) von dem Glockengießer und Büchsenmacher Tomáš Jaroš aus Brünn (Brno) in den Jahren 1564–68 gegossen. Ihren Namen erhielt die Fontäne wegen des melodisch gegen die Beckenwände strömenden Wassers. Der Brunnen ruht auf einem massiven Sockel, von dem aus vier Sphingen die große Schale des Brunnens heben. Aus der Mitte der großen Schale entwächst eine Säule, die mit Figuren des Pan und der Hirten, die auf ihren Schultern Tiere tragen, geschmückt ist – aus ihren Mündern fließen die unteren Wasserströme. Die weiteren Ströme entspringen den Mündern der Bocksköpfe darüber. Die Säule schließt mit einem Knauf, auf dem die kleine Wasserschale ruht. Ihre Außenwände schmücken Gorgonenmasken und Knabenfiguren, deren ausgebreitete Arme die Schale zu tragen scheinen. Den Abschluss des Brunnens bildet die zierliche Figur eines Dudelsackspielers. Schmale Wasserströme, die aus verschiedenen Teilen der Figur entweichen, umgeben den Spieler.

Ballhaus (Míčovna v Královské zahredé; I B4): Parallel

zum Hirschgraben am Rande des Abhangs hat Bonifaz Wohlmut 1567–69 einen repräsentativen Bau für große Feste errichtet: das Ballhaus, ein Bauwerk, ebenso länglich wie das Lustschloss, doch in seiner Außenwirkung von gänzlich anderer Ausstrahlung. Die »maniera grande«, die vor allem in den kolossalen Halbsäulen der Außenfassade zum Tragen kommt, lässt das zehnachsige Gebäude massiver und monumentaler wirken. Sechs einstöckige Arkadenintervalle sind von jeweils zwei zweistöckigen Intervallen mit Blendnischen gerahmt. Mächtige Halbsäulen, die schweres Gebälk tragen, ruhen auf flachen Plinten. Die Flächigkeit der inneren Wände wird durch die in Böhmen populären Sgraffitodekorationen aufgehoben. Sie zeigen allegorische Motive, Grotesken und Figuren der Tugenden und Wissenschaften, welche die Grafiken des Niederländers Frans Floris zum Vorbild haben. Sichel und Hammer in den Händen zweier Zwickelfiguren müssen offenbar als Zutat einer Restaurierung aus der kommunistischen Ära, also nach 1945, gewertet werden. Die ursprüngliche Innenausstattung des Hauses ist nicht mehr erhalten.

Die vor dem Ballhaus platzierte **Allegorie der Nacht** vermittelt ansatzweise eine Vorstellung von der Barockausstattung des Gartens. Die Statue, die zwei serpentinenförmig miteinander verschlungene Figuren auf einem hohen Postament zeigt, stammt aus der Werkstatt von Matthias Bernhard Braun.

Villa Bílek (Villa Bílek; I C3): Unmittelbar hinter dem Tor des Gartens (Mickiewiczova 1) befindet sich ein modernes Museum. Das Gebäude stammt von dem Art-Nouveau-Bildhauer, -Grafiker und -Architekten František Bílek (1872–1941) und war sein Haus und Atelier. Heute dient es als Museum für sein künstlerisches Schaffen.

Die ehemalige **Reitschule** (Jízdárna Pražského hradu; I B4): Linker Hand der Pulverbrücke erstreckt sich das Areal der königlichen Reitschule. Schon zur Zeit Kaiser

Ferdinands I. befanden sich hier sicher Pferdeställe und ein Reiterhof. 1694–95, unter der Regentschaft Leopolds I., errichtete hier der aus Frankreich stammende Architekt Jean-Baptiste Mathey den bis heute erhaltenen Gebäudekomplex. Die Außenfassade zeigt sich eher stereometrisch zurückhaltend ohne dekorative Schmuckreliefs, was auf die französische Herkunft des Architekten zurückzuführen ist. Die Wände werden allein mittels architektonischer Elemente wie flacher verkröpfter toskanischer Pilaster und rundbogiger Blendarkaden belebt. Heute dient das Gebäude als Ausstellungshalle.

Hradschin (Hradčany)

Sakralbauten

Karmelitinnenkloster mit St.-Benedikt-Kirche (Klášter karmelitánek s kostelem sv. Benedikta; I B5, Hradčanské náměstí): Das Kloster geht auf das hier vor 1721 befindliche Barnabitenkloster zurück, seine erste urkundliche Erwähnung stammt aus dem Jahr 1353. Das Kloster befindet sich am Hradschiner Platz und schließt westlich an das Schwarzenberg-Palais an. Die Karmelitinnen konnten den Gebäudekomplex nach der Auflösung ihres Konvents 1782 auf der Kleinseite im Zuge der Säkularisation durch Kaiser Josef II. erwerben. Die St.-Benedikt-Kirche – die frühere Pfarrkirche des Burgviertels – ebenso wie das Kloster wurden im Lauf der Jahrhunderte mehrfach umgebaut und zeigen sich nun als ein verwinkeltes Gebäudeensemble. Seine helle, schlicht verputzte Fassade zum Platz hin mit einfach eingeschnittenen Fenstern steht heute im Kontrast zur repräsentativen Sgraffito-Oberfläche des Schwarzenberg-Palais.

Loretoheiligtum und die Casa Santa (Lorety Praha; I A5, Loretánské náměstí):

BAUGESCHICHTE Das Loretoheiligtum auf dem Hradschin ist die älteste erhaltene Wallfahrtstätte Böhmens. Der Baukomplex geht auf eine 1626 errichtete *Casa Santa* zurück, die als Marienkultstätte von Giovanni Battista Orsi aus Como nach dem italienischen Vorbild in Loreto im Auftrag der Fürstin Benigna Katharina von Lobkowitz ausgeführt wurde. Der Kreuzgang wurde 1634 begonnen. 1721–22 wurde der Bau der Frontfassade sowie die Erweiterung der Kirche Christi Geburt mit Christoph Dientzenhofer vereinbart, wobei die Vollendung des Baus sein Sohn Kilian Ignaz durchführte. 1725–26 folgte unter der

Beteiligung des Steinmetzmeisters J.V. Mannes und des Bildhauers Andreas Philipp Quittainer (er führte die Engelsskulpturen aus, heute durch Kopien ersetzt) die Anlage der Terrassen vor der Hauptfront. 1746 setzte Kilian Ignaz Dientzenhofer die Bauarbeiten an der Wallfahrtstätte fort, indem er den Umgang um ein zweites Geschoss anhob.

Die Hauptfassade Die langgestreckte Hauptfassade erinnert mehr an Profanbauten denn an ein sakrales Gebäude. Der Entwurf geht auf Christoph Dientzenhofer zurück. Die Steinmetzarbeiten sind von J.V. Mannes ausgeführt worden. Dominiert wird die 15achsige zweigeschossige, durch Pilaster und schlichte Rechteckfenster gegliederte Fassade von einem mächtigen Turm im Zentrum, der sich oberhalb des Volutengiebels über dem Haupteingang erhebt. Die Aufwärtsbewegung wird durch die den Turmschaft umrahmenden, obeliskengleichen Spitzen betont. Rechts und links treten dreiachsige, gleichfalls mit Giebeln gekrönte Seitenrisalite leicht vor die Fassade. Während die eher schlichten, geraden Formen der Stereometrie des Hauptgeschosses dem Stil Christoph Dientzenhofers entsprechen, zeichnet sich die Arbeit seines Sohnes Kilian Ignaz durch stärker bewegte Architekturelemente aus, wovon z.B. die sich nach innen wölbenden Mittelteile der Risalite und die Giebel zeugen. Die Skulpturenausstattung der Fassade zeigt Mariä Verkündigung an den Giebelspitzen der Seitenrisalite (Maria links, Verkündigungsengel rechts). Auf den Giebelbalustraden stehen Statuen der vier Evangelisten; den zentralen Giebel flankieren links der hl. Christophorus, rechts Marias Mutter Anna; das Portal krönen die hll. Joseph und Johannes der Täufer, dazwischen befindet sich das Wappen der Stifterfamilie Philipp Lobkowitz; rechts und links des Portals stehen auf hohen Postamenten die hll. Franziskus und Antonius, vor den Kapellen an den Außenseiten befinden sich links die Gruppe des hl. Felix von Cantalice mit Got-

Casa Santa, Loretoheiligtum, 1631 Bauabschluss, aber 1664 Ausführung der Außendekoration durch Jacopo Agosto, Giovanni Battista Colombo und Giovanni Bartolomeo Cometa

tesmutter und Jesuskind und rechts der hl. Johannes von Nepomuk (rechts). Die Statuen im unteren Bereich des Hauptgeschosses wurden in den Jahren 1725–26 von Johann Friedrich Kohl (1681–1736) geschaffen.

Die **Casa Santa**, das ›Heilige Haus‹, geht auf das Renaissancevorbild im italienischen Loreto von Donato Bramante zurück, für dessen Reliefschmuck an der Außenfassade u. a. Jacopo Sansovino (ab 1514) verantwortlich war. Das Prager Heiligtum erreicht nicht die hohe künstlerische Qualität dieses italienischen Werkes. An der Ausstattung seiner Fassaden arbeiteten mehrere Meister, zunächst ab 1664 Jacopo Agosto an der Westseite. Ihm folgte Giovanni Battista Colombo, doch erst der Italiener Giovanni Bartolomeo Cometa gab dem Werk sein endgültiges Aussehen. Der kubische Baukörper aus hellem Sandstein täuscht einen Ursprung in der Hochrenaissance vor, doch handelt es sich um ein Werk des Frühbarocks. Das Haus erhebt sich über einem hohen Sockel. Das Hauptgeschoss wird in der Vertikalen mittels kannelierter korinthischer Säulenpaare gegliedert. Die Ausschmückung, die ursprünglich aus Sgraffiti und Fresken bestand, ist zweigeschossig. In die schmalen Bereiche zwischen den Säulen wurden je zwei rundbogige Figurennischen eingeschnitten, die Statuen alttestamentlicher Propheten und der Sibyllen enthalten. Die Reliefflächen dazwischen zeigen Szenen aus dem Leben Marias. Über dem Hauptgeschoss erhebt sich ein massiver Abschluss, bestehend aus einem antikischen Gebälk und einer darüberliegenden, eingezogenen Attika mit einem Balusterfries, der auf der Höhe der Säulen durch figürliche Reliefs unterbrochen wird. Den dunklen, lediglich durch Kerzenschein erhellten Innenraum zieren Wandmalereien mit Szenen aus dem Leben Marias von F. Kunz (1795). Die Lindenholzfigur Marias trägt das Datum 1671 und den Namen der Stifterin Elisabeth Apollonia Gräfin von Kolowrat, geb. Tilly.

Der Umgang wurde drei Jahre nach der Vollendung der Casa Santa (1631) begonnen. Bis zum Baubeginn des zweiten Umganggeschosses existierte hier ein offener eingeschossiger Arkadengang, von Giovanni Battista Orsi. Der Kreuzgang wurde von Andrea Allio 1644 und Silvestro Carlone 1648 mit zwei Glockentürmen ergänzt. Erst 1746–47 stockte Kilian Ignaz Dientzenhofer das zweite, heute verglaste Geschoss auf. Die Eckkapellen im Kreuzgang entstanden ab 1685–86, beginnend mit der Kapelle der Schmerzensreichen Muttergottes, es folgten 1687 die St.-Anna-Kapelle von Johann Georg Mayer, 1691 die Kapelle des hl. Joseph sowie die Heiligkreuzkapelle. 1710–12 errichtete Christoph Dientzenhofer in der Mitte der jeweiligen Flügel des Umgangs im Süden die Kapelle des hl. Antonius von Padua, im Norden 1717 die Kapelle des hl.

Franziskus Seraphikus (Altäre von Mathias Wenzel Jäckel sowie Peter Johann Brandl), die als querovale oder querrechteckige Oratorien gestaltet sind.

Die **Christi-Geburt-Kirche** (Kostel Narození Páně) im östlichen Teil des Klosters entstand 1717–37 aus einer Altarnische, die von Christoph Dientzenhofer zunächst in eine Kapelle, sodann zu einem kompletten Kirchenraum umgebaut wurde. 1734–37 erfolgte eine Erweiterung des Chorabschlusses durch Johann Georg Aichbauer, einen Halbbruder von Kilian Ignaz Dientzenhofer. Das Deckengemälde stammt von Wenzel Lorenz Reiner (1689–1743). Zwei weitere Deckengemälde (Anbetung der Hirten sowie Anbetung der Hl. Drei Könige) schuf der Prager Barockmaler Anton Schöpf (1702–1772).

Den Innenhof der Klosteranlage zieren zwei spätbarocke vielfigurige Brunnen (heute durch Kopien ersetzt) des Prager Bildhauers Johann Michael Brüderle. 1739–40 sind sie nach seinem Tod durch Richard Georg Prachner vollendet worden. Sie zeigen die Himmelfahrt Marias und die Auferstehung Christi.

Neben weiteren Kapellen birgt die Klosteranlage eine Schatzkammer, in der zu den wertvollsten Objekten (unter ständiger Bewachung, auch heutzutage) die Diamantenmonstranz aus der Stiftung der Ludmila Eva Franziska Kolowrat gehört. Diese kostbare, 12 Kilogramm schwere Monstranz schufen die Wiener Hofjuweliere Matthias Stegner und Johann Baptist Känischbauer von Hohenried 1699 aus gut 6000 Diamanten und vergoldetem Silber.

Kloster Strahov (Strahovský klášter; I A5, Strahovské nádvoří): Schon weit in der Ferne ist die weiße Fassade des Klosters Strahov, das sich zwischen dem Petřín (Laurenziberg) und dem Hradschin-Burgberg (ursprünglich außerhalb der Stadtmauern) ausbreitet, erkennbar. Die unregelmäßige Anlage besteht aus einem Klosterbau mit einem Kreuzgang, an den sich im Westen zwei Bibliotheksgebäude mit dem Philosophischen und Theologischen Bibliothekssaal und im Norden die Kirche Mariae Himmelfahrt anschließen.

BAUGESCHICHTE Die Gründung des Klosters erfolgte 1140 durch den Olmützer Bischof Heinrich Zdik und den Herzog Vladislav II. Bereits 1142 ging Strahov an den Konvent des Prämonstratenserklosters Steinfeld in der Eifel über. Die ersten Gebäude, die bald darauf entstanden, verbrannten 1258 gänzlich. Der Wiederaufbau erfolgte 1263. Das Kloster behielt sein mittelalterliches Aussehen bis zum Beginn des 17. Jh., als 1614–29 eine grundlegende Umgestaltung stattfand. 1682–98 führte der Franzose Jean-Baptiste Mathey eine komplette Barockisierung durch. Zuvor, 1603–12, war im Vorhof des Klosters die achteckige **St.-Rochus-Kapelle** (Kostel sv. Rocha) als Stiftung Kaiser Rudolfs II. entstanden. Auf eigentümliche Weise verbindet sie Stilelemente der Gotik (Spitzbögen, Strebepfeiler, Maßwerk) und des rudolfinischen Manierismus (u.a. längsachteckiger Grundriss, Portal). Bis 1784 diente sie als Pfarrkirche des Klosters, heute wird sie als Ausstellungsraum genutzt. Die **Kirche Mariae Himmelfahrt** (Kostel Nanebevzetí P. Marie) ist die Hauptkirche des Klosters. Ursprünglich eine romanische Basilika, wurde sie um ein gotisches Querschiff erweitert und 1601–05 erneut umgebaut. Eine Verlängerung in westlicher Richtung erfolgte noch vor 1627. Sodann schlossen sich verschiedene Phasen ihrer Barockisierung im Inneren ab der zweiten Hälfte des 17. Jh. an. 1743–51 erfolgte eine Umgestaltung der Fassade, wobei sich die Struktur offenbar an der St.-Johannes-Nepomuk-Kirche auf dem Hradschin von Kilian Ignaz Dientzenhofer orientiert. Auch hier dominiert die mittlere Achse, auch wenn sie in der Dynamik nicht so stark aufwärtsstrebend angelegt ist. Über dem heute steinsichtigen rundbogigen Portal, das von jeweils zwei Säulen flankiert ist, erhebt sich eine Ädikula mit einer sehr dynamisch gestalteten Statue der Maria Immaculata, die nach 1744 von Johann Anton Quittainer geschaffen wurde. Sie wird begleitet von zwei Engelsfiguren, die auf den Wölbungen des in barocker Manier gesprengten Portalgiebels platziert sind. Über Maria öffnet sich die Fläche mit einem großen Rundbogenfenster, das mit einer Biegung der Bedachung in den die Mitte umfassenden Dreiecksgiebel einschneidet. Den Abschluss bildet eine in Voluten eingefasste Attika, dekoriert mit der Figur des Gotteslammes im Strahlenkranz. Umgeben wird es von vier Heiligenfiguren: (von links nach rechts) hll. Augustinus, Adrian, Jacobus und Norbert (der letztere ist als einzige Figur aus der Zeit vor 1742). Die Fassade der leicht nach hinten tretenden Seitenschiffe dominieren große Rundbogenfenster, die als Pendant zum mittleren Fenster zu verstehen sind. Das langgestreckte Kircheninnere zeigt sich als ein hell leuchtender Raum, gefüllt mit üppigen Stuckarbeiten und Wandmalereien. Das Stichkappengewölbe und die stark aus der Wand vortretenden Pilaster, deren Gebälk auf der Höhe der unteren Zone der Obergadenfenster vorspringt, gehen auf die Veränderungen in der zweiten Hälfte des 17. Jh. zurück. Die Stuckaturen von Michael Ignaz Palliardi gliedern die Gewölbefläche in drei Reihen und weitere Zonen und sind mit Wandgemälden aus der Zeit von 1734 bis 1751 gefüllt. Die zentrale mittlere Reihe von acht Gemälden von Josef Kramolín (1730–1802) zeigt Szenen aus dem Marienleben, während die Bilder in den Gewölbezwickeln von der Hand Ignaz Raabs (1715–1781) die 32 marianischen Symbole darstellen. Die Wandgemälde über den Arkadenbögen von Wilhelm Joseph Neunherz zeigen Szenen aus dem Leben des hl. Norbert, des Stifters des Prämonstratenserordens. Die Altargemälde von Franz Xaver Palko (1724–1767) stellen Heiligenfiguren von Johannes von Nepomuk, Augustinus, Isidor und Rochus sowie Martin dar. Der Hochaltar aus rotem Marmor ist eine Arbeit des Steinmetzmeisters Josef Lauermann und des Hofbildhauers Ignaz Franz Platzer (1717–1787), der das zentrale Reliefbild der Himmelfahrt Marias sowie die Figuren der hl. Dreifaltigkeit und mehrerer Ordensangehöriger anfertigte. Lauermann schuf ebenfalls die zehn Seitenaltäre aus Marmor und die marmorne Kanzel, wobei die Figuren das Werk von Platzer und Quittainer sind. Zu den älteren erhaltenen Barockaltären gehören der Maria-Magdalenen-Altar, der Altar »Herz des Herrn« von Johann Christoph Liška und der Geburt-Christi-Altar (zweiter, vierter und fünfter Altar auf der linken Seite) sowie die Altäre der böhmischen Schutzheiligen und der Heimsuchung der Jungfrau Maria von Michael Lukas Leopold Willmann (1630–1706; vierter und fünfter Altar rechts vom Eingang). Erwähnenswert sind außerdem die Ursulakapelle (zugänglich vom nördlichen Seitenschiff) mit Reliquien der hl. Ursula und des hl. Norbert (Ausmalung von Siard Nosecký, einem Ordensbruder, von 1746, Kapellenaltar von Simon Schulz und Ignaz Franz Platzer von 1755 sowie Altar des hl. Norbert mit Tumba von 1811); im nördlichen Seitenchor steht der Marmoraltar von Bohuslav Herwig (1772) mit der Darstellung eines klagenden Engels (Ausmalung von Siard Nosecký); in der südlichen Seitenkapelle befindet sich das Epitaph des Grafen Gottfried Heinrich Pappenheim (1594–1632), des in der Schlacht bei Lützen (16. November 1632) gefallenen kaiserlichen Feldmarschalls (das Deckengemälde von Siard Nosecký schildert die Schlacht). Die Orgel der Kirche stammt von 1740 von Franz Fassmann (1764–74 erweitert).

Zur besonderen künstlerischen Ausstattung des Klosters gehören die beiden Bibliothekssäle: der Theologische und der Philosophische Bibliothekssaal. Die beiden Säle schließen an den Kreuzgang an und sind auch von hier aus zu erreichen. 1671–79 errichtete der italienische Architekt Giovanni Domenico Orsi de Orsini den **Theologischen Bibliothekssaal** (Teologický sál). Er erstreckte sich damals über drei Joche, zwei weitere im südlichen Teil fügte man erst 1720 hinzu, als auch die Ausmalung des Saals vorgenommen wurde. Obwohl die Stuckaturen des neuen Teils an die Struktur der alten angepasst wurde, ist der Unter-

Giovanni Domenico Orsi de Orsini, Theologischer Bibliothekssaal im Kloster Strahov, 1671–79

schied in der künstlerischen Ausführung vor allem im neuen Teil in der feineren Linienführung sichtbar, denn die Stuckaturen in Orsinis Teil weisen ein stärker ausgeprägtes Relief, üppigere Kartuschen und eine eher schematische Anordnung auf. Die Fresken in den Stuckfeldern wurden von Siard Nosecký 1723–27 ausgeführt. Das Programm der mittleren Zone beginnt am Eingang mit der Szene Mariae Himmelfahrt. Es folgen vier große Ovalbilder, die sich auf die Idee der Weisheit im theologisch-religiösen Kontext beziehen, wobei das erste Ovalfeld direkt Bezug auf den Bibliotheksbau nimmt. Eine lateinische Inschrift aus den Sprüchen Salomons verdeutlicht das: »Sapientia aedificavit sibi domum« (Die Weisheit hat sich ihr Haus gebaut; Spr. 9,1). Im zweiten Ovalbild wird der lehrende Christus im Tempel dargestellt: »Ego sapientia habito in consilio et eruditis intersum cogitationibus« (Ich, die Weisheit, wohne bei der Klugheit und weiß guten Rat zu geben; Spr. 8,12). Das nächste Bild zeigt den Weltschöpfer Gottvater, ihm zur Seite steht eine weibliche Figur mit einem Zepter in der Hand – es ist Sapientia, die Allegorie der Weisheit: »Cum eo eram cuncta componens« (Als er die Grundfesten der Erde legte, da war ich bei ihm; Spr. 8,30). Das letzte Bild in der mittleren Zone zeigt eine Gruppe um einen Globus versammelter grübelnder Gelehrter: »Tradidit mundum disputationi eorum« (Er [Gott] tut alles fein zu seiner Zeit und lässt ihr Herz sich ängsten, wie es gehen solle in der Welt; denn der Mensch kann doch nicht treffen das Werk, das Gott tut, weder Anfang noch Ende; Spr. 3,11). Den Abschluss der Reihe bilden das böhmische Wappen und eine Inschrift, die an die Erweiterung des Saales 1721 erinnert: »Ampli[fic]ata atque renovata in zodiaco jubilari fuit« (Sie wurde erweitert und wieder hergestellt im Jubilar-Sonnenjahr/Jubiläen-Zodiacus). Die seitlichen Bildfelder ergänzen die mittleren inhaltlich und beziehen sich vor allem auf das Thema Weisheit und die Bedeutung des Buches. Im Zentrum des Bibliothekssaals sind die weltlichen und geistlichen Würdenträger durch ihre Insignien vertreten: Bischofsstab, Bischofsmitra, Kardinalshut, Kreuz, ein schwarzes Barett der Prälaten, Herzogshut und die päpstliche Tiara, Zepter sowie Königs- und Grafenkrone. Zusätzlich wird das Programm durch moralische Sprüche an den seitlichen Feldern vervollständigt. Der theologische Bibliothekssaal war ursprünglich für alle Schriften gedacht, doch mit der Erweiterung der Bestände kam es zum Bau eines weiteren Bibliothekssaals und zugleich zur Trennung der Schriften.

Der neue, über zwölf Meter hohe **Philosophische Bibliothekssaal** (Filosofický sál) entstand 1782–84, auf dem Höhepunkt der europäischen Aufklärung. So bildet auch die künstlerische Krönung des Raumes das Deckenfresko des österreichischen Malers Franz Anton Maulpertsch (1724–1796), der zusammen mit seinem Gehilfen Martin

Michl das grandiose Illusionsbild 1794 in nur sechs Monaten ausführte. Das Bildprogramm, das als Lobpreisung religiöser Aufklärung und zugleich als Geschichte der Philosophie zu verstehen ist, konzipierte der den Freimaurern angehörende Klosterabt Wenzel Meyer. Es ist in historisch gedachten Epochen angelegt. Der Durchgang beginnt mit der *alttestamentlichen Epoche* über dem Eingang. Hier gruppieren sich die Gestalten der Epoche, vertreten (von links gesehen) u.a. durch David, Josua, Salomon, Aaron bis Adam und Eva am Baum der Erkenntnis und Kain und Abel, über Abraham und Moses an der Bundeslade und die Allegorie des Alten Testaments direkt über dem Eingang. Die *mythologische Epoche* beginnt über dem ersten Fenster rechts des Eingangs und reicht bis zum dritten Fenster auf dieser Seite. Als zentrale Figuren (über dem zweiten Fenster) werden Deukalion und seine Gemahlin Pyrrha als Ureltern der Hellenen dargestellt. Da sie hier als Personifikationen der menschlichen Laster interpretiert sind, wird ihre Geschichte als Gegensatz der christlichen Geschichte stilisiert. Die *altgriechische Epoche* beginnt links über dem vierten Fenster mit der Pferdegruppe Alexanders d. Gr. und füllt zum großen Teil beide Längsseiten. Als zentrale Figur erscheint hier neben Alexander sein Lehrer, der Philosoph Aristoteles. Er wird umgeben von Crates, Diogenes, Demokrit und Phanias. Auf der gegenüberliegenden Seite erscheinen Sokrates und seine Freunde. Nicht weit entfernt folgen der Magier Cleobolus und seine Tochter, Platon und Pythagoras, sodann Solon, Anaxagoras, Apelles sowie Thales von Milet. Neben der Sphinx sind Asklepios, Hippokrates und Galenus als Vertreter der medizinischen Heilkunde, alle jeweils mit ihren bekannten Attributen, platziert. Die wichtigsten Gestalten der *christlichen Epoche* erscheinen gegenüber dem Eingang. Dort versammeln sie sich um den *Altar des unbekannten Gottes*, die Vestalinnen mit der ewigen Flamme darunter. Links vom Altar befindet sich

Paulus, weiter links die Gruppe der Heiden, u.a. mit Juden und Türken als ihren Vertretern. Rechts vom Altar sind die Märtyrer aus der herzöglichen Familie der Přemysliden zu sehen, die die Christianisierung in Böhmen eingeleitet haben und deswegen ihr Leben lassen mussten, Herzog Bořivoj, seine Gemahlin Ludmila und ihr Enkel Herzog Wenzel. Rechts von ihnen folgen die vier Kirchenväter, sodann der hl. Adalbert, der Abt des Klosters Strahov, Wenzel Meyer, der hl. Johannes von Nepomuk, und abschließend der hl. Norbert als Gründer des Prämonstratenserordens. Den Höhepunkt dieser Epoche bilden die Personifikation des Neuen Bundes (mit einer Flamme über dem Kopf), den Höhepunkt des gesamten Programms dagegen der in der Mitte des Deckengemäldes platzierte *Triumph der Weisheit*. Die Komposition dieser Darstellung folgt dem traditionellen ikonographischen Schema des *Jüngsten Gerichts*. Der Allegorie der Weisheit im Zentrum wird links (Seite der Erretteten) die Fahne des Prämonstratenserordens mit dem bereits gezeigten Abt Wenzel Meyer zur Seite gestellt. Rechts auf der Seite der Verdammten erscheint der Sturz der Laster, vertreten durch die Attribute der Trunkenheit und der Spielsucht; die geborstene Säule verweist hingegen auf die heidnische Philosophie. Diese Stelle nimmt Bezug auf das historische Zeitalter der Aufklärung, denn unter der Säule finden sich mit Descartes, Diderot und Voltaire die wichtigsten Vertreter der philosophischen Aufklärung bzw. ihre Vorläufer wieder. Ihnen gegenüber erscheint der Genius der Religion, umgeben von den Personifikationen der Liebe, der Frömmigkeit, der Geduld und des Lobgesangs als Ideengeber für die moralischen Vorstellungen »aufgeklärter Religion«. Dass die Erweiterung des Bibliotheksgebäudes nach den Plänen von Ignaz Palliardi 1782–84 durchgeführt wurde, war Kaiser Josef II. zu verdanken, der für sein aufgeklärtes Denken und den Säkularisierungsprozess bekannt geworden ist (aus dem im Zuge dieses Prozesses aufgelösten Klosters Bruck stammen die kostbaren Bücherschränke von Johann Lachhofer in der philosophischen Bibliothek). So verwundert es also nicht, dass das Antlitz Kaiser Josefs II. auch an der klassizistischen Fassade des Bibliotheksgebäudes, die in einem nahezu rechten Winkel an die Westfront der Kirche Mariae Himmelfahrt anschließt, prangt. Das Bibliotheksgebäude wurde vom Westen an den Kreuzgang angebaut, der heute als Literaturmuseum und als Gemäldesammlung dient.

Das ehemalige **Ursulinenkloster** und die **St.-Johann-von-Nepomuk-Kirche** (Bývalý klášter voršilek / Kostel sv. Jana Nepomuckého; I A4, Kanovnická): Die Ursulinen ließen sich 1655 in Prag nieder. 1700 erwarben sie das Talmberg-Haus (Haus zum Schwarzen Mohren), um das zweite Klostergebäude zu errichten. Als Architekten wurden Christoph Dientzenhofer und sein Sohn Kilian Ignaz beauftragt; mit den Bauarbeiten am Konvent und der Kirche wurde um 1720 (Grundsteinlegung am 15. Oktober) begonnen. Christoph Dientzenhofer entwarf den nördlichen Teil des Konvents. Nach seinem Tod setzte sein Sohn Kilian die Arbeiten fort. Die Weihe der Kirche fand am 21. August 1729 statt. Vom Norden schließt an die Kirche das Kaiserliche Spital von Kilian Dientzenhofer und vom Süden das ehemalige Kloster an. Die Kirche ist als Zentralbau auf dem Grundriss eines griechischen Kreuzes errichtet, der achteckige Hauptraum mit einer böhmischen Kappe überwölbt. Presbyterium und Seitenkapellen sind ebenfalls achteckig. Zur Innenausstattung gehören Deckenmalereien von Wenzel Lorenz Reiner mit Szenen aus dem Leben des hl. Nepomuk; die Altarbilder stammen aus der Hand von Johann Christoph Liška.

Stereometrische, geradezu klassizistische Schlichtheit zeichnet dieses Frühwerk von Kilian Ignaz Dientzenhofer aus. Die Kirche sitzt auf einem hohen Sockel. Eine emporstrebende Dominante bildet hier die Mittelachse mit einer auf das Portal zulaufenden Treppe. Das von Säulen flankierte Rundbogenportal leitet mit einem Schmuckelement zum großen Rundfenster im Hauptgeschoss über. Jeweils zwei flache, einen gebrochenen Dreieckgiebel tragende Pilaster umrahmen das große Rundbogenfenster. Den Turmschaft darüber schmückt ein Giebel mit einer Figurennische. Als harmonisches Pendant dazu wurden im Hauptgeschoss in den äußeren Achsen weitere Figurennischen eingesetzt. Der Turmabschluss ist 1815 verkürzt und in ein einfaches Zeltdach verändert worden, 1993 erhielt er wieder sein ursprüngliches Aussehen als eine Helmkuppel. Die Kirche dient heute als Garnisonskirche und ist für Besucher in der Regel geschlossen.

Profanbauten (am Hradschiner Platz)

Die meisten der künstlerisch qualitätvollen Paläste des Hradschins gruppieren sich um den **Hradschiner Platz** (Hradčanské náměstí) am Eingang zur Burg. Der Platz bildet einen Teil der Prager Stadt Hradschin, die ihre Stadtprivilegien 1320 von dem damaligen Burggrafen erhielt. Doch als Eigentum des Burggrafen blieb sie unabhängig bis 1549, als sie zur königlichen Stadt mit eigenen Privilegien erhoben wurde. Während des großen Feuers 1541 wurde die bis dahin vornehmlich gotische bürgerliche Bebauung des Platzes zerstört. Danach entwickelte sich der Platz unmittelbar an der Burg zu einer Stätte des Adels mit zahlreichen Palästen. An der Südseite befindet sich das große Renaissancepalais Schwarzenberg, links davon entstand im frühen 19. Jh. das Salm-Palais. An der westlichen Schmalseite des Platzes erstreckt sich das Toskanische Palais. An der nördlichen Seite befinden sich vom Osten aus gesehen das hochbarocke Erzbischöfliche Palais, mit dem unmittelbar dahinter errichteten Sternberg-Palais, sodann folgen Kanonikerhäuser und am Ende der Reihe das Martinitz-Palais (Martinický Palác). Die

Mitte des Platzes besetzt die **Mariensäule** (Mariánský morový sloup). Sie entstand 1726 als sogenannte Pestsäule als Dank für die Abwendung der Pest und ist das Werk von Ferdinand Maximilian Brokoff (1688–1731). Sie ist eine der zahlreichen Säulen, die zum Zeichen der Gegenreformation aufgestellt worden sind. Die erste Mariensäule in Prag, die auch als Vorbild für die Hradschiner anzusehen ist, wurde am Altstädter Ring 1650 aufgerichtet (Anfang des 20. Jh. abgenommen, die Marienstatue befindet sich im Lapidarium des Nationalmuseums). Ihr Vorbild wiederum war die Münchner Mariensäule (1638). Den Aufbau mit einer Marienfigur in der Mitte und den Landespatronen als ihre Begleitung hat Brokoff seinerseits von der Säule auf dem Altstädter Ring übernommen. Das Werk gehört zu den späten Arbeiten des Künstlers und ist erst nach dem Tod von Brokoff von Franz Ignaz Weiss vollendet worden. Die Figuren neigen eher zur Monumentalität als zur dynamischen Expressivität. Die Immaculata-Figur gilt, obwohl sie erst 1736 postum zur Aufstellung kam, als eigenhändiges Werk des Meisters. Sie wird begleitet von neun Figuren, die auf einem Sockel in zwei Stufen zu ihren Füßen stehen bzw. sitzen: Näher an der Figur befinden sich sitzend Johannes von Nepomuk, Petrus und Paulus, auf den äußeren Konsolen stehen die hll. Elisabeth, Florian und Karl Borromäus, über ihnen die hll. Wenzel, Veit und Adalbert. Besonders Paulus und Petrus zeigen in der Gesichtsmodellierung eine den Evangelistenfiguren neben der Kalvariengruppe in der St.-Gallus-Kirche (→ St. Gallus) vergleichbare Würde.

Das **Schwarzenberg-Palais** (Palác Schwarzenberský; I B5) an der Ostseite des Hradschiner Platzes präsentiert sich heute nach einer gründlichen Restaurierung der letzten Jahre als einer der besterhaltenen Bauten des 16. Jh. in Prag. 1545–63 wurde das Palais in Form eines regelmäßigen Blocks von Meister Augustin Vlach für den Fürsten Johann d.J. von Lobkowitz erbaut. Durch Verkäufe und historische Umstände kam es 1719 an die Familie Schwarzenberg. Als Vorbild dienten hier die Florentiner Paläste der Renaissance. Zum Hradschiner Platz schiebt sich das Palais mit seinen zwei Flügeln vor, die mittels einer parallel zum Platz verlaufenden Mauer miteinander verbunden sind. Der östliche Flügel verfügt über zwei Geschosse auf einem flachen Sockel sowie zwei Mezzanine und wird mit einer Dachtraufe und einem dreistufigen Giebel darüber abgeschlossen. Die in zwei Achsen angeordneten einfach in die Mauerfläche eingeschnittenen Fassadenfenster sind als Doppelfenster gegliedert. Der westliche Flügel steht wegen des aufsteigenden Geländes auf einem noch schmaleren Sockelteil und verfügt ebenfalls über zwei Stockwerke, allerdings ohne Mezzanine, und ist gleichermaßen mit einem dreistufigen Giebel bekrönt. Die einfachen Fenster formieren hier drei Achsen. Die fensterlose Verbindungsmauer schmückt eine dekorative Attika. Die Fassade zur Kleinseite erscheint hingegen geschlossener und massiger. Der Südflügel steht auf einem hohen geböschten Sockel und verfügt über drei durchfensterte Geschosse mit einem Stufengiebel als Abschluss. Die gesamte Fassadenoberfläche nach außen wie zum Innenhof ist mit einer äußerst dekorativen Sgraffito-Malerei versehen, die auf dem Sockel zur Kleinseite regelmäßige Werksteine, an den übrigen Außenwänden Diamantquader vortäuscht. Im Inneren wurde das Palais bereits mehrfach restauriert. Die Räume waren ursprünglich mit Wandmalereien mit mythologischen Szenen ausgestattet. In einigen Sälen sind sie nun freigelegt und zeigen u.a. Figuren von Allegorien oder antiken Göttern und historische Szenen wie den Fall Trojas. Heute dient das Gebäude als Filiale des Prager Nationalmuseums und wird als Ausstellungsfläche für die Malerei und monumentale Plastiken aus dem Zeitalter des Barocks genutzt.

Das **Palais Salm** (Salmovský Palác; I B5) schließt unmittelbar im Osten an das Schwarzenberg-Palais an. Es entstand 1800–10 anstelle eines Renaissancepalasts und wurde von František Pavíček für den Fürstbischof Wilhelm Florentin Salm-Salm errichtet, später wurde es von den Schwarzenbergs erworben. Es handelt sich um eine Dreiflügelanlage, die sich mit dem Ehrenhof zum Hradschiner Platz öffnet. Die klassizistische Fassade ist eher schmucklos regelmäßig strukturiert und besteht aus zwei Stockwerken – einem höheren ersten Obergeschoss als *piano nobile* und einem niedrigeren zweiten Oberschoss – über einem hohen durchfensterten gequaderten Sockelgeschoss. Die Fassaden werden lediglich mittels einfach eingeschnittener Fenster (im *piano nobile* mit einem verbreiterten Gesims versehen) und rustizierter Ecken belebt.

Das **Toskanische Palais** (Toskánský Palác; I B5) an der Westseite des Hradschiner Platzes stammt mit hoher Wahrscheinlichkeit von dem französischen Architekten Jean-Baptiste Mathey, der in Dijon geboren wurde und 1680 aus Rom nach Prag kam. Trotz des italienischen Aufenthalts strahlt seine Architektur die schlichte Stereometrie ohne übertriebenes Beiwerk aus, die dem französischen Barock zu eigen ist. Und so präsentiert sich auch das Toskanische Palais. Charakteristisch für das dreistöckige Gebäude ist die reiche Durchfensterung der breiten Front. Sie wird mittels zweier nur leicht nach vorne tretender Risalite mit zwei Eingängen gegliedert. Die Risalite sind in der Dachhöhe durch eine Balustrade, die offenbar ein eigenes Mezzaningeschoss bildet, miteinander verbunden. Die reiche Ausschmückung der Eingangsachsen durch die Wappenkartuschen der Herzöge von Toskana erfolgte erst 1718 nach dem Erwerb des Palasts und bildet einen starken Kontrast zu der mittels schmaler umlaufender Gesimse und flacher Pilaster sparsam und betont horizontal ausgerichteten Fassadenzeichnung. Sie verlagern die ursprünglich horizontale Betonung der Linienführung der Fassade in die Vertikale. Die Figurenausschmückung der Dachbalustrade mit Statuen der Sieben Freien Künste von Johann Brokoff gehört ebenfalls dem 18. Jh. an. Die Statue des Erzengels als Drachentöter an der südlichen Ecke des ersten Obergeschosses des Palasts, 1693 von Ottavio Mosto geschaffen, steht nicht minder im Gegensatz zu der ursprünglich klaren schmucklosen Fassade. Der Engel erscheint hier in einer typisch barocken, serpentinenförmigen Drehung, die Rechte mit dem Schwert erhoben im Angriff auf den unter seinen Füßen begrabenen Drachen. Zwei Engelskinder erheben einen muschelförmigen Baldachin über den Helden. Schließlich können die gewölbten Dachhauben, die die Dachpavillons bedecken, als Reminiszenz an das Renaissance-Lustschloss von Bonifaz Wohlmut angesehen werden.

Das **Erzbischöfliche Palais** (Arcibiskupský Palác; I B4) an der Nordseite, unmittelbar neben dem Eingang zur Burg, überstrahlt mit seiner hell verputzten leuchtenden Fassade den Hradschiner Platz. Die Fassade selbst wurde dem ab 1699 von Jean-Baptiste Mathey errichteten Bauwerk im späten 18. Jh. vorgeblendet. In den Jahren 1722–24 hat Paul Ignaz Bayer den rückwärtigen Trakt am Hirschgraben umgebaut. Es handelt sich aber insgesamt um einen Nachfolgebau. Das erste Palais an dieser Stelle gehörte dem königlichen Sekretär Florian Gryspek (um 1540). Kaiser Ferdinand I. erwarb das Gebäude 1562 für den Prager Erzbischof, der es 1562–64 durch den Architekten Ulrich Avostalis umbauen ließ. Dies steht in engem Zusammenhang mit der Rekatholisierung in Prag und der Geschichte des Prager Erzbistums. 1344 wurde Prag unter der Herrschaft Kaiser Karls IV. zum Erzbistum erhoben. Ihren Sitz hatten die Bischöfe allerdings auf der Kleinseite. Erst im Zuge der Rekatholisierung unter Kaiser Ferdinand I. wurde vor den Toren der Prager Burg, also in unmittelbarer Nähe des Machtzentrums, ein erzbischöflicher Palast errichtet. 1561–62 ist das Haus von Johann Tirol nach dessen eigenen Plänen (oder von Bonifaz Wohlmut) saniert worden. Dieses Renaissancepalais, das annähernd die Ausmaße des heutigen Gebäudes hatte, war an beiden Seiten um eine Achse schmaler. Ausgestattet war es mit einer

Sgraffito-Dekoration wie zu der Zeit in Böhmen üblich. Jean-Baptiste Mathey baute das Gebäude im römisch-barocken Stil um, wobei er der Parzellenführung des Vorbaus folgte. Es entstand ein siebenachsiger Hauptbau mit einer Prachtfront zum Hradschiner Platz, von hinten schlossen zwei Seitenflügel an. Mathey hob die Mitte durch einen zentralen dreiachsigen Risalit mit einem durchfensterten Aufbau und einem Dreiecksgiebel an der Spitze hervor. Ein repräsentatives Marmorportal, hinter dem das zentrale Treppenhaus lag, betonte zusätzlich ganz in hochbarocker Manier das Zentrum. Sein heutiges Aussehen erhielt das Palais 1764–65 durch Johann Joseph Wirch, der grundsätzlich der Struktur des Mathey-Baus folgend die Front mit Rokokodekor versah und sie um zwei seitlich vortretende Risalite mit ovalen Salons im Inneren erweiterte. Dort wurde zugleich auch die Raumstruktur geändert und ein Innenhof eingerichtet. An der Fassade hingegen ließ er weiterhin die Mitte stark betont. Das marmorne Portal blieb erhalten, darüber sind das zweite Obergeschoss und das Mezzanin durch Kolossalpilaster und Halbsäulen, die das mittlere Fenster flankieren, zusammengefasst. Eine prachtvolle Wappenkartusche füllt den Bogenteil, der in den Bereich des Dachaufbaus einbiegt. Eine ähnliche Struktur weist auch die Gliederung der Seitenrisalite auf, wobei anstelle der Wappenkartusche und des Bogens lediglich ein reicher Rocaille-Schmuck angebracht wurde. Die Dachbalustrade ebenso wie die Ecken des zentralen Giebels sind mit Statuen besetzt.

Das **Sternberg-Palais** (Šternberský Palác; I B4) befindet sich unmittelbar hinter dem Erzbischöflichen Palais und ist vom Hradschiner Platz nicht einsehbar. Ein Zugang vom Platz aus führt durch das linke Rundportal des Erzbischöflichen Palais. Der kompakte Baukörper dieser Vierflügelanlage mit einem Innenhof und einem vortretenden querovalen, zum Garten hin vortretenden Saal entstand 1698–1707 im Auftrag des Grafen Wenzel Adalbert

Albrecht Dürer, Rosenkranzfest, 1506, Nationalgalerie im Sternberg-Palais

Sternberg. Als Urheber der Baupläne werden verschiedene Architekten genannt, neben Jean-Baptiste Mathey auch Domenico Martinelli, am wahrscheinlichsten jedoch war es wohl Giovanni Battista Alliprandi. Heute dient das Gebäude als Filiale des Prager Nationalmuseums. Ausgestellt werden hier Werke europäischer Malerei.

Das **Martinitz-Palais** (Martinický Palác; I B4) liegt an der oberen Ecke der nördlichen Seite des Hradschiner Platzes. Als ein Renaissancebau entstand es um 1560; aus dieser Zeit blieben noch das rustizierte Portal sowie die dekorativen Sgraffito-Malereien im Erd- und ersten Obergeschoss an der Fassade zum Platz hin, die wenige Jahre später ausgeführt worden sind, erhalten. Der mehrgliedrige, in der obersten Stufe gebrochene Giebel in der Mittelzone kündigt dagegen bereits den Barock an.

Profanbauten (übrige Bauwerke)

Das **Czernin-Palais** (Černínský Palác; I A5, Loretánske náměstí) beherbergt heute das Tschechische Außenministerium (Innenbesichtigung nicht gestattet).

BAUGESCHICHTE Der mächtige Baukomplex, unmittelbar gegenüber dem Loretoheiligtum auf einer Anhöhe gelegen, führte seinen Bauherrn Humprecht Johann Graf Czernin (ab 1660 Statthalter von Böhmen) beinahe in den Ruin. Der Baubeginn datiert ins Jahr 1668. Der Entwurf stammte von der Hand des italienischen Architekten Francesco Caratti aus Bissone bei Como. Als Caratti 1677 starb, stand das Palais als Rohbau fertig. Die Bauleitung wurde Giovanni Battista Maderna übertragen, ab 1692 übernahm die Leitung Domenico Egidio Rossi, der die Arbeiten bis zum Tod des Grafen 1697 fortsetzte. Die Fertigstellung des Hauses oblag zwar dem Sohn des Grafen, doch erst durch seinen Enkel Franz Josef wurde der Bau abgeschlossen, wenn auch nicht gänzlich vollendet. In den Jahren 1718–22 erfolgte ein Umbau des Inneren durch František Maximilian Kaňka, der dem Palais ein großes Treppenhaus mit dem Fresko von Wenzel Lorenz Reiner hinzufügte.

Bereits 1747–50 wurden wegen Kriegsbeschädigungen Instandsetzungsarbeiten notwendig. Diese führte Anselmo Lurago aus, der auch für den Vorbau eines neuen Portals mit dem Balkon an der Front zum Loreto-Platz verantwortlich war. Die großen Ausmaße des Bauwerks trieben die Familie in finanzielle Schwierigkeiten. Verkaufsversuche scheiterten, letztlich übernahm es 1851 der Fiskus. 1855–56 erfolgte eine Neugliederung der Geschosse des Hauptgebäudes durch Achill Wolf. Unter der Regierung

Francesco Caratti, Czernin-Palais, Gartenseite, 1668 bis um 1700

des ersten tschechoslowakischen Staatspräsidenten Tomáš Garrigue Masaryk wurde 1928–34 eine umfassende Restaurierung durch Pavel Janák ausgeführt. Dabei verlor die Fassade ihre schlichte, nahezu schmucklose Struktur, denn Janák versah die Fenster mit Ädikulen und fügte Brüstungen sowie Ornamente hinzu. Von Carattis Fassade blieben lediglich der massive rustizierte Sockel, die Kolossalordnung mit Gesims und die Grundanordnung der Fenster. Zu dieser Zeit ist das Gebäude für die Nutzung als Außenministerium umgebaut worden.

Grundriss und Fassade Die Gesamtanlage besteht aus einem 132 Meter langen, zum Loreto-Platz ausgerichteten Hauptgebäude, wo auch der Haupteingang in der Mitte des insgesamt 29 Achsen zählenden Gebäudes liegt. Das Vestibül des Haupteingangs führt über einen kurzen Querflügel mit einer Arkade auf ein Treppenhaus zu, das eine Verbindung zum eingeschossigen, parallel zum Hauptgebäude verlaufenden Galerietrakt bildet. Dieser Querflügel teilt den Innenhof in zwei Binnenhöfe mit Arkadengängen. Im Süden schließt an das Gebäude ein eingezogener Seitenflügel an, im Norden hingegen ein weiterer über den Galerietrakt hinausragender Seitenflügel, der aufgrund des steil abfallenden Geländes über ein Geschoss mehr verfügt, das unten eine Verbindung zum tiefer gelegenen Garten schafft. Die Frontfassade des Hauptgebäudes zeichnet sich durch schwere, deutlich plastisch ausgeprägte Architekturelemente aus. Die stakkatoartig angeordneten halbrunden Kolossalsäulen, die sich über zwei beinah gleich hohe Geschosse erstrecken und mit ihren Kapitellen und ihrem Gebälk zugleich das Mezzanin einfangen, erheben sich auf einem nicht minder mächtig wirkenden hohen Sockelgeschoss aus Kristallquadern. Die Fenster zwischen den Säulen treten gänzlich hinter die mächtig vortretenden Säulen zurück. Jegliches Ornament ist eine spätere Zugabe, ebenso wie der über den Hautpeingang gebaute Balkon, der sich zugleich wellenartig auf weitere fünf Achsen jeweils nach rechts und links weitet. Eine völlig andere Gestaltungsidee vermittelt hingegen der Nordflügel. Er öffnet sich in den stufenartig aufgebauten Garten mit einer großen Rundbogenloggia, die mit den zwei eingestellten schmalen Säulen in den beiden Bögen die Serliana nachahmt. Die Oberkante der Loggia beginnt auf der Höhe, wo der gequaderte Sockelbereich des Hauptgebäudes endet, und breitet sich nach unten zum Garten hin aus. Über der offenen Loggia erhebt sich eine über zwei Geschosse reichende durchfensterte Bogenarkade aus Halbsäulen. Rechts schließt an den Nordflügel ein Pavillon an, der in seiner Struktur die schmale Nordfassade des Hauptgebäudes nachahmt, wodurch beide Bauteile die Loggia risalitartig einfangen. Sie sind um ein Mezzaningeschoss höher als die Bogenarkade, die zusammen mit der Loggia Leichtigkeit vermittelt und einen starken Kontrast zu der schweren Frontfassade bildet.

Kleinseite (Malá strana)

Sakralbauten

St.-Josef-Kirche und -Kloster (Klášter a Kostel sv. Josefa; I C5, Josefská): Ursprünglich gehörten Kirche und Kloster den Unbeschuhten Karmelitinnen (1782 aufgehoben). Die Grundsteinlegung erfolgte 1673 durch Kaiser Leopold I. Entwürfe lieferte u.a. Jean-Baptiste Mathey. Doch ausgeführt wurden in den Jahren 1687–93 Pläne von Abraham Paris. Mehrfach gestaffelte Säulenstellungen sowohl im Haupt- als auch im Obergeschoss schaffen eine außergewöhnliche Dynamik der Fassade. Die barocke Inszenierung zeigt sich im Wechsel zwischen der Horizontalen, die durch die Schaftringe der Säulen und die Gesimse betont wird, und der Vertikalen, die durch die im Zentrum der Fassade aufgetürmten Dekorations- und Architekturelemente gebildet wird. Über dem Eingang befindet sich ein Rundbogenfenster mit einem Wappen des Stifters Leopold I., daran schließt sich das hochovale Fenster im Obergeschoss an sowie eine Skulpturennische mit der Statue des hl. Joseph von der Hand Mathias Wenzel Jäckels, der auch für die Statuen der hll. Therese und Johannes über den Volutensockeln verantwortlich zeichnet. Der Innenraum wurde in Form eines überkuppelten Zentralbaus gestaltet, wobei die Kuppel von acht massiven Doppelsäulen mit verkröpftem Gebälk getragen wird.

St.-Laurentius-Kirche (Kostel sv. Vavřince na Petříně; I B6, Petřínske sady): Am Petřin an die sogenannte **Hungermauer** (Hladová zed) angelehnt, ist das Gotteshaus 1735–70 im Barockstil nach den Plänen von Ignaz Palliardi errichtet worden. Bereits 1135 ist hier ein Vorgängerbau dokumentiert. Die doppeltürmige und überkuppelte Kirche ist quer angelegt und weist eine barocke Schwingung im zentralen Bereich der Fassade auf. Flache Pilaster gliedern die Mauer des vorspringenden Risalits, in dessen Mitte in einer Rundbogennische die Statue des hl. Laurentius steht. Den Abschluss des Risalits bildet ein geschwungener Giebel, der von den beiden Türmen rechts und links flankiert wird. Dekorative, schmal nach oben gezogene Barockhelme werden auf der Spitze von kleinen tempelförmigen Abschlüssen gekrönt, die den Klassizismus ankünden. Heute dient die Kirche als Kathedralkirche des Bischofs der Altkatholischen Kirche in Tschechien.

St. Maria de Victoria (Kostel P. Marie Vitězné; I C5, Karmelitská): Südlich des Kleinseitner Rings gelegen, ist diese Kirche die älteste Barockkirche Prags. Der Name dieser Votivkirche »Maria vom Siege« geht auf den Sieg am Weißen Berg zurück, als 1620 die Truppen der böhmischen Stände der Katholischen Liga unterlagen. Ursprünglich gehörte die Kirche den deutschen Lutheranern und wurde 1611–13 in der traditionellen Ost-West-Ausrichtung erbaut. Nach 1620 ging sie ins Eigentum der Katholischen Kirche über, 1624 wurde sie den Unbeschuhten Karmelitern übergeben. 1636–44 erfolgte ein Umbau, mit dem auch die Ausrichtung der Kirche geändert wurde, der Chor lag jetzt im Westen und die Front an der Karmeliterstraße. Die zweigeschossige Hauptfassade ist frühbarock flach gestaltet – noch ohne dynamisch-plastische Architekturelemente des reifen Barocks –, die Pilaster sind ebenso flach ausgearbeitet wie die Voluten, die das zweite Geschoss flankieren. Das Zwischengeschoss ist mit einem Thermenfenster versehen, so dass in der mittleren Achse Architektur- und Dekorationselemente der Renaissance und des Manierismus bzw. des frühen Barocks übereinander angeordnet sind. Die in dem Renaissanceportal aufgestellte Figur der siegreichen Muttergottes wird als die erste frei stehende Statue an der Fassade eines Sakralbaus in Prag gewertet. Die Kirche folgt im Grundriss der Jesuitenkirche Il Gesù in Rom. Doch es fehlen ihr der für das italienische Vorbild typische Kapellenkranz und die Kuppel. Stattdessen öffnen sich in den Rundbögen an den Seiten des Hauptschiffs jeweils drei Kapellennischen für die Seitenaltäre. Überspannt ist die Kirche mit einem durchgehenden Tonnengewölbe. Zu den wichtigsten Ausstattungsstücken der Kirche gehört die Wachsfigur des Jesuskindes. Die 60 Zentimeter hohe Figur befindet sich in einer silbernen Vitrine in der mittleren Nische der Südseite der Kirche und stammt von der Hand des Prager Goldschmieds Jan Packény. Die Figur, die unter der mächtigen Krone erdrückt zu werden droht, ist gekleidet in kostbare Kleider und umgeben von Votivgaben. Sie ist ein Geschenk der Gräfin Polyxenia von Lobkowitz, geb. Prinzessin Manríquez de Lara aus Spanien, und wurde bald zum populären Wallfahrtsziel für gläubige Katholiken, da man ihr Schutz vor Pestepidemie und Zerstörungen des Siebenjährigen Krieges zusprach.

St. Maria unter der Kette (Kostel P. Marie pod řetežem; I C5, Lázeňska) unweit des Kleinseitner Rings zwischen der Brückengasse und der Insel Kampa befindet sich im Areal des Ordensbezirks der Johanniter, die hier schon im Mittelalter eine befestigte Ordenskommende zum Schutz der Karlsbrücke errichteten. König Vladislav II. gründete 1169 den Orden, der zunächst eine romanische dreischiffige Basilika erbauen ließ. Der Grundstein für ein neues Gotteshaus wurde 1370 gelegt. Die Kirche war als imposante dreischiffige gotische Basilika mit zwei Türmen vorgesehen. Da die Bauarbeiten schon zu Beginn des 15. Jh. wegen der Hussitenkriege gestoppt werden mussten, kam lediglich der untere Bereich der Doppelturmfassade zur Ausführung. Auch die westliche Vorhalle, die sich stilistisch an die französischen Vorbilder anlehnen sollte, die Matthias von Arras im Veitsdom ab 1344 zu realisieren begann, blieb unvollendet. Heute besteht die Kirche aus dem frühmittelalterlichen Chor, der 1640–80 durch Carlo Lurago barockisiert wurde, und der von ihm getrennten, nicht vollendeten Doppelturmfassade. Ihre mächtigen Strebepfeiler und die fein gearbeiteten Steinquader lassen ahnen, mit welch hohem Anspruch die Johanniter ihr Gotteshaus geplant haben.

St. Nikolaus (Kostel sv. Miculáše; I C5, Malostranské náměstí):

BAUGESCHICHTE Bereits 1623 ließen sich die Jesuiten am Kleinseitner Ring nieder. Die Übergabe des Grundstücks erfolgte 1625. Die an dieser Stelle befindlichen Gebäude und eine gotische Kirche wurden saniert. Verhandlungen mit dem Magistrat der Kleinseite über Neubauten des Professhauses und der Kirche begannen erst 1653. Als eigene Vorgabe der Jesuiten galt eine reduzierte Prachtentfaltung als Gegenentwurf zum jesuitischen Clementinum. Letztlich entstand das Bauensemble auf einem ausgedehnten Grundstück am Kleinseitner Ring. Die Jesuiten unterzeichneten 1673 einen Vertrag mit dem kaiserlichen Architekten Giovanni Domenico Orsi de Orsini zum Bau des Professhauses und der Kirche, der Baubeginn erfolgte 1676. Den Bau stiftete Graf Wenzel Franz Liebstein von Kolowrat (Familienwappen an der Westfront der Kirche über dem Hauptportal). Nach dem Tod Orsinis 1679 übernahm Francesco Lurago die Bauleitung. 1680 ließ er den Osttrakt errichten, 1690 waren die Bauarbeiten am Nord- und Westtrakt des Professhauses, wo die Kirche ansetzt, beendet. Nicht zuletzt wegen finanzieller Engpässe ruhte der Bau bis zum Beginn des 18. Jh. Für den Weiterbau wurde Christoph Dientzenhofer berufen, der die Pläne Orsinis überarbeitete. Ab 1703 wurde weitergebaut, allerdings ruhte der Bau nach der Aufsetzung des Daches 1705 erneut einige Jahre. 1709 wurde die Westfassade und die Aufstellung der Säulen ausgeführt. 1711 reichte der Rohbau bis zum Triumphbogen und dem Ansatz des Presbyteriums. In dieser Bauphase entstanden auch die ovale Seelenkapelle (1713) sowie gegenüber die Kapelle der hl. Anna (1715). Das Langhaus wurde von Christoph

Dientzenhofer fast komplett vollendet, 1737 riefen die Jesuiten den bereits zur künstlerischen Reife ausgebildeten Sohn, Kilian Ignaz Dientzenhofer, zum Bauabschluss. Ihm oblag die Ausführung der Vierung und des Chors (Vollendung bis 1752) sowie der Kuppel und des Glockenturms (bis 1756). In den 1750er Jahren wurden zugleich auch Änderungen am Langhaus unternommen. Die aufwendigen Steinmetzarbeiten insbesondere an den Fenstergewänden und den Portalen führte hingegen (größtenteils wahrscheinlich nach den Entwürfen der Architekten) Giovanni Francesco Santini (gest. 1709) aus.

Aussenbau und Grundriss Die heutige Erscheinung der Kirche ist Ergebnis eines über hundertjährigen Bauprozesses. Die lange Bauzeit spiegelt sich auch in stilistischen Unterschieden, insbesondere am Glockenturm, der

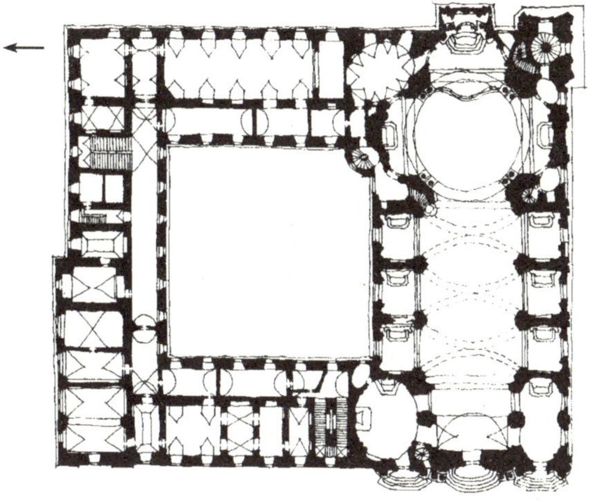

St. Nikolaus am Kleinseitner Ring, Grundriss

eher schon klassizistisch als barock erscheint. Die Ausmaße des Kirchenbaus sind im Lauf der Zeit systematisch gestiegen. Orsini plante einen kleineren Baukörper, als ihn die Dientzenhofer letztlich ausgeführt haben. In Anlehnung an den Bauplan Orsinis erfolgte die Jochteilung, die allgemeine Raumform als Emporenhalle und die Längsstreckung. Doch die Ausführung der Dientzenhofer ist schmaler, neu proportioniert, das Mittelschiff ist breiter als ursprünglich vorgesehen, dagegen sind die Seitenkapellen flacher und breiter. Als eine Novität sind insbesondere die Gestaltung einer kurvierten Westfassade und die Begrenzung der Wölbung zu betrachten. Die Totenkapelle in der nordwestlichen Ecke des Professhauses (Baudaten nicht bekannt) ist in den Dientzenhofer-Bau eingegliedert worden. Als eine Art Spolie der Orsini-Bauunternehmung blieb ein Kolossalpilaster zwischen der Westfront der Kirche und dem Professhaus erhalten. Im Vergleich zur ausgeführten Fassade sitzt der Pilaster auf einem verhältnismäßig hohen Sockel und erinnert an die Fassadengliederung von St. Ignaz in der → Neustadt am Karlsplatz. Der Grundriss der Kirche folgt dem Vorbild von Il Gesù in Rom. Es ist ein Langhaus mit einem überkuppelten Trikonchenchor und einem Kapellenkranz auf beiden Seiten des Langschiffs und zusätzlichen ovalförmigen Kapellen an den Ecken. Spannungsvoll und künstlerisch von höchster Qualität präsentiert sich die Westfront zum Kleinseitner Ring. Ein Blick vom Südwesten erlaubt die Erfassung aller architektonisch herausragenden Teile des Gebäudes, der Westfront und der südlichen Seitenfassade sowie der Kuppel und des Glockenturms. Die Westfassade zeichnet sich durch eine dem Hochbarock eigentümliche Dynamik aus, die Christoph Dientzenhofer durch eine Kurvierung zahlreicher Architekturelemente erreicht hat. Die horizontale Wellenlinie konkav-konvex-konkav, die schon im Aufbau der Treppen ansetzt, wird von den Wandflächen und explizit von den Gesimslinien zwischen den Geschossen unterstrichen. Die horizontale Bewegungslinie wird dennoch harmonisch in der hochstrebenden Linie der Mittelachse mittels der schräg gestellten ionischen Doppelsäulen und Pilaster am Hauptportal, dem überdimensionierten Fenster und seiner Einbiegung in den Giebel in der Mittelachse im zweiten Geschoss und der Einbiegung der Ädikula im dritten Geschoss aufgenommen. Während im ersten Geschoss die Mitte noch stärker durch die massiven Säulen in den Vordergrund tritt, ist das zweite Geschoss durch die flachen Pilaster, die noch mehr der Wandfläche verpflichtet sind, wellenförmiger und beweglicher gestaltet. Die mittlere Zone flankieren jeweils zwei Statuen der vier Kirchenväter (heute Kopien). Das zweite Geschoss schließt über der linken und der rechten Achse mit einer konvexen Balustrade, die ein Pendant zu derjenigen am Abschluss des ersten Geschosses in der Mitte bildet. Die Voluten sind nicht nur in sich selbst gedreht, sondern wölben sich noch zusätzlich ein und bereiten die Biegung der Pilaster vor, die in ihrem Schwung nach innen die zentrale Nischenfigur des hl. Ignatius zusätzlich betonen. Darüber prangt das Jesuiten-Zeichen IHS (Jesus Habemus Socium) in Gold. Bekrönt wird der abschließende Giebel mit dem Kreuz und zwei paarweise aufgestellten Flammenvasen. Beachtenswert ist auch die geschossweise unterschiedliche Gestaltung der Fensterbedachungen von halbrund nach innen eingezogen (unten) bis nach oben ausgewölbt und stark akzentuiert (im zweiten Geschoss), was auch für die Südfassade gilt. Die Kuppel sowie der Glockenturm der Kirche erscheinen als Pendant, auch wenn sich der Kirchturm in seiner stilistischen Ausführung, seiner Schmalheit und dynamischen Verjüngung aufwärts sowie der Klarheit klassizistischer Formenlinien von der barocken Kuppel distanziert.

Innenraum und Ausstattung der Kirche gehören zu den prächtigsten Barockdekorationen in Prag auf höchstem künstlerischem Niveau. In die Emporenhalle

St. Nikolaus am Kleinseitner Ring, 1676–1756,
Innenansicht zum südlichen Seitenschiff

hat Christoph Dientzenhofer massive, außergewöhnlich in die Schräge gesetzte Pfeiler eingestellt. Sie tragen die Emporen und das Gewölbe, das heute nicht mehr die ursprüngliche Form – sphärisch gekrümmte Gurtbögen zwischen den Pfeilern – besitzt. Die Gurtbögen wichen 1760 einem großflächigen Deckengemälde mit Szenen aus dem Leben des hl. Nikolaus von der Hand des Wiener Malers Johann Lucas Kracker (1717–1779). Die Apotheose des Heiligen wird im Zentrum eindrucksvoll inszeniert, indem er auf einer bauschigen Wolke in den Himmel entschwebt. Darunter (über dem Triumphbogen des Langhauses) ist das Grabmal des Heiligen zu sehen.

Die Figuren entlang des Langhauses von Ignaz Franz Platzer stellen nacheinander einen Vertreter des Jesuitenordens (Nordseite, links), Kaiser Justinian (rechts), König Darius (Südseite, Eingangsseite) und Konstantin d. Gr. (Süden, Chorbereich) dar. Einen besonderen Höhepunkt des Innenraums bildet der überkuppelte Chorbereich. Die drei Konchen werden an den Ecken von paarweise aufgestellten Säulen flankiert. Auf hohen Postamenten stehen vier überdimensionierte Statuen bekannter Kirchenlehrer – entsprechend den Figuren im Langhaus das Werk Ignaz Franz Platzers. Im Verhältnis zur dynamischen Architektur und Malerei erscheinen sie statisch und wenig ausdrucksvoll. Ihre Wirkung entfalten sie einzig durch ihre Größe. Im Kuppelbereich befinden sich weiter kleinere Statuen der Tugenden auf dem Gebälk der Säulen, denen die Szenen der Zwickelmalereien entsprechen und die im Tambour durch Szenen der Seligpreisungen vervollständigt werden. Bei den Kolossalstatuen vom Norden aus gesehen handelt es sich um den hl. Basilius (darüber Fortitudo/Stärke bzw. Tapferkeit) und den hl. Cyrillus (darüber Prudentia/Klugheit), gefolgt von dem hl. Chrysostomos (über ihm die Justitia/Gerechtigkeit) sowie dem hl. Gregor von Nazianz (darüber die Temperantia/Mäßigkeit). Die Malereien in den Konchen zeigen Szenen aus der Missionstätigkeit der Jesuiten (Nordkonche), eine Engelsglorie (Ostkonche), schließlich Taten der Barmherzigkeit (Südkonche). Die Statuenreihen laufen auf den Altar zu, der von weiteren groß dimensionierten Figuren Platzers bevölkert ist; angesichts der Pracht des gesamten Raums wirkt der Altar aber im Vergleich zu anderen Barockaltären der Stadt wenig spektakulär. Das Kuppelgemälde schuf in den Jahren 1753–54 Franz Xaver Palko (1724–1767). Das Gemälde zeigt um die Laterne herum ein Blattwerk mit Engeln, Gottvater sowie Christus, der auf die Kuppel hinweist. Des weiteren befinden sich hier rechts vom Christus der hl. Nikolaus, ihm gegenüber die Kirchenväter, Apostel und Engelsfiguren. Die Fresken der Kapellen schufen Johann Hager und Joseph Redelmayer. Die reich mit Rokokoornament und figürlichen Darstellungen der christlichen Tugenden (Glaube, Liebe, Hoffnung) geschmückte Kanzel stammt hingegen von Richard Georg Prachner (1765).

St.-Thomas-Kirche und -Kloster (Klášter a Kostel sv. Tomáše; I C5, Latenská):

Baugeschichte Nördlich des Kleinseitner Rings an der Letenská siedelte Wenzel II. um 1285 die Augustiner-Eremiten an. An dieser Stelle befanden sich bereits eine kleine Kirche und die Kapelle der hl. Dorothea. Die Augustiner begannen um 1285 den Bau der Kirche in Form einer gotischen Basilika und der Klosteranlage. Der Bau erfolgte bis 1316 und dann in einer weiteren Phase vor 1379. Ein Brand zerstörte die Kirche 1420. 1552 wurde ein neues Gewölbe eingezogen, ein weiterer Wiederaufbau war erst in den Jahren 1584–92 möglich (erhalten ist das Hauptportal von Campione de Bossi von 1617). Auf einen Blitzeinschlag folgte 1723 ein barocker Umbau nach Plänen von Kilian Ignaz Dientzenhofer von 1725 bis 1731. Dientzenhofer überwölbte das Hauptschiff neu und errichtete die Kuppel sowie die Decke des Presbyteriums.

Aussenansicht und Grundriss Der Dientzenhofer-

Bau präsentiert sich als eine dreischiffige Basilika ohne Querschiff mit einer Kuppel im ersten Joch des Langchors. Die Fassade ist auf eine Unter- und Schrägsicht konzipiert. So tritt die Mittelachse mit den mächtigen Säulen, die den Eingang flankieren und einen massiven gebrochenen gerundeten Giebel tragen, schräg vor, während das zweite Obergeschoss, wo flache Pilaster ein Rundbogenfenster einrahmen, sich zurücknimmt und den Blick in die Höhe zum wellenden Gesims und zum Giebelaufsatz frei macht. Ein älterer Turm kontrastiert zu dieser barock dynamisch inszenierten Westfassade.

INNENRAUM Die Architektur des Innenraums besticht durch die weiß verputzten Wände. Der Raum öffnet sich mit breiten Bogenstellungen mit vorgelagerten Doppelpilastern, die auf halber Höhe der Emporenarkaden (jeweils zwei über einer unteren Bogenstellung) mit ionischen Kapitellen ausladendes Gebälk stützen. Das Kappengewölbe (das erste in Böhmen) schmücken dekorativ mit weißen Stuckelementen umrahmte Wandgemälde von hoher Qualität von der Hand eines der führenden Maler der Zeit, Wenzel Lorenz Reiner. Die Gemälde zeigen Szenen aus dem Leben des hl. Augustinus im Hauptschiff sowie Szenen aus der Augustinus-Legende in der Kuppel und an der Decke des Chors. Den Entwurf für den barocken Altar lieferte der Architekt der Kirche selbst, Kilian Ignaz Dientzenhofer, ausgeführt wurde er von dem Tischlermeister Kristián Kóvař. Die Skulpturenausstattung des Altars hingegen besorgten Johann Anton Quittainer (Engelsfiguren), Ferdinand Maximilian Brokoff sowie Ignaz Müller (Figuren der böhmischen Landespatrone). An zwei Seitenaltären befanden sich zudem hochrangige Tafelbilder aus dem Spätwerk von Peter Paul Rubens. Sie zeigen *Die Marter des hl. Thomas* sowie das Bild des hl. Augustinus. Die Gemälde entstanden 1637–39 im Auftrag der Gräfin Martinitz (Originale in der Sammlung der Prager Nationalgalerie).

Profanbauten

Paläste

Fürstenberg-Palais (Fürstenberský Palác): In der Waldsteingasse (I C4, Valdštejnská, 8) gelegen, unmittelbar in der Nähe des Waldsteinpalais, beherbergt das Palais heute die polnische Botschaft. Ursprünglich befand sich hier ein Renaissancepalais, das 1743–47 barock umgestaltet wurde. Das dreistöckige Gebäude steht seitlich, d.h. mit der Traufseite zur Straße hin, womit Wohnräume gemäß der Mode zur Mitte des 18. Jh. stärker dem Garten zugewendet sind. Nur zwei Hausnummern weiter befindet sich das **Kolowrat-Palais** (Kolowratský Palác; I C4, Valdštejnská, 10) – heute Sitz des Kultusministeriums. Es ist einer der letzten Paläste des 18. Jh. in Prag und wurde offenbar von Ignaz Palliardi entworfen. Es besteht aus drei Geschossen, wobei das erste als rustiziertes Erdgeschoss gestaltet ist. Darüber erhebt sich das repräsentative Hauptgeschoss mit Rundbogenfenstern. Das zweite Obergeschoss verfügt über niedrigere Höhe und wird mittels rechteckiger Fenster gegliedert. Die Straßenfront wird durch einen dreiachsigen, mit dreifach unterlegten Pilastern eingefassten Mittelrisalit akzentuiert und ist mit einem Dreiecksgiebel bekrönt. Die Fassade zeigt Elemente des ausgehenden Barockzeitalters: Sie ist nicht mehr plastisch artikuliert, sondern flacher und symmetrischer ausgeformt. Die architektonischen Merkmale, wie z.B. Pilasterstellungen, sind nur wenig hervorgehoben. Die Mitte tritt nicht mehr theatralisch nach außen in den Straßenraum vor, sondern es ist zurückgenommen. Das zarte Rokokodekor über den Fensterreihen zwischen den Geschossen beschränkt sich auf wenige Girlanden. Das Palais verfügt über eine ausgedehnte Gartenanlage, die terrassenförmig in der Manier eines englischen Gartens des 18. Jh. mit Sichtachsen und Skulpturen gestaltet wurde und sich bis hinaus zum Wallgarten der Burg erstreckt. Ebenfalls in der Waldsteingasse befinden sich das **Palais Pálffy** (Pálffyho Palác; I C4, Valdštejnská, 14, heute ein Gourmetrestaurant) aus dem 18. Jh., das seitdem mehrfach umgestaltet wurde, und das **Ledebour-Palais** (Ledeburský Palác; I D4, Valdštejnská, 3), dessen Architekt Ignaz Palliardi war. Bereits im Mittelalter befand sich hier eine Wohnbebauung, die in der Renaissance gestaltet wurde (1588). 1784 verlieh schließlich Palliardi dem Haus sein aktuelles Aussehen. Ursprünglich war es im Besitz des Grafen Trauttmannsdorf und kam im 18. Jh. an die Familie Kolowrat, danach an den Freiherrn von Ledebour-Wicheln. 1801 wurde es um ein Nachbarhaus erweitert und Mitte des 19. Jh. im Inneren nach der neuesten Mode neoklassizistisch umgestaltet. In dem terrassenförmig angelegten Garten wurde auf der untersten Terrasse eine kleine *sala terrena* eingerichtet. Auch das dahinter liegende **Czernin-Palais** (Černínský Palác, I C4) verfügt über einen den Hradschiner Berghang hinaufkletternden Garten und eine *sala terrena* auf der höchsten Terrasse.

Großprioratspalais (Velkopřevorský Palác; I C5) und **Buquoy-Palais** (Buquoyský Palác; I C5): Beide Barockpaläste befinden sich am Großprioratsplatz (Velkopřevorské náměstí) auf der Kleinseite. Der Sitz des Priors der Johanniter bestand hier bereits zu Anfang des 16. Jh., als der erste Palastbau entstand. Zu Beginn des 17. Jh. wurde der Palast nach den Plänen von Bartolomeo Scotti barock umgestaltet. Er präsentiert sich als eine dezent mit flachen Reliefornamenten an den Fenstern geschmückte zweigeschossige Anlage, mit von einem breiten Gurtgesims optisch voneinander getrennten Geschossen. Das Buquoy-Palais, heute der Sitz der französischen Botschaft, wurde 1719 nach Plänen von Johann Blasius Santini-Aichl erbaut und 1735 nochmals erweitert. Heute erstreckt es sich als ein dreigeschossiges Gebäude an der Straßenseite über vierzehn Fensterachsen. Es gibt keinen zentralen Haupteingang, vielmehr wurden jeweils in der vierten Achse zwei Eingänge als Rundbögen mit einer steinsichtigen Rahmung eingesetzt. Ein Gurtgesims verläuft zwischen dem Erd- und dem Obergeschoss. Die beiden Obergeschosse hingegen sind durch Kolossalpilaster zusammengefasst, die vier zentralen Achsen werden mittig von einem Dreiecksgiebel bekrönt.

Kaunitz-Palais (Kaunický Palác; I C5, Mostecká, 15): In der Brückengasse gelegen, zählt das Palais zu den zahlreichen Barockpalästen Prags, die das Straßenbild der Stadt bis zum heutigen Tag prägen. 1773 wurde es durch Anton Schmidt errichtet. Wie in der Zeit üblich, wird das Erdgeschoss durch ein breites steinernes Rundbogenportal mit zwei eingestellten Säulen in der Straßenflucht hervorgehoben. Der Mittelteil ist durch einen Balkon und eine der Serliana nachempfundene Fensteröffnung, die von Kolossalpilastern flankiert ist, sowie durch einen gerundeten, einem Giebel nachgeformten und reich mit Relief geschmückten Abschluss betont. Auch die Serliana und die übrigen Fenster des ersten Obergeschosses haben eine reich reliefierte Dekoration, die dem sich in der Fassade ankündigenden strengen Klassizismus entgegenwirkt. Heute residiert hier die Botschaft von Serbien und Montenegro.

Lichtensteinpalais (Lichtenštejnský Palác; I B5, Malostranské náměstí, 13): Das Gebäude nimmt direkt gegenüber der St.-Nikolaus-Kirche die gesamte Westseite des Kleinseitner Rings ein. Bereits 1591 ließ Johann von Lobkowitz fünf Bürgerhäuser an dieser Stelle zu einem Gebäude zusammenschließen. Nach 1620 kam es in den Besitz von Karl von Lichtenstein. Das heutige klassizistische Aussehen mit einer Rundbogenarkade als Eingang verdankt das Gebäude einem Umbau von 1791.

Lobkowitz-Palais (Lobkovický Palác; I B5, Vlašská, 19): Heute beherbergt das Palais die Botschaft der Bundesrepublik Deutschland. Auch dieses Gebäude entstand als Neubau, wobei eine frühere Bebauung seit dem Mittelalter nachgewiesen ist. Ab 1696 begann Franz Karl Graf Lobkowitz mit dem Ankauf der umliegenden Grundstücke für den Garten. Die Baugenehmigung für den Palast erging 1702, gebaut wurde bis etwa 1708. Die Innenausstattung, an der die Stuckateure Tomaso Soldati und der Steinmetz Giovanni Pietro della Torre beteiligt waren, wurde allerdings erst einige Jahre später abgeschlossen. Als Architekt des Palasts wird Giovanni Battista Alliprandi ausgewiesen. 1713 wurde der Palast verkauft, 1769 durch einen Brand beschädigt. Ignaz Palliardi war für die Wiederherstellung und Aufstockung verantwortlich. Der Bau steht in der Nachfolge der Architektur von Johann Bernhard Fischer von Erlach. Der Grundriss zeigt eine quergestreckte Dreiflügelanlage, in der die Flügel mit dem Hauptbau eher lose als selbständige Bauelemente verbunden sind. Zur Straße weist das Gebäude eine relativ flache Fassade auf, während es sich zum Garten mit einem hochovalen, bis zur Hälfte konvex aus dem Baukörper vortretenden Gartensaal und zwei nach innen konkav geformten Seitenrisaliten bzw. Seitenflügeln öffnet. Der Gartensaal ist mit einer Pfeilerarkade mit vorgesetzten Säulen zum Garten hin geöffnet. Auf einem Stich von B.B. Werner aus der ersten Hälfte des 18. Jh. ist das ursprüngliche Aussehen der Frontfassade sichtbar, mit einem sieben Achsen breiten, kaum aus der Wandfläche heraustretenden Mittelrisalit, der auf der Höhe des Dachansatzes mit einem belvederförmigen Aufbau abschließt. Der Bau verfügte über ein Sockelgeschoss, ein rustiziertes Erdgeschoss, ein Mezzanin und ein Obergeschoss. 1769 wurde der Belvedere zum Vollgeschoss ausgebaut und in der Mitte mit einem Dreiecksgiebel und einer Attika darüber bekrönt.

Das **Michna-Palais** (Michnův Palác; I C6, Újezd, 40) diente in der Renaissance als ein Sommerschlösschen für den Grafen Kinský. 1625 erwarb es Pavel Michna von Vacínov, dessen Sohn Wenzel Graf Michna es 1640–50 umbauen und erweitern ließ. Als Architekten werden Pietro Colombo und Francesco Caratti genannt. Der vollendete Bau erscheint als eine unregelmäßige Anlage mit fünf Trakten. Von den zwei geplanten Risaliten kam nur der nördliche zum Garten hin zur Ausführung. An diesem Bauteil sind auch die hohe Qualität des Reliefdekors und die architektonische Feingliederung der Fassade mittels Pilastern dorischer Ordnung im Erdgeschoss und Kompositpilastern im Obergeschoss zu erkennen. Jeweils paarweise zusammengestellt an den Ecken, fassen die Pilaster die Fassade harmonisch zusammen. Das reiche Reliefdekor mit einem ornamentalen Fries im Erdgeschoss, Girlanden, Muscheldekorationen und hochovalen Büstennischen über den Fenstern sowie im Tympanon der mittleren Fensteröffnung scheint noch der Spätrenaissance verpflichtet zu sein, hebt aber zugleich den repräsentativen Anspruch des Bauherrn hervor. 1772 erfolgte eine Barockisierung. Von der barocken Innenausstattung blieb nach zahlreichen Umgestaltungsphasen wenig erhalten. Hervorzuheben sind die Stuckaturen von Domenico Galli im Festsaal. Seit 1921 befindet sich das Gebäude im Eigentum des Sport- und Turnvereins Sokol, nach dessen Gründer Miroslav Tyrš es seitdem benannt ist.

Nostitz-Palais (Nostický Palác; I C6): Gesamtplanung und Bauzeit des Palais dauerte nur zwei Jahre, von 1658 bis 1660. Erbaut wurde der Palast als eine Dreiflügelanlage für Johann Hertwig Graf Nostitz. Aufgrund der konzeptionellen Nähe der Kolossalordnung der Fassade, aber auch wegen der Masken auf den Kapitellen wird es von einigen Forschern dem Architekten des Czernin-Palais auf dem Hradschin, Francesco Caratti, zugeschrieben. Andere nennen aus ähnlichem Grund Carlo Lurago, den Architekten des Clementinums in der Altstadt. Gegen Caratti spricht jedoch vor allem eine völlig andere Architektursprache. Die Fassade erscheint hier wesentlich weniger plastisch artikuliert als die des Czernin-Palais, das durch den Einsatz von Kolossalsäulen und einer diamantförmigen Rustika eine extrem plastische Anmutung erreicht. Der Architekt des Nostitz-Palais hingegen arbeitet mit sparsam angewendeten flachen Rustikabändern und Pilasterstellungen. Darüber hinaus sind auch die Fenster dieses Palais breiter, d. h. paarweise angeordnet. Das steinerne Portal das jedoch erst 1760 hinzugefügt wurde, betont zugleich wesentlich deutlicher die Mitte des Gebäudes, während die Fassade im Czernin-Palais einen stakkatoartigen Ablauf der Elemente zeigt, woran der nachträgliche Einbau des Balkons nichts ändert.

Schönborn-Palais (Schönbornský Palác; I B5, Tržiště): Heute beherbergt das imposante Gebäude in der Tržiště-Straße (Marktplatzstr.) die US-amerikanische Botschaft. Fünf Bürgerhäuser und eine Mälzerei mussten Anfang des 17. Jh. für den Palast weichen. Zunächst hatte Rudolf Hieronymus Eusebius von Colloredo-Waldsee den italienischen Architekten Carlo Lurago beauftragt, hier einen Adelspalast zu bauen, der 1643–56 zur Ausführung kam. Eine weitere Bauphase folgte 1715–18, als Giovanni Battista Alliprandi und Johann Blasius Santini-Aichl dem Gebäude sein heutiges Erscheinungsbild als siebenachsige, dreigeschossige Anlage verliehen. Das steinsichtige Hauptportal geht auf den Vorgängerbau zurück. Die Straßenfront präsentiert sich dagegen in einer frühklassizistischen Form. Keine übertriebenen Reliefdekorationen oder stark plastisch ausgeprägten Architekturelemente treten hier in Erscheinung. Das Zentrum der Fassade wird lediglich durch das Portal sowie die vertikal bis zum Dachansatz verlaufenden Rustikabänder hervorgehoben. Ein kleiner belvederförmiger Aufbau markiert zusätzlich das Zentrum. Die Vierflügelanlage umfasst drei Innenhöfe, deren zentralen Hof zwei monumentale Giganten-Statuen aus der Werkstatt des Bildhauermeisters Matthias Bernhard Braun schmücken. Wie die übrigen Barockpaläste am Hang des Petřins verfügt auch dieser über einen ausgedehnten Garten.

Thun-Palais (Thunský Palác; I C5): Ähnlich wie im Waldsteinpalais war der Festsaal des Palastes mit Szenen aus dem Trojanischen Krieg ausgestattet. Die Fresken fertigte Johann Michael Rottmayr. Das Gebäude wurde für Maximilian Graf Thun 1696–1720 errichtet, doch 1794 fiel es bereits einem großen Brand zum Opfer, bei dem auch die kostbaren Fresken Rottmayrs zerstört wurden. Ab Anfang des 19. Jh. diente das Gebäude als Sitz der Böhmischen Stände, zuvor war es zeitweise als Theaterraum genutzt worden.

Thun-Hohenstein-Palais (Thun-Hohenštejnský Palác; I B5, Kolowratpalais; Nerudova, 20): In der Straßenflucht der Nerudova-Gasse hebt lediglich die schwere plastische Ausstattung des Hauptportals das Gebäude hervor. Obwohl das Grundstück hier schon früher bebaut war, entstand dieses Palais vollständig als ein Neubau. Bereits seit 1708 war der Bau von dem Bauherrn Norbert Leopold Graf Liebstein von Kolowrat geplant (1693 ging das Grundstück mit der früheren Wohnbebauung an Liebstein als Erbe über). Als Architekt des Palasts wird Johann Blasius Santini-Aichl vermutet, der sowohl für die benachbarte Theatinerkirche als auch für die Kolowrat-Familie tätig war. Der Baubeginn ist auf etwa 1709 (bzw. 1716) datiert. Das Gebäude ruht auf einem Sockel, der aufgrund der Neigung des Geländes unregelmäßig ist. Darüber erhebt sich ein Erdgeschoss, das mittels eines breiten Gesimses von dem Hauptgeschoss, das aufgrund seiner Höhe als *piano nobile* ausgezeichnet ist, optisch getrennt ist. Ein Mezzanin schließt unmittelbar an das Hauptgeschoss an. Die Zwischenräume werden zusätzlich durch Rustizierungen artikuliert. Die Front ist eher massig gestaltet. Ein Mittelrisalit, der nur wenig aus der Fassadenwand hervortritt und im Obergeschoss von flachen Pilastern gerahmt ist, markiert das Zentrum, wobei die Matthias Bernhard Braun zugeschriebenen Skulpturen, die Adler als Wappentiere des Bauherrn, die den Haupteingang mit ihren mächtigen Flügeln umfassen, und die auf dem Giebel des Hauptportals platzierten Statuen das Zentrum zusätzlich betonen.

Hofseitig erhebt sich in unmittelbarer Nachbarschaft an der Nordseite das Renaissancepalais **Slavata / Palais der Herren von Hradec** (Slavatovský Palác pánů z Hradce), 1562–64 von Ulrich Avostalis errichtet und 1580 erweitert. Seit 1921 hat die italienische Botschaft hier ihren Sitz. Direkt gegenüber befindet sich das **Palais Czernin-Morzin** (Černín-Morzin Palác; I B5, Nerudova, 5), das die rumänische Botschaft beherbergt. 1713–14 errichtet, war es kein Neubau, sondern ein Umbau des vorhandenen Baubestandes. Die Front fällt kaum in der Straßenflucht auf, wobei sie im Gegensatz zum Palais Thun-Hohenstein durchaus stärker plastisch artikuliert ist. Den stärksten Akzent bildet der Mittelbereich, wo die Skulpturen der Balkonträger von Ferdinand Maximilian Brokoff platziert sind. Hier stehen zwei Afrikaner auf einem eingewölbten Postament, die die gesamte Last des Balkons auf ihren Schultern und den Oberkörpern tragen. Besonders deutlich zeigt sich die Anstrengung in den ausgestreckten Armen, die die Ringe am Balkonansatz festhalten. Brokoff hat geradezu naturalistisch die Adern weit hervortreten lassen, als ob hier die gesamten Kräfte ihren Höhepunkt erreichten, während die muskulösen Beine im Kontrapost fast mühelos einen festen Stand haben. Die Körper sind fein, aber deutlich modelliert, wobei der Faltenwurf der spärlichen Bekleidung vor allem bei der Gestalt links steif angelegt ist. Die Statuen der Mohren verweisen auf das Wappen des Bauherrn, die Büsten über den Portalen sind Allegorien des Tages und der Nacht, die Attikastatuen stellen Personifikationen der Erdteile dar.

Vrtba-Palais und Garten (Vrtbovský Palác a zahrada; I C5, Karmelitská, 25): Berühmt geworden ist das Palais durch seinen künstlerisch anspruchsvollen Garten, der zu den schönsten Barockgärten der Stadt gehört. Terrassenförmig ist er von František Maximilian Kaňka um 1730 entworfen. Die Gartenskulpturen entstammen der Werkstatt von Matthias Bernhard Braun.

Waldsteinpalais (Valdštejnský Palác; I C4, Valdštejnské náměstí, 4):

BAUHERR UND BAUGESCHICHTE Das Palais gehört zu den spektakulärsten und ausgedehntesten profanen Barockbauten Prags und kann als Zeichen eines übersteigerten Ehrgeizes des Bauherrn, Albrecht Wenzel Eusebius Waldstein (1583–1634), gewertet werden. Sein Bau steht in engem Zusammenhang mit den Folgen des Dreißigjährigen Krieges und der Gegenreformation. In dieser Zeit verloren zahlreiche alteingesessene böhmische Adelsfamilien, vor allem die protestantischen, ihre Güter. Graf Waldstein, der Bauherr, gehörte zu den Gewinnern dieser Epoche, wenn man von seinem tragischen Tod absieht. Waldstein (oder seit Friedrich Schiller *Wallenstein*), genannt der

Andrea Spezza, Waldsteinpalais, 1623–30, Garten-Loggia

Friedländer, war Herzog von Friedland, Herzog zu Mecklenburg und Fürst von Sagan. Er stammte aus dem böhmischen Adelsgeschlecht der Waldsteins. Seine Familie war hussitisch, doch Waldstein selbst wurde u.a. von den Jesuiten erzogen und trat zum Katholizismus über. Seit 1604 war er in militärischen Diensten des Kaisers. Durch die Heirat mit einer vermögenden Witwe, Lucretia von Vickov, geb. Neksch von Landeck, verfügte Waldstein über ein Vermögen, das es ihm ermöglichte, seine politischen Ambitionen zu verwirklichen. Für die Unterstützung des Kaisers Ferdinand II. in dessen Krieg gegen Venedig erhielt er 1617 den Grafentitel. Vom Konflikt zwischen dem Kaiser und den böhmischen Ständen profitierte Waldstein, der auf der Seite des Kaisers stand, erheblich. Er erhielt bzw. erwarb Güter im Friedland, das zum Fürstentum erhoben wurde, das Fürstentum Sagan und 1628 die Gebiete der Herzöge zu Mecklenburg. In Prag profitierte er von der Enteignung und der Verbannung der Protestanten aus der Stadt und erwarb unter Wert 1620–21 Güter der Familie Smiřický und Nachbargrundstücke, um hier auf der Kleinseite am Fuße der Prager Burg auf den Grundstücken von 26 Häusern seine Residenz zu bauen.

Das 1623–30 entstandene Palais gehört zu den frühbarocken Bauten der Stadt. Architekt und ausführender Baumeister war Andrea Spezza. Nach seinem Tod 1628 übernahm die Bauleitung zunächst Vincenzo Boccacci, dann Nicolo Sebregondi. Als künstlerischer Berater war für Waldstein auch Giovanni Pieroni tätig, der als Ideengeber für die monumentale *sala terrena*, den Gartensaal mit seiner Loggia, vermutet wird. Diese wurde 1626 vollendet und steht eindeutig noch in der Tradition der italienischen Renaissancearchitektur.

AUSSENFASSADE Die von Andrea Spezza gestaltete Außenfassade des Hauptgebäudes erstreckt sich über neunzehn Achsen. Sie ist gleichmäßig durch eng gestellte Fensterreihen gegliedert, die in einfachen Segmentbögen ihren

Abschluss finden. In der Mitte, an der zehnten Achse, durchbricht ein rundbogiges Hauptportal die Wandfläche, ebenfalls ohne jegliche repräsentative Ausschmückung. Zwei weitere Rundbogenportale sind jeweils symmetrisch links und rechts der Mitte in der dritten bzw. siebzehnten Achse eingelassen. Die zwei Vollstockwerke des Hauptbaus sitzen auf einem hohen Erdgeschoss, ein Walmdach mit Lukarnen bedeckt das Gebäude. Die eher strenge Symmetrie der Front schafft eine eigentümliche Verbindung zwischen italienischer Renaissancearchitektur und dem eher nüchternen skandinavischen Frühbarock. Gänzlich anders präsentiert sich die Gartenseite des Hauptgebäudes. Die Loggia, die sich zum Garten hin öffnet, ist eindeutig ein italienisches Motiv, sie kann auch als eine Reminiszenz der Loggia, die das Lustschloss auf dem Hradschin von außen umläuft, aufgefasst werden. Die Loggia im Waldsteinpalais öffnet sich mit drei hohen Bogenstellungen, bestehend aus Doppelsäulen toskanischer Ordnung. Als Vorbild wird hier die 1526–34 errichtete Loggia des Palazzo del Tè in Mantua genannt. Der Raum ist mit einem Tonnengewölbe, in das sich Stichkappen einschieben, überspannt. Den drei Bogenöffnungen der Loggia entsprechen an der Rückwand drei Muschelnischen, wodurch der Raum größer wirkt. Auch an den Seitenwänden wurden Nischen eingelassen. Die Dekoration besteht aus Wandmalereien, die 1629–30 von Baccio del Bianco ausgeführt worden sind. Sie zeigen Szenen aus dem Trojanischen Krieg. Die Stuckaturen der Decke stammen von Santin Galli und Domenico Canevalle. Den Gartensaal selbst errichtete wohl 1623–27 Giovanni Pieroni. In der Hauptachse, die von der Loggia in den Garten hinführt, steht ein ursprünglich mit einer Figur des Laokoon geschmückter Brunnen. Diese Gestalt sollte die Verbindung zwischen dem Programm der Loggia und dem der Figuren des Gartens herstellen, denn es war Laokoon, der die Trojaner davor gewarnt haben soll, das Pferd mit den Soldaten in seinem Bauch in die Stadt hineinzulassen. Alle Gartenfiguren wurden von dem Schüler Giovanni da Bolognas, Adriaen de Vries, dem Hofbildhauer Kaiser Rudolfs II., geschaffen. Charakteristisch für sein Werk ist die Gestaltung mehransichtiger Skulpturen. Die Figuren im Waldsteinpalais sind Beispiele des Spätwerks von de Vries, der 1626 vor der Vollendung des Palasts starb. Ob die Skulpturen zu diesem Zeitpunkt bereits ausgeführt waren, ist nicht sicher. Heute sind sie durch Kopien von 1911–12 ersetzt, da die Originale während des Dreißigjährigen Krieges durch die Schweden geraubt wurden und heute den Garten des Schlosses in Drottningholm auf der Insel Lovön in Schweden schmücken. Ursprünglich umgaben die Figuren den Springbrunnen, heute sind sie entlang des Hauptweges der Hauptachse des Gartens aufgestellt. Der Brunnen im Zentrum sollte neben Laokoon auch Flussgötter, Nymphen, Rösser und Greifen enthalten. Geplant war auch eine Neptun-Gruppe. Die Innenausstattung des Hauptgebäudes ebenso wie das Skulpturenprogramm des Gartens könnten als Metapher für Waldsteins Politik verstanden werden. In den Darstellungen des Trojanischen Krieges werden seine Kriegstriumphe und er selbst als Feldherr heroisiert.

Die Laokoon-Kopie steht heute in der Reihe rechts des Weges (Höhe ohne Sockel 1,72 m aus Bronzeguss, 1623). Charakteristisch für diese Figur ist, dass sie nicht dem üblichen ikonographischen antiken Vorbild, nämlich der 1506 aufgefundenen römisch-antiken Nachbildung einer griechischen Laokoon-Gruppe, entspricht. Adriaen de Vries fand für seinen Laokoon eine andere Lösung. Die Skulptur entfaltet ihre Wirkung nicht in der Horizontalen, wie die antike Figurengruppe, sondern in der Vertikalen, außerdem bündelt sie die Kräfte und Energien wesentlich stärker als die antike Figur. Die Prager Laokoon-Figur fand bisher unterschiedliche Deutungen. Zum einen erkannte man in ihr den Wunsch, eine Gruppe von freien

Nachbildungen der antiken Skulpturen, wie sie im vatikanischen Belvedere aufgestellt sind, zu schaffen, um einen modernen antiken Garten zu gestalten (Larsson). Eine andere Deutung spricht hier von Laokoon als Ringer, der die Überwindung des Aufstandes der böhmischen Stände gegen die Habsburger 1618–20 symbolisieren soll. Die Figur links des Weges zeigt den Neptun (1,83 m Höhe, Bronzeguss, 1627). Weitere Figuren sind: Apollo, eine Bacchusgruppe, Venus und Adonis, eine Ringergruppe, Pferde und schließlich Nymphe und Satyr im hinteren Bereich des Gartens (die ursprüngliche Gruppe wurde allerdings nicht für Waldstein, sondern für den Grafen Ernst III. zu Schaumburg-Holstein für den Bückeburger Schlossgarten geschaffen). Die letztere Figurengruppe, Nymphe und Satyr, gilt als vorbildliches Beispiel einer *figura serpentinata* – bei der die Richtung der Formgestaltung aufsteigend, drehend ausgeführt wird, wodurch die Figur gesteigerte Dynamik und Allansichtigkeit gewinnt.

Innenausstattung Im Westtrakt des Palasts wurde ein großer, über zwei Geschosse hoher Festsaal eingerichtet. Er enthält ein Spiegelgewölbe, das durch Stichkappen an den Rändern aufgelöst wird. Das Gewölbe ruht auf schlanken Pilastervorlagen kompositer Ordnung, auf deren Gebälk Genien platziert wurden – deren Flügel sich in die Gewölbezwickel einfügen. Das Deckengemälde von Baccio del Bianco zeigt die Apotheose Waldsteins als Triumphator in der Figur des Mars auf einem Wagen fahrend, eine Personifikation, die eigentlich allein den Herrschern vorbehalten war und auf ihre gute und erfolgreiche Kriegsführung verwies. Waldstein möchte sich hier offenbar auf Augenhöhe mit den europäischen Monarchen sehen. Die übrigen Felder sind mit stuckierten Kriegstrophäen und Girlanden geschmückt. Im Osttrakt des Palasts unmittelbar über der Tropfsteingrotte, die dem Hausherrn als Badezimmer diente, befand sich Waldsteins Arbeitszimmer, ein rundgeformter Raum. Über dem Arbeitszimmer befand sich das Observatorium. Im Nordtrakt des Palastes ist eine Kapelle untergebracht. Sie erstreckt sich ähnlich wie der Festsaal über zwei Stockwerke. Der Raum ist mit Fresken, die Szenen aus dem Leben des hl. Wenzel darstellen, ausgestattet. Das Altarblatt stammt von Ernst Heidelberger (1630), wobei die Holzskulpturen des Altars im Vergleich zu den Gartenskulpturen von Adriaen de Vries als ein Rückschritt empfunden werden, da sie auf Einsichtigkeit konzipiert worden sind. Im sogenannten Mythologischen Gang wurden Szenen aus Ovids *Metamorphosen* gemalt, im sogenannten Astrologischen Gang des Hauptgebäudes hingegen Allegorien der sieben Planeten, der vier Kontinente und Symbole der Tierkreiszeichen. Der Palast war bis 1945 Eigentum der Familie Waldstein. Heute dient er als Sitz des Senats der Tschechischen Republik.

Andere profane Bauten

Haus Zum goldenen Hirsch (U zlatého jelena; I C5, Tomášská, 4): Die Fassade des 1366 entstandenen Hauses in der Waldsteingasse geht auf Kilian Ignaz Dientzenhofer zurück. Die bestechende Nischenfigurengruppe des hl. Hubertus mit Hirsch schuf Ferdinand Maximilian Brokoff.

Haus Zu den drei Straußen (U Tří pštrosů; Dražického náměstí, 12): In Prag haben sich einige Bürgerhäuser aus der Renaissance erhalten, zu denen dieses Haus am Dražický-Platz gehört. Das dreistöckige Gebäude mit einem Giebelabschluss wurde Ende des 16. Jh. von dem Kaufmann Johannes Fux als Wohn- und Geschäftshaus gebaut. Paarweise wurden auf allen Geschossen Fensteröffnungen eingeschnitten, deren gemeinsame gerade Bedachung sie zu einer kompositorischen Einheit verbindet. Der Name des Hauses leitet sich von Straußenvögeln ab, die, auf die Fassade gemalt, als Wappenemblem des Geschäftshauses und der Zunft des Hauseigentümers dienten, der aus Vogelfedern allerlei Schmuck- und Dekorationsstücke fertigte.

Kleinseitner Rathaus (Malostranská radnice; I C5, Malostranské náměstí, 25): Rathäuser sind Repräsentationsbauten bürgerlicher Selbstverwaltung der Städte und zugleich Zeichen bürgerlichen Selbstbewusstseins gegenüber den Landesherren und der Adelsschicht. In Böhmen sind Rathäuser seit dem 14. Jh. bekannt. Sie dienten als Versammlungsort des städtischen Rates, der Administration, und nicht zuletzt als Amtssitz des Bürgermeisters. In Prag erhielten die einzelnen Gemeinden jeweils ihr eigenes Rathaus. In der Regel waren sie so platziert, dass sie mit den Adelssitzen in den Landstädten oder mit dem Schloss bzw. auch der Kirche rivalisierten. Der wichtigste Ort war stets der Hauptmarktplatz, wie das auch in den Prager Stadtgemeinden der Fall ist. Das Kleinseitner Rathaus befindet sich demzufolge auf dem Kleinseitner Ring. Es wurde als Eckhaus 1479 errichtet. 1617 kam es zu einer Umgestaltung im Stil der ausgehenden Renaissance, wahrscheinlich nach Plänen von Giovanni Maria Philippi und unter Beteiligung von Pietro Piscina (Seibt). Die heutige Fassade zeigt im Erdgeschoss einen umlaufenden Arkadengang, über den sich zwei Obergeschosse erheben. Die Fassaden zeigen breite Renaissancefenster mit gebrochenen Giebeln als Bedachung. Eingefasst sind sie mittels ornamentierter Pilaster, die vom Erdgeschoss nach oben verlaufen und bis zum zweiten Obergeschoss schmaler gestaltet sind. Zwei Ecktürme, die den Bau früher über die übrigen Gebäude erhoben, sind nicht mehr erhalten.

Die **Brückengasse** (Mostecka) bildete einen Teil des sogenannten Königsweges, der den königlichen Zug auf den Hradschin führte. Bewegt man sich entlang dieser wichtigsten Verbindung zwischen der Karlsbrücke und dem Kleinseitner Ring in Richtung Hradschin, passiert man hier an der Südseite zunächst das **Brückenzollamt** (Mostecký celní úřad), in dem Zollabgaben für das Überqueren der Brücke und Salzabgaben gezahlt worden sind (im ersten Geschoss ein spätromanisches Steinrelief aus dem 13. Jh., ursprünglich außen angebracht). Die Brückengasse wird gesäumt von Barockgebäuden (u.a. Kaunitz-Palais / Nr. 15 und das Sächsische Haus / Nr. 3) und mündet in den bedeutendsten Marktplatz der Kleinseite, den **Kleinseitner Ring** (Malostranské náměsti). Der Platz bildet schon seit dem Mittelalter das Zentrum der Kleinseite. Er besteht eigentlich aus zwei Plätzen, die durch die Kirche St. Nikolaus und das ehemalige Jesuiten-Professhaus getrennt sind. Die Trennung bestand schon früher, denn seit dem frühen Mittelalter standen hier zunächst eine gotische Basilika und eine romanische Rotunde. Beide Teile des Platzes hatten eigene Namen, bis sie 1869 unter der gemeinsamen Bezeichnung »Kleinseitner Ring« zusammengefasst wurden. Heute wird der Platz durch den gewaltigen Bau von St. Nikolaus dominiert, Prags größter Barockkirche mit ihrer kunstvoll geschwungenen Fassade, ihrem 80 Meter hohen Glockenturm und der imposanten Kuppel. Etwa in der Mitte des oberen Platzteils vor der Westfront von St. Nikolaus erhebt sich eine **Pestsäule** anstelle eines früheren Brunnens. Der dreiteilige Aufbau, nach einem Entwurf von Giovanni Alliprandi, besteht aus Sockel, Postament und Obelisk darüber. Kleine Engelsfiguren umgeben den Sockel, während das Postament mit Skulpturen der böhmischen Landespatrone, darunter der hl. Johannes von Nepomuk, die Hl. Dreifaltigkeit und die

Immaculata aus der Hand von Johann Ulrich Mayer und Ferdinand Geiger besetzt ist. Den Platz prägen einige Adelspaläste, wie das Lichtensteinpalais gegenüber der Westseite von St. Nikolaus, das **Smiřický-Palais** (Nr. 18) an der Nordseite des unteren Platzes (1764–65) – der Bauherr Albrecht Smiřický gehörte zu den Anführern des Aufstandes der böhmischen Stände gegen den Kaiser – oder schräg gegenüber das Sternberg-Palais (Šternberský Palác / Nr. 7–19), wie auch zahlreiche repräsentative Bürgerhäuser (u.a. »Zum steinernen Tisch« / U kamenného stolu) von Josef Jäger aus dem 18. Jh. Viele von ihnen haben teilweise bis heute ihre schon seit dem Mittelalter bestehenden Arkadengänge im Erdgeschoss behalten.

Folgt man weiter dem Königsweg, bewegt man sich aufwärts entlang der **Neruda-Gasse** (Nerudova). Ihren heutigen Namen erhielt die ehemalige »Spornergasse« erst im 19. Jh. Sie wurde nach dem tschechischen Schriftsteller Jan Neruda (1834–1891), der hier 1845–57 im Haus »Zu den zwei Sonnen« lebte, benannt. Die Straße verbindet den Kleinseitner Ring mit dem Hradschiner Platz und bildete ebenfalls einen Teil des früheren Krönungsweges, dementsprechend siedelten hier vermögende Bürger und Adelige. Zahlreiche barocke Paläste (u.a. Palais Czernin-Morzin und Thun-Hohenstein) säumen diesen zuweilen steilen Aufgang Richtung Prager Burg.

Biegt man vom unteren Kleinseitner Ring in die Thomasgasse (Tomášská), wo sich die hervorragend barockisierte St.-Thomas-Kirche und das zugehörige Kloster an der Ecke zur Latenská befinden, gelangt man zum **Waldsteinplatz** (Valdštejnské náměstí), der von der breiten frühbarocken Fassade des Waldsteinpalais dominiert wird. Auf der anderen Seite säumen weitere Barockpaläste die Straße (Pálffy, Fürstenberg, Kolowrat, Ledebour, Czernin, Palais Thun).

Über die Badstraße (Lázeňská) links der Brückengasse gelangt man zum **Malteserplatz** (Maltézské náměstí). Eine

Figurengruppe eines ehemaligen Brunnens markiert den nördlichen Teil des Platzes. Ferdinand Maximilian Brokoff schuf diese Gruppe 1715. Ihr erhobenes Zentrum bildet die Figur des Johannes des Täufers. Im klassischen Kontrapost schaut er entspannt zu den drei ihn umgebenden Engelsboten, die in nahezu tänzerisch dynamischen Bewegungen den Heiligen begleiten. Weiter in Richtung Moldauufer passiert man das Palais Nostitz und die mächtigen Türme der unvollendet gebliebenen gotischen Basilika Maria unter der Kette, bis man die **Halbinsel Kampa** erreicht, die durch den Nebenarm Čertovka (Teufelsbach) der Moldau entsteht. Sie ist auch durch eine Treppe mit der Karlsbrücke verbunden. Im Mittelalter wurden hier Waren gestapelt, bevor sie nach der Entrichtung des Zolls über die Karlsbrücke auf die Märkte in den Prager Stadtgemeinden eingeführt werden durften. Die **Großprioratsmühle** (Velkopřevorsky mlýn; I C5, Velkopřevorské náměstí, 6) mit ihrem Renaissancegiebel von 1597–98 zeugt noch heute, wenn auch stillgelegt, von dem hier intensiv betriebenen Mühlenbetrieb. Im südlichen Teil der Insel wurde in einer anderen ehemaligen Getreidemühle das **Museum Kampa** (→ Museen und Galerien), ein Museum für moderne Kunst Mitteleuropas, eingerichtet.

Altstadt (Staré město)

Sakralbauten

St. Aegidius (Kostel sv. Jiljí; II E6, Husova): Als vierte der Hauptpfarrkirchen Prags entstand St. Aegidius 1339–71 auf den Mauern einer romanischen Vorgängerin als dreischiffige Halle ohne Chor. Nachdem die Kirche 1626 an die Dominikaner übergegangen war, wurde Carlo Lurago mit der Errichtung der Klostergebäude beauftragt. Ein barocker Umbau erfolgte ab 1733, wahrscheinlich nach Plänen von Kilian Ignaz Dientzenhofer. Trotz des Umbaus behielt die Kirche bis heute ihre massive äußere Erscheinung eines mittelalterlichen Monumentalbaus, die insbesondere durch die aus Bruchsteinmauerwerk errichteten, bis zum Dachansatz reichenden Strebepfeiler betont wird. Im Inneren hingegen öffnet sich eine prunkvolle Halle. Vier massive Pfeiler mit vergoldeten Kapitellen stützen das Gewölbe, das 1733–34 mit illusionistischen Malereien von Wenzel Lorenz Reiner ausgestattet wurde. Über dem Hauptaltar malte Reiner den hl. Aegidius vor seiner Höhle, über dem Mittelschiff den Triumph der Dominikaner über die Ketzerei und über den Seitenschiffen Szenen aus dem Leben der Ordensheiligen Dominikus (rechts) und Thomas von Aquin (links). An der Ausstattung der Kirche waren weitere bedeutende Prager Künstler beteiligt, deren Arbeiten schon das Zeitalter des Rokoko ankündigen. Aus der Hand von Anton Stevens stammt das Hauptaltargemälde, das die Gründung des Dominikanerordens zeigt; die Schnitzarbeiten für den Hauptaltar führte Franz Ignaz Weiss aus. Von ihm stammen auch die Kanzel sowie das Orgelgehäuse. Beteiligt an der Ausstattung waren außerdem Anton Quittainer, der zwei Altarumrahmungen im linken Seitenschiff geschaffen hat (hll. Florian und

Thomas von Villanova), Matthias Schönherr sowie Richard Prachner, der die Beichtstühle fertigte.

St.-Agnes-Kloster (Klášter sv. Anežský české; II F4, Anežská): Der Komplex des Klosters (Eingang Anežská-Gasse) stellt ein bedeutendes Beispiel frühgotischer Sakralarchitektur dar. Die Ursprünge des Klosters gehen auf das frühe 13. Jh. zurück, als 1233 Prinzessin Agnes, Schwester König Wenzels I. aus dem böhmischen Hause der Přemysliden, ihren Bruder zur Gründung eines Klosters für die Klarissen bewegen konnte. Sie selbst war 1235–37 dort Äbtissin. Trotz ihrer königlichen Abstammung zog sie einer kalkulierten Eheschließung das Klosterleben vor, in dem sie sich der Religion und der Armenpflege widmete. Heiliggesprochen wurde Agnes 1990. Durch den Einfluss des böhmischen Herrscherhauses entwickelte sich das Kloster zu einer bedeutenden sakralen Stätte für die Přemysliden. Die Gräber von Wenzel I. und Agnes deuten darauf hin, dass die Hauptkirche im 14. Jh. zeitweise als königliche Grablege genutzt wurde. Ausgrabungen und eine teilweise Rekonstruktion haben einen ausgedehnten Komplex von Gebäuden mit zwei Kreuzgängen sichtbar gemacht. Im Norden befand sich der Klarissenkonvent und im Süden der Konvent der Minoriten, der sich wenige Jahre nach der Gründung des Frauenklosters hier niederlassen durfte. An den frühgotischen Kreuzgang der Minoriten (Fertigstellung 1245) schließt im Westen die 1689 barockisierte Barbara-Kapelle an, im Norden die heute zum Teil wiederhergestellte zweischiffige St.-Franziskus-Kirche (Vollendung 1245, bereits 1570 Ruine, nur der Chor erhalten) und die Marienkapelle mit dem Agnes-Oratorium – der Grabstätte der Prinzessin –, und schließlich im Osten das St.-Salvator-Mausoleum. Über die Funktion des Mausoleums (Baubeginn 1261) ist man sich nicht sicher. Doch da die an den Kapitellen angebrachten Bildnisse wohl Vertreter der böhmischen Přemysliden darstellen – an einem der Kapitelle über dem Erlöser-Altar meint man auch das Bildnis von Agnes erkannt zu haben –, muss das Mausoleum auch von dem Königshaus genutzt worden sein. Im Zuge der Hussitenkriege wurde das Kloster verlassen. 1556 bezogen die Dominikaner die Gebäude, da sie ihren Platz an der Karlsbrücke für das Clementinum der Jesuiten verlassen mussten. Die Klarissen kehrten 1627 ebenfalls hierher zurück. 1782 wurde das Kloster endgültig aufgehoben, die Gebäude verfielen. Nach umfangreichen archäologischen Ausgrabungen und Restaurierungsarbeiten dient das Kloster heute als Filiale des Nationalmuseums, in der die Sammlung der mittelalterlichen böhmischen und mitteleuropäischen Kunst ausgestellt ist (→ Museen).

St. Bartholomäus (Kostel sv. Vojtěha; II E6, Bartolomějská): Die kleine Kirche in der Prager Altstadt wurde von Kilian Ignaz Dientzenhofer 1725–31 für die Jesuiten erbaut. In der dreiteiligen Struktur und Längsausrichtung wiederholt der Zentralbau das Schema von St. Adalbert in Podčapel. Dabei sind Vorhalle und Presbyterium an den Hauptraum in querovaler Form angeschlossen. Der Hauptraum selbst öffnet sich mit vier breiten Arkaden, wobei an den Schrägseiten vorgewölbte Mauerstücke mit Wandnischen statt schmaler Arkaden den Raum zusätzlich artikulieren. Der Blick auf den Altar wird mittels Doppelsäulen an der Arkade der Hauptachse ausgerichtet. Von außen zeigt sich die Kirche an der Straßenfassade schlicht, zum Konvikt der Jesuiten dagegen reich mit Reliefs und Bauplastiken geschmückt.

Bethlehemskapelle und das Predigerhaus (Bethlémská kaple; II E6, Betlémské náměstí): Das heute existierende Gebäude ist eine Rekonstruktion des ursprünglichen Baus. Ihre höchste Bedeutung erlangte die Kapelle durch den Reformator Johannes Hus (um 1369–1415), der hier gepredigt hat. Die Errichtung des Ursprungsbaus begann um 1400 und ging auf eine Gründung des Krämers Jan Kříž und des Ritters Johann von Mühlheim aus Pardubitz zurück. Bereits in der von 1391 stammenden Gründungsurkunde wurde festgeschrieben, dass hier besonderer Wert auf die Predigt gelegt werden sollte. Demzufolge wurde eine Predigerkirche in Form eines Hallenbaus errichtet, in dem das Zentrum nicht der Altarbereich, sondern die Kanzel bildete. Dies ist auch der Hauptgrund, warum der Sakralbau nicht als Kirche, sondern als Kapelle bezeichnet wurde. Neben Johannes Hus predigten an dieser Stelle auch der radikale Reformator Thomas Münzer (1521) und 1609–20 die Böhmischen Brüder, die jedoch den Ort nach der Rekatholisierung Böhmens nach der Schlacht am Weißen Berg verlassen mussten. Die Kapelle ging an die Jesuiten über. 1786 wurde sie bis auf einige Umfassungsmauern abgerissen. Die Rekonstruktion, die in der Zeit des kommunistischen Regimes 1950–52 mit dem Ziel vorgenommen wurde, einen nationalen Identitätsort wiederherzustellen, vermittelt einen Eindruck von dem ursprünglichen Bild des Gebäudes. Es handelt sich um einen breiten rechteckigen, gänzlich auf die Kanzel ausgerichteten Raum. Die Halle verfügt heute über eine hölzerne, von einigen Pfeilerstützen getragene Balkendecke, das ursprüngliche spätgotische Netzgewölbe von 1536–39 wurde nicht rekonstruiert. Die Wände sind mit Ausschnitten aus den Traktaten von Hus und Jakobellus von Mies (um 1372–1429) bemalt, gemeinsam mit Ausschnitten aus dem Jenaer Kodex (Ende 15. Jh.), der Richental-Chronik (um 1420) und der Velislav-Bibel (Mitte 14. Jh.). Von außen erscheint der Bau schlicht mit Satteldächern bedeckt und mit einem Doppelgiebel als Abschluss. Das Licht fällt in den Innenraum durch einfach eingeschnittene Spitzbogenfenster. Vom Osten her schließt an die Kapelle das Predigerhaus an, in dem Johannes Hus wohnte (heute ständige Ausstellung zum Leben und Wirken des Reformators).

St. Franziskus Seraphicus (Kreuzherrenkirche / Kostel sv. Františka Serafinského; II D5 Křížovnické náměstí): Die Kirche bildet einen der architektonischen Schwerpunkte am Prager Kreuzherrenplatz. Sie wurde 1679–85 von Jean-Baptiste Mathey für den böhmischen Ritterorden der Kreuzherren mit dem roten Stern, der schon seit 1252 an dieser Stelle angesiedelt war, errichtet. Als Vorgängerbauten gelten eine frühgotische Basilika und eine im 14. Jh. an ihrer Stelle errichtete Hallenkirche. Die barocke Kirche und die von Carlo Lurago etwas früher errichteten Konventsbauten sollten als Konkurrenzbau zum jesuitischen Clementinum und zur St.-Salvator-Kirche, die ebenfalls am Kreuzherrenplatz steht, bilden. Allerdings konnte St. Franziskus in seiner Seitenstellung zum Altstädter Brückenturm mit den Jesuitenbauten, die frontal zum Turm ausgerichtet sind, nicht konkurrieren, so dass man auf die Fernwirkung mittels einer ausladenden hohen Kuppel setzte, welche die Flachkuppel von St. Salvator deutlich überragt. Stilistisch schlägt Mathey hier gänzlich andere Töne als gewohnt an. Die Ausführung des Zentralbaus nach Matheys Plänen übernahm der Baumeister Domenico Canevalle. In seiner plastischen Ausformung erscheint das Bauwerk massig und von stereometrischer Linienführung des französischen Barockklassizismus geprägt. So gliedern zweifach unterlegte flache Kolossalpilaster die Frontfassade des leicht erhöhten Zentralbaus. Ein breiter Fries leitet dann zum an seiner Basis durch ein Fenster gebrochenen Giebel über. Im Obergeschoss der Front fügte der Architekt als Ausgleich zur flachen Fassadengestaltung drei Statuennischen ein, die jedoch erst 1722 mit Figuren ausgestattet wurden. Jeweils eine weitere Nische befindet sich auf der gleichen Ebene in den nach innen eingezogenen Ecken der Front. Die Figuren schuf Mathias Wenzel Jäckel, sie stellen die hll. Anna (von Böhmen), Veit, Franz von Assisi, Wenzel sowie Ludmila dar. Von derselben Hand stammen die Engelsfiguren auf der hohen Attika der Kirche (heute durch Kopien ersetzt). Eine weitere Belebung der Front und ein harmonisches Pendant zu den übrigen Figuren bilden die von Johann

Anton Quittainer 1758 geschaffenen Standbilder der Immaculata und des hl. Johannes von Nepomuk, die den Eingangsbereich flankieren. Das zentral angelegte Innere der Kirche besticht im Gegensatz zum Außenbild durch barocke Pracht. Raumübergreifend wirkt die ovale Kuppel, die auf einem hohen Tambour aufgesetzt wurde. Von hier aus werden vier relativ tief angelegte Kreuzarme geführt. Der Raum wirkt prachtvoll, doch erreicht er weder in seiner architektonischen Ausstattung mit flachen Stuckpilastern noch in seiner gemalten Dekoration die barocke Illusionstheatralik z. B. der Kleinseitner St.-Nikolaus-Kirche. Insbesondere findet hier noch keine für den Hoch- und Spätbarock charakteristische Verschmelzung der Kunstgattungen zum Gesamtkunstwerk statt. Dennoch sind die Malereien von hoher Qualität. Das Deckenfresko mit der Darstellung des Weltgerichts schuf 1722–23 Wenzel Lorenz Reiner. Das 1700–07 ausgeführte Fresko an der Decke des Chors stammt hingegen von Johann Christoph Liška, ebenso wie das Gemälde des Hauptaltars »Stigmatisierung des hl. Franziskus« von 1700. Die Rahmung des Hauptaltars führte 1707 Josef Dobner aus, die Figuren und die Gloriole des Hauptaltars sind wiederum von Mathias Wenzel Jäckel. Die Nebenaltäre in den Kreuzarmen stattete Michael Lukas Leopold Willmann mit Gemälden aus, doch die Autorschaft der Figurennischen, die eine differenzierte Dynamik aufweisen, konnte bisher nur teilweise bestimmt werden. Die Figuren im Kuppelbereich (hll. Joachim, Anna, Martin, Georg) wurden 1690–91 von den Dresdner Bildhauern Jeremias und Konrad Max Süssner ausgeführt. Die übrigen Figuren (hll. Magdalena, Johannes von Nepomuk, Johannes d. Täufer, Katharina, Barbara und Josef) wurden zuletzt Mathias Wenzel Jäckel zugeschrieben.

St. Gallus (Kostel sv. Havla; II F6, Havelská): Unweit des Carolinums und des Obstmarktes (Ovocný trh) am ehemaligen Gallimarkt in der Altstadt gelegen, präsentiert sich die Galluskirche heute als ein hochbarocker Bau mit einer eindrucksvoll geschwungenen Front, die von Paul Ignaz Bayer 1710 gestaltet wurde. Ursprünglich befand sich hier eine romanische Basilika, die zu den vier Hauptpfarrkirchen der Stadt gehörte und um 1340 hochgotisch umgebaut wurde (Prediger waren hier u.a. Konrad Waldhauser und Johannes von Nepomuk). Die Barockisierung folgte um 1680. Kurz davor, 1670, entstanden auch die Klostergebäude für die Beschuhten Karmeliter. Im Zuge der Barockisierung wurden u.a. die beiden Türme und der konvexe Giebelaufsatz der Westfront hinzugefügt. Aus dem 18. Jh. stammen dagegen im unteren Bereich der Front die Pilaster mit ihren Sockeln sowie der Giebel. Die geschwungene Front ist eine der frühesten gekurvten Fassaden in Prag und Böhmen. Zu den bedeutendsten Ausstattungselementen gehören neben einem Gemälde mit der Verherrlichung von St. Gallus von Johann Christoph Liška am Hauptaltar vor allem der um 1720 entstandene Kalvarienberg und die vier Evangelistenfiguren von Ferdinand Maximilian Brokoff in den Wandnischen im linken Seitenchor. Den gekreuzigten Christus begleitet die eindrucksvolle Figur von Mutter Maria, die, unmittelbar am Kreuz stehend, in ihrer nach rechts gedrückten Kopfbewegung und den hochgezogenen Schultern mit zusammengeschlagenen Händen ihren Schmerz ohne große Gesten zum Ausdruck bringt. Anders die beiden großen Figuren, die in dynamischem Schwung des ganzen Körpers und der Arme auf Christi Leiden verweisen: Neben Mutter Maria steht der jugendliche Johannes, der in einer entsetzten Geste nach oben zeigt, ihm gegenüber auf der anderen Seite, etwas weiter nach links gerückt, greift Maria Magdalena ins Geschehen ein. Alle drei Figuren drücken in ihren Gesichtern heftigste Leidenschaft aus, und zwar in einer für Brokoff einmaligen Intensität. In den Wandnischen wird das Geschehen von den vier Evangelisten begleitet, die ihrerseits würdevoll und ganz im Gegensatz zu

in Wien errichtet hatte. Brokoff ist hier zwar eine ausführende Hand, doch zeugen alle fünf Stuckfiguren des Grabmals von hoher künstlerischer Fähigkeit des jungen, gerade 24jährigen Prager Bildhauers. Das Material ermöglichte Brokoff eine geradezu naturalistische Ausarbeitung der Details. Der schwebende Engel links, der zum Ruhm des Verstorbenen in sein Horn bläst und gleichzeitig schriftlich dessen Leistungen festhält, scheint in der Tat zu schweben. Der Verstorbene erscheint nicht tot, sondern wie ein Schlafender, dessen Oberkörper von der Frauenfigur hochgehoben wird. Chronos, rechts am Sarkophag stehend, schließt die Komposition mit seinem Körper ab und bildet zugleich eine der Spitzen des Dreiecks, das sich mit dem Engel und der Allegorie der Trauer, die links auf dem Sockel gebeugt sitzt, bildet. So wie die riesigen Flügel von Chronos gemäß ihrer natürlichen Form nach innen gewölbt sind, so beschließt die kauernde Frau auf der linken Seite die Gesamtheit des Grabmals. Auch wenn der Faltenwurf ihres Gewandes, insbesondere ihres Kopfschleiers, ein wenig steif geformt ist, so ist ihre trauernde Geste gänzlich überzeugend.

Im Gegensatz zur Kirche bewahrt das Klostergebäude zumindest teilweise sein mittelalterliches Aussehen. Die Gebäude wurden um 1330 errichtet. Der Kreuzgang erhielt ein Kreuzrippengewölbe mit Schlusssteinen. Das ursprüngliche Aussehen blieb im Nord- und im Westflügel erhalten.

Hl.-Kreuz-Rotunde (Rotunda sv. Kříže; II E6, Karoliny Světlé): Die kleine romanische Rundkirche gehört zu einer Reihe von drei in Prag erhaltenen Bauwerken dieser Art. Die Form des sakralen Rundbaus – hier wie in Böhmen die Regel mit einer hufeisenförmigen Apsis versehen – stammt ursprünglich aus dem Mittelmeerraum, hat sich jedoch in der christlichen Zeit im gesamten europäischen Gebiet verbreitet. Es handelte sich dabei vornehmlich um Herrschaftskapellen, d.h. Eigenkirchen weltlicher Herrscher, ihrer Vasallen oder auch des Grundadels. Sie standen demzufolge immer im Bereich einer Burg und dienten auch als Pfarrkirchen, gemäß der Doppelfunktion des Fürsten als Herrscher und Priester. Die älteste Rotunde in Böhmen stand auf der Burg Levý Hradec, der ältesten Residenz der böhmischen Herrscherdynastie der Přemysliden. Die Rundkirchen besaßen in der Regel einen Durchmesser von 6 bis 8 Metern und waren ursprünglich flach gedeckt. Seit dem 11. Jh. wurde das Schiff mit einer Kuppel überwölbt und mit einer Laterne versehen, die jedoch nicht von Anfang an mit dem Kirchenschiff verbunden war, daher gehörte sie nicht zum Beleuchtungssystem des Innenraums. Diese Verbindung ist erst ab dem 12. Jh. nachgewiesen. Die Hl.-Kreuz-Rotunde stammt aus dem 12. Jh. Nur aufgrund einer Künstlerinitiative wurde sie im 19. Jh. nicht abgerissen. Der steinsichtige Bau ist von einem Dach in Kegelform bedeckt, an dessen Spitze eine Laterne mit Öffnungen in Form von Zwillingsarkaden sitzt. Kleinere Rundbogenfenster spenden dem Innenraum Licht, in dem Reste von Malereien aus dem 14. Jh. sichtbar sind. Umgeben wird die Kapelle von einem Eisengitter von Josef Mánes.

St. Martin in der Mauer (Kostel sv. Martina ve zdi; II E6, Matinská, 8): Der Ursprung der Kirche geht auf einen Bau aus dem späten 12. Jh. zurück. 1178–87 entstand hier ein romanischer einschiffiger Bau, der dem hl. Martin geweiht wurde. Reste der ersten Kirche sind im Hauptschiff zu finden. Im Zuge der Errichtung einer neuen Umwehrungsmauer für die Stadt Mitte des 13. Jh. wurde der Bau in die Altstadt eingegliedert, wobei seine Südwand selbst Teil der Stadtmauer wurde. Daher bezog die Kirche auch ihren Namen. Nach 1350, während der Regierungszeit Kaiser Karls IV., erfolgte ein gotischer Umbau, bei dem die Kirche erhöht und neu eingewölbt wurde. Zugleich wurde im Osten ein Chor angebaut, der zwischen 1360 und 1370 ein Netzrippengewölbe erhielt, das zu den ältesten diesen Typs in Böhmen gehört. Die Rippen entspringen aus Konsolen, die mit Masken verziert sind. In mehreren Etappen wurde die Kirche im Lauf des 15. Jh. weiter umgestaltet. Dabei hat man die beiden Seitenschiffe überwölbt, wobei das nördliche über drei Rippengewölbe verfügt, das südliche hingegen über zwei. Weiterhin fügte man an der Ostseite des Nordschiffs ein Oratorium sowie die St.-Elogius-Kapelle an. Bei der Wiedererrichtung des Gotteshauses nach einem Brand 1678 ist vor allem der Turm umgebaut worden. 1779 wurde ein Barockportal an der Nordseite hinzugefügt. Ursprünglich befand sich an der Kirche ein Friedhof, auf dem die beiden bedeutenden Barockbildhauer Prags – Vater Johann und Sohn Ferdinand Maximilian Brokoff – begraben wurden (Gedenktafel an der Außenwand des Chors). 1784 wurde die Kirche geschlossen und zunächst als Lagerraum bzw. zu Läden und Wohnungen umgestaltet. Anfang des 20. Jh. hat die Stadt Prag die Kirche erworben. 1905–06 fand eine Restaurierung statt. Seit dem Ersten Weltkrieg ist sie an die Evangelische Kirche der Böhmischen Brüder vermietet und wurde 1988–93 renoviert, mit umfangreichen archäologischen Untersuchungen.

St. Nikolaus am Altstädter Ring (Kostel sv. Miculáše; II E5, Staroměstské náměstí):

Baugeschichte Der Zentralbau ist das Werk Kilian Ignaz Dientzenhofers und wurde 1727–30 und 1732–35 für den Benediktinerorden errichtet. Von 1273 stammt die erste Erwähnung eines Kirchbaus der deutschen Kaufleute an dieser Stelle. Zunächst eine utraquistische Kirche, wurde sie 1635 nach der Schlacht beim Weißen Berg den Benediktinern von Emmaus übertragen, die einen Klosterbau errichten ließen. 1787 wurde das Kloster von Josef II. aufgehoben und die Kirche durch die Prager Stadtgemeinde erworben. Sie diente dann als Archiv und Magazin. 1865 wurde sie in einen Konzertsaal umgebaut. Die Klostergebäude wurden als Theater genutzt, bis sie im Zuge der Grundstücksanierung abgetragen wurden. In den Jah-

Kilian Ignaz Dientzenhofer, St. Nikolaus am Altstädter Ring, 1727–35, Südostfassade

ren 1871–1914 nutzte die russisch-orthodoxe Gemeinde die Kirche, seit 1920 gehört St. Nikolaus der tschechischen Hussitischen Kirche.

AUSSENANSICHT Vor allem die Südseite der Kirche war auf die vorbeilaufende schmale Gasse und das Krenn-Haus gegenüber, das die Kirche vom Ring trennte, hin konzipiert. Die Fassade war auf Schrägansicht ausgerichtet, so dass die heutige unmittelbare Anbindung des Gebäudes an den Altstädter Ring dem ursprünglichen Konzept nicht mehr entspricht und der reichhaltige Bauschmuck seine Wirkung nicht mehr entfalten kann. Die Südfassade bildet die Schauseite der zentral angelegten Kirche. Sie ist auf einen hohen Sockel gesetzt. Der Blick wird zur Mitte geführt, wo der Eingang über eine einläufige Treppe zu erreichen ist. Er wird von paarweise angelegten Halbsäulen flankiert, deren Schaft erst auf der Höhe des Rundbogens des Eingangsportals ansetzt. In den Zwischenräumen der Säulen sind Statuen auf Konsolen platziert. Die Doppelsäulen sind mit geböschten Segmentbogen abgeschlossen, über denen jeweils eine weitere Statue auf einem Postament aufgestellt wurde. Ein mittlerer Spitzbogen schafft einen belebenden Kontrast zu den Rundungen, die wiederum in den niedrigeren, zwischen dem Mittelteil und den seitlichen Türmen verbindenden Zwischengliedern aufgenommen werden und eine weitere Entsprechung in den hochovalen Fenstern der Zwischenglieder finden. Die mächtigen Türme treten mit ihren flachen Doppelpilastern auf der Höhe des Mittelteils eher zurückhaltend auf, doch nehmen sie in der Gebälkzone kompositorisch das Motiv der hochovalen Fenster auf. Ein ausladendes Gesims trennt optisch den unteren Turmbereich von dem oberen, der aus einem eckigen Sockel emporstrebt und in einer an den Ecken abgerundeten Form wie aufgesetzt wirkt. Halbrunde ionische Säulen säumen die Rundbogenfenster der oberen Turmbereiche, wobei Statuen der böhmischen Landespatrone an den Turmecken platziert sind. Während die Türme selbst eine barock verspielte plastische Architekturform zeigen, verwendet Dientzenhofer bei den Turmhelmen eher klassisch-zurückhaltende Elemente der Ädikula. Einen ähnlichen Wechsel von barocker Verspieltheit und klassizistischer Strenge weist die Gestalt der Kuppel auf, die über dem Mittelteil emporwächst. Ein schlichtes Rundbogenfenster wird hier von flachen Doppelpilastern flankiert und schließt mit einem einfachen Dreiecksgiebel ab. An den Ostturm schließt seitlich der mit flachen Pilastern und Rundbogenfenstern dazwischen artikulierte Chorbereich an.

Innenraum und Grundriss Die Basis bildet ein Rechteck, in das Dientzenhofer den Zentralraum als ein Achteck eingezeichnet hat. Die Ecken des Oktogons wurden vorgezogen, so dass dahinter vier ovale Kapellen entstehen konnten. Der Chorbereich ist verlängert und tritt mit seiner Apsis aus der Wandfläche nach außen vor. Die übrigen Bereiche des Rechtecks nutzte der Architekt für weitere kleinere ovale bzw. rechteckige Nebenräume. Betritt man den Kircheninnenraum durch den Haupteingang an der Südseite, öffnet sich dem Betrachter ein Zentralraum von eher reduzierten Ausmaßen, umso reicher erscheint die Anwendung der Architekturelemente: Mächtige Kompositsäulen, gestützt durch Pilaster an den Seiten, markieren die Ecken des Oktogons. Den Raum umläuft eine Galerie als zweite Ebene des Innenraums. Die großen Rundbögen umrahmen feine figürliche und vegetabile Stuckaturen von Bernardo Spinetti und Gemälde mit Darstellungen der vier Evangelisten. Sie bildet einen Kontrast zu den ausgeprägten Architekturelementen der unteren Zone. Ein Gesims vermittelt sodann zwischen der oberen Zone und dem Kuppelbereich. Die Kuppel ruht auf einem achteckigen durchfensterten Tambour, der – von flachen Pilastern abwechselnd mit Halbsäulen und dazwischen auf Postamenten platzierten Statuen gegliedert – einen Lichtraum bildet, der in großer Leichtigkeit emporstrebt und die von Cosmas Damian Asam d. Ä. mit der Geschichte des hl. Nikolaus 1735–36 ausgemalte Kuppel ausleuchtet. Von Asam stammt auch die Darstellung des Ordensgründers St. Benedikt im Chorbereich.

St. Salvator (Kostel sv. Salvátora; II E5, Křížovnické náměstí): Unmittelbar gegenüber dem Altstädter Brückenturm am Kreuzherrenplatz gelegen, konkurriert die Fassade dieser Kirche mit dem seitlich zu ihr platzierten Bau von St. Franziskus, zugleich bietet sie stilistisch ein Kontrastprogramm. St. Salvator bildet einen immanenten Teil des imposanten Komplexes des Jesuitenkollegs des Clementinums. Ursprünglich befand sich hier eine dreischiffige Dominikanerkirche. Der langjährige Ausbau begann mit der Grundsteinlegung 1578, als die Jesuiten an der Ostseite unter der Leitung des Architekten Marco Fontana di Brusata bis 1582 den Chor, zwei Türme, Seitenkapellen und die Emporen errichten ließen. Dank finanzieller Förderung Kaiser Rudolfs II. wurde der Westteil der Kirche 1593 und 1600–01 noch erheblich verlängert und überwölbt. Die Bauarbeiten konnten dann erst nach der Schlacht am Weißen Berg fortgesetzt werden. 1625 wurde die Orgelempore errichtet, 1640 zog Carlo Lurago die Emporen über den Seitenschiffen ein. 1648–49 errichtete er nach einem Entwurf von Francesco Caratti eine Kuppel über der Vierung über einem oktogonalen Tambour. In den 1640er Jahren erfolgte auch die Neustuckierung des Presbyteriums und der Vierung unter Beteiligung von Carlo Lurago und Johann Georg Bendl. 1654–60 wurde an der Westseite der flachen Front die Vorhalle mit dem Eingangsportikus vorgelagert. Damit erscheint die Fassade raumgreifender, zugleich verspielter und architektonisch kontrastreicher als z.B. die benachbarte Fassade von St. Franziskus. Obwohl auf den Einsatz von Säulen hier gänzlich verzichtet wurde, erscheint die Fassade qualitätvoll und harmonisch belebt. Die Doppelpilaster des ersten Geschosses, die den Eingangsbogen säumen, werden im Obergeschoss wiederaufgenommen, wodurch der Breite und Horizontalität, die mittels des Portikus betont werden, eine Vertikalität entgegengesetzt wird. Eine ausgewogene Stuckverzierung der Friese des Portikus und des Obergeschosses von Giovanni Bartolomeo Cometa findet ihren Höhepunkt im Wappen der Jesuiten, welches das

Tympanon des Dreiecksgiebels füllt. Die Steinmetzarbeiten übernahm Giovanni Battista Spinetti. Die vierzehn Statuen der Fassade wurden 1658–60 in der Werkstatt Johann Georg Bendls geschaffen. An der Spitze des Giebels steht die Figur des Christus als Salvator Mundi, der von den vier Evangelisten begleitet wird, des weiteren erscheinen frei stehend auf der Balustrade die Kirchenväter und ganz außen die Ordensheiligen Ignatius von Loyola (rechts auf dem Postament) und Franz Xaver, der Patron des Kollegs, der hl. Clemens sowie der Patron Böhmens, der hl. Adalbert. Einen besonderen Akzent verleiht der Fassade die Figur der Jungfrau Maria in der Rundbogennische des Obergeschosses. Im Gegensatz zu den übrigen Figuren ist sie wesentlich belebter gestaltet und scheint daher eher dem Hochbarock zuzuordnen zu sein als die noch statisch wirkenden Figuren der männlichen Heiligen, die die Fassade bevölkern. Das 18. Jh. brachte nur wenige Änderungen am Bauwerk: 1710 wurde die Sakristei hinzugefügt, 1714 wurden die beiden Türme um ein Stockwerk erhöht. Eine wesentliche Veränderung fand dann an der Kuppel der Vierung statt. Wohl wegen statischer Probleme wurden hier das Klostergewölbe und die Laterne abgetragen und die Kuppel mit einer Flachdecke versehen. Von 1747 bis 1748 fand höchstwahrscheinlich nach Plänen von Kilian Ignaz Dientzenhofer eine Umgestaltung des Presbyteriums statt. Von der ursprünglichen beweglichen Barockausstattung der Kirche ist wenig erhalten. Nach der Auflösung des Ordens 1773 verschwanden u.a. die Seitenaltäre, die an den Pfeilern des Hauptschiffs aufgestellt waren. Der Hochaltar ist 1749 errichtet worden, in ihm ist eingefasst das Gemälde *Die Verklärung des Herrn auf dem Berg Tabor* von Johann Georg Hering (1638). Die Seiten des Altars schmücken die Figuren der hll. Clemens und Bartholomäus, während am Chorschluss die hll. Wenzel und Adalbert als Landespatrone auftreten. Hervorzuheben sind auch die zwölf dreiteiligen Beichtstühle, die 1673–75 von Johann Georg Bendl mit Apostelfiguren ausgestattet wurden.

Wälsche Kapelle (Vlašská kaple; II E5, Karlova): Unmittelbar hinter der St.-Salvator-Kirche schließt die Wälsche Kapelle an. Dieses ovalförmige Bauwerk stellt eines der hervorragendsten Beispiele manieristischer Sakralbaukunst in Mitteleuropa dar. Errichtet wurde es von der Marienkongregation der italienischen Künstler, Handwerker und Kaufleute in Prag. Der Bau begann 1589 nach dem Abriss der früheren Kapelle, die für die stetig wachsende Kongregation zu klein geworden war. Der Zentralraum ist überkuppelt (Kuppelgemälde *Mariae Himmelfahrt*) und mit einer Laterne ausgestattet. Zusätzlich beleuchten große dreigeteilte Rundbogenfenster den Raum. In den Innenraum sind acht Doppelpilaster mit vergoldeten Kapitellen eingestellt. Zwischen ihnen öffnen sich auf zwei Ebenen Rundbögen, die auf der unteren Ebene zu Wandnischen ausgeformt sind, während sie in der oberen Ebene als Emporenöffnungen dienen. Vom italienischen Staat verwaltet, ist die Kapelle nicht zugänglich.

St. Clemens (Kostel sv. Klimenta; II E5, Karlova): Die Kirche ist östlich unmittelbar an die Wälsche Kapelle angeschlossen und hat mit ihr eine von František Maximilian Kaňka errichtete, durch kunstvolle schmiedeeiserne Gitter bereicherte Vorhalle gemeinsam. Das Gotteshaus wurde 1711–15 von Giovanni Antonio Lurago wahrscheinlich nach Plänen von František Maximilian Kaňka erbaut und steht auf dem Platz eines früheren romanischen Baus der Dominikaner. Die Kirche ist in Form einer einschiffigen Wandpfeilerhalle konzipiert und zeichnet sich durch eine räumliche Monumentalität aus, welche durch die in den Raum eingestellten Säulen, die den Chorbereich abtrennen, zusätzlich betont wird. Von den vier Jochen ist das östliche zum Chor ausgebildet, darin wurde 1714 als Scheinarchitektur der Hochaltar von Johann Hiebel, dem Schüler Andrea Pozzos, gemalt (1770 durch ein Fresko von Josef Kramolín und Adam Lauterer ersetzt). Im westlichen Joch hingegen wurde eine Empore eingebaut. Der Skulpturenschmuck (1715–21), u.a. die äußerst dynamisch, geradezu berninesque gestalteten, überlebensgroßen Statuen der Evangelisten und der Kirchenväter in den Pfeilernischen ebenso wie die Figuren der Büßer auf den Beichtstühlen, stammt von Matthias Bernhard Braun. Die Außenfassade des heute weiß strahlenden Gebäudes bildet durchaus einen Kontrast zum Inneren, doch sie wirkt durch den Einsatz von Kolossalpilastern, die an den Abschlüssen paarweise auftreten und an der Wand entlang die hohen Rundbogenfenster flankieren, etwas kastenförmig, aber dennoch repräsentativ.

St. Salvator (Kostel sv. Salvátora; II E5, Salvatorská): Unweit des Altstädter Rings errichteten die deutschen Lutheraner diese Pfarrkirche ab 1611 mit Unterstützung des ab 1607 in Prag residierenden Herzogs Heinrich Julius von Braunschweig als eine Staffelhalle mit Doppelturm. Ergänzt wurde der Bau durch zweigeschossige Seitenschiffe mit Emporen und einen gotisierenden Chor. Die Außenansicht der Kirche vermittelt mit den Strebepfeilern und den gotisierenden Fenstern am Chorabschluss einen mittelalterlichen Charakter, doch die Türme und die querovalen Fenster des Mittelschiffs sind deutlich der böhmischen Spätrenaissance zuzuordnen.

Teynkirche / Kirche der Jungfrau Maria vor dem Týn (Kostel P. Marie před Týnem; II F5, Staroměstské náměstí): Weit sichtbar im Panorama der Stadt sind die Türme der Teynkirche, doch am Altstädter Ring, an dessen Ostseite sie errichtet ist, verbergen die Gebäude der Teynschule ihre Westfront. Ihren Namen bezog die Kirche von dem in der Nachbarschaft gelegenen → Teynhof, einem Stapelplatz, auf dem auswärtige Händler nach der Entrichtung von Zollabgaben ihre Waren anbieten durften.

BAUGESCHICHTE Im 12. Jh. wird eine hier bestehende romanische Hospitalkirche erwähnt. Auf diese folgte eine

Nordportal der Teynkirche von der Peter-Parler-Werkstatt

frühgotische Basilika. 1365 begann der Bau einer hochgotischen dreischiffigen Basilika, wobei die Planungen auf die Jahre vor 1339 zurückgehen, als der Altstädter Bürger Konrád Litoměřický mit der Stiftung seines Vermögens eine finanzielle Grundlage für den Bau legte. Insgesamt entstand die Kirche als Pfarrkirche aus Gaben und Spenden der Bürger, vor allem des reichen, vornehmlich deutschsprachigen Patriziats, das östlich und südlich der Kirche um den Marktplatz angesiedelt war. Der Bau begann wohl vom Westen aus. Als Material wurde Sandstein für Strebepfeiler und architektonische Details verwendet, für die Wände hingegen Kalkstein. Ab 1380 war auch die Dombauhütte von Peter Parler daran beteiligt. Sie zeichnet für das Nordportal mit dem Baldachin-Portikus und dem Tympanonrelief verantwortlich. Bis 1400 waren der Westteil und die Sakristei fertiggestellt, bis zum Ausbruch der Hussitenkriege wohl auch die Gewölbe über den Schiffen. Mit der Errichtung des Südturms 1511 sollen die Bauarbeiten abgeschlossen gewesen sein. Nach einem Brand 1679 erfolgte die Barockisierung des Mittelschiffs, dabei wurde der Bereich neu eingewölbt und die Fensterform verändert. Die beiden Seitenschiffe mit einem Kreuzrippengewölbe haben Brand und Barockisierung überdauert und ihr ursprüngliches Aussehen bewahrt.

Aussenansicht und Grundriss Die drei Schiffe der Basilika sind jeweils mit einem eigenen Chorabschluss versehen. Der Ursprung dieses speziellen Abschlusses findet sich in der monumentalen Architektur des 13. Jh., wie z. B. bei der ehemaligen Stiftskirche St. Urbain in Troyes oder dem Stephansdom in Wien. Ihre Außenwirkung entfaltet die Teynkirche vom Altstädter Ring aus, wo die Doppelturmfassade mit den charakteristischen Helmaufsätzen nebst als Beobachtungsposten benutzten Seitentürmchen die Ansicht dominiert. Zwischen den Türmen erhebt sich ein schmuckvoller, mit schlanken Fialen ausgestatteter gotischer Giebel. Das Westportal, das allerdings nicht der Haupteingang war, wird zum Altstädter Ring durch die Gebäude der Teynschule verdeckt. Insgesamt zeichnet sich das Gotteshaus durch eine elegante Vertikalität aus, die durch die massiven Strebepfeiler an Schiff und Chor, die bis zum Dachansatz geführt werden, und die ebenso hohen schmalen Spitzbogenfenster betont wird. Die Fenster an den Seitenschiffen sind vierteilig, während sie am Chor jeweils als Dreipass gearbeitet sind. An das Ostjoch des südlichen Seitenschiffs schließt eine Sakristei mit Depositorium im Obergeschoss an. Hohe künstlerische Qualität erreichte das 1385 durch die Bauhütte von Peter Parler errichtete, als Haupteingang dienende Nordportal. Das halbrunde Tympanonrelief mit der Darstellung der Leiden Christi wird neuerdings in den Kontext der Skulptur der Jahre 1360–70 gestellt (Chlumská; Originalrelief im Lapidarium des Nationalmuseums). Es gilt als Stiftung reicher Patrizier, die auch im Stadtrat Ämter bekleideten (Kalin). Das Relief zeigt im unteren Tympanonfeld drei Szenen der Passion Christi, von denen jede kompositorisch einen eigenen Raum erhält, zugleich aber mit den Szenen im oberen Bogenfeld verknüpft ist. Im Zentrum ist die Kreuzigung dargestellt, links die Geißelung und rechts die Dornenkrönung, während oben Gottvater in Begleitung von Engeln erscheint, die die Seele des reuigen Schächers in Empfang nehmen, während die des bösen Schächers von Dämonen herabgestoßen wird. Charakteristisch ist eine gewisse Verliebtheit in die profanen Details wie z.B. die angewendeten Folterinstrumente. Außerdem zeichnet sich das Relief durch eine gesteigerte Dynamik der Körperbewegungen aus, insbesondere im unteren Bereich des Reliefs, aber auch bei den Figuren der Dämonen im oberen Bogenfeld.

Innenraum Die Barockisierung des Innenraums bedingte vor allem die helle Erscheinung des Raumes. Bis zu den Spitzbögen der Arkaden ist die Wand steinsichtig, hier wurden auch die Dienste der Arkadenpfeiler zu Halbsäulen ausgeformt, die mit Konsolen und darauf platzierten Statuen schließen. Darüber bis zum Stichkappengewölbe ist die Wand weiß verputzt. Dadurch verschiebt sich der Charakter der Lichtführung, die in der gotischen Kirche die Lebendigkeit der feingliedrigen Wandkonstruktionen betonen sollte, zugunsten einer Gesamthelligkeit. Von den ursprünglichen gotischen Altären, die von reichen Bürgern gestiftet wurden, sind nur wenige erhalten. Dazu gehören der Altar mit der thronenden Madonna im nördlichen Seitenschiff (1420) und der Kreuzigungsaltar in der südlichen Apside (um 1420). Aus dem späten 15. Jh. stammt der Steinbaldachin von Matěj Rejsek. Das Zinntaufbecken mit der Darstellung der zwölf Apostel entstand im frühen 15. Jh. in einer Prager Gießerei. Als Vorhut der Renaissancekunst gilt der Altar mit der *Taufe Christi* in der Mitte des Hauptschiffs rechts, geschaffen von einem unbekannten Meister (Monogrammist IP). Den Raum dominieren vornehmlich barocke Altäre, an erster Stelle der dreigeschossige Hauptaltar. Die meisten Gemälde dieser Altäre, auch die Himmelfahrt Mariae und die Hl. Dreifaltigkeit des Hauptaltars, stammen aus der Hand von Karel Škréta. Aus dem Zeitalter des Barocks stammt auch die Orgel, 1673 gebaut von dem Kölner Meister Johann Heinrich Mundt.

Profanbauten

Das **Altstädter Rathaus** (Staroměstská radnice; II E5, Staroměstské náměstí, 1) liegt am wichtigsten und größten Markplatz Prags, dem Altstädter Ring. 1338 erhielten die Prager Altstädter von König Johann von Luxemburg das landesherrliche Privileg, ein Rathaus zu gründen. Zunächst wurde ein bereits bestehendes gotisches Haus bezogen, das zusammen mit dem Turm aufgestockt wurde. 1360 erfolgte eine Erweiterung nach Westen mit dem großen Ratssaal, schon 1350 wurde die Kapelle eingebaut. Eine neuerliche Erweiterung ist 1470 im Westen zu verzeichnen. Erst 1500 folgte eine größere bauliche Vereinheitlichung des gesamten Baukomplexes. Aus dieser Epoche stammen das Hauptportal und das Fenster der Eingangshalle. 1835 kam ein weiteres Haus im Westen hinzu (Zum Hahn). Der Nordflügel wurde abgebrochen und durch einen neuen, neugotischen ersetzt. 1896, und somit lange nachdem die Prager Städte durch ein Dekret Josefs II. 1784 über die Zusammenführung der Städte unter eine Verwaltung, für die das Altstädter Rathaus als Hauptsitz auserkoren wurde, gestellt worden waren, bezog die Verwaltung das benachbarte Renaissancehaus → Zur Minute. Das heutige Rathaus ist das Ergebnis vor allem der Kriegszerstörungen, denn der große neugotische Nordflügel wurde nicht wiederhergestellt. Das Gebäude gleicht daher einem architekturhistorischen Feldversuch mit Teilen und Elementen aus unterschiedlichsten Epochen. Über allem dominiert der massive Turm, der aus dem Gebäudekonglomerat herauszuwachsen scheint. Er entstand 1364, als die Stadt unter der Herrschaft Kaiser Karls IV. ihre wohl größte Blüte erlebte. Auch wenn er nicht über einen solch aufwendigen bauplastischen Schmuck wie der Altstädter Brückenturm oder der Pulverturm verfügt, kann er doch durch seine Höhe als Ausdruck des bürgerlichen Selbstbewusstseins gelten. Zu diesem Zeitpunkt war er der größte und höchste Turm der Stadt. Das zweite Geschoss der Ostfassade schmückt ein gotischer Erker, der auf einem Pfeiler ruht und ein Teil der Ratskapelle ist, die bereits 1381 geweiht wurde. Es ist ein Schmuckstück gotischer Architektur in der Tradition von Peter Parler, die hier aus dem sakralen in den profanen Bereich Einzug gehalten hat. Weitere Ausstattungselemente gotischer Kathedralen sind zu finden, wie Spitzbogenfenster mit Maßwerk, Fialen, Wimpergen und nicht zuletzt Skulpturen, die, auf schmalen Säulenpostamenten platziert, mit kunstvollen Baldachinen überkrönt wurden. Gleichzeitig verweisen die Wappenschilde, die die Wände überziehen, auf die politische Konnotation des Bauwerks. (Eine ähnliche ästhetische Wirkung ruft auch der Kapellenerker der Prager Karlsuniversität (→ Carolinum) hervor. An der Südfassade des Rathauses befinden sich das spätgotische Hauptportal und die Eingangshalle, die unter der Herrschaft von Georg von Podiebrad, d.h. zwischen 1458 und 1471, entstanden sind. Ähnlich wie wenig später beim Pulverturm, ändert sich auch hier die ästhetische Sprache der gotischen Architekturelemente. Sie verlieren ihre tragend-tektonische Funktion und individuelle Bedeutung zugunsten von Dekor und einheitlicher Wirkung. Als Touristenmagnet wirkt die an der Südfront installierte **Astronomische Uhr**. Magister Hanusch, ein Astronom der Prager Universität, hat sie um 1490 geschaffen. Das zweigeschossige steinerne Gehäuse, das mit spätgotischen Dekorelementen verziert ist, enthält eine Kalenderscheibe (unten) und eine Uhrenscheibe (oben). Die Kalenderscheibe ist in 365 Tagefelder aufgeteilt und bewegt sich jeden Tag um ein Feld weiter, bis sie am Jahresende die Ausgangsposition erreicht hat. Das Zentrum der Scheibe schmückt das Altstädter Wappen, um das herum ein innerer Ring mit Tierkreiszeichen und ein äußerer mit Szenen aus dem Landleben angeordnet sind. Die Originalscheibe von 1865 wurde allerdings bald nach ihrer Herstellung durch Josef Mánes durch eine Kopie ersetzt (Original im Nationalmuseum). Die obere Uhrenscheibe besteht aus drei Kreisen. Der äußerste zeigt arabische Ziffern, welche die Zeit nach alter böhmischer Rechnung anzeigen, demzufolge wird der Tag nicht in 24 Stunden unterteilt von Mitternacht an, sondern vom Sonnenaufgang bis zum Sonnenuntergang (wegen der unterschiedlichen Sonnenstände muss die Anzeige täglich nachjustiert werden). Auf dem blauen Ring befinden sich römische Ziffern, die die »normale« Zeit im Zwölfstundentakt anzeigen. Beide

Zeitangaben werden von einem Zeiger bedient. Der dritte Ring schließlich enthält die Tierkreiszeichen. Hier werden mittels eines Zeigers die Monate angezeigt. Zugleich wird auch die Planetenstellung in der Zeit zwischen den Sonnenuntergängen angezeigt, und zwar mittels der zwölf strahlenförmig von der Mitte der blauen Scheibe ausgehenden Bänder. Was jedoch die Besucher am meisten fasziniert, ist der stündlich am oberen Rand der Uhr vorbeiziehende Apostelzug mit Christus, seinen Jüngern und ganz zum Schluss dem Tod, der die Sanduhr zur vollen Stunde dreht. Während diese Konstruktion aus dem 19. Jh. stammt, sind die Pfeilerfiguren (rechts der Tod und der Türke, links die Eitelkeit und der Geiz) Werke des Barocks.

Trotz zahlreicher Veränderungen im Lauf der Jahrhunderte haben sich im Inneren des Rathauses einige historische Räume erhalten. Die historische Eingangshalle im ältesten Gebäudeteil ist 1852–54 neugotisch umgestaltet worden. Das Mosaikbild von 1937 nach einem Entwurf von Mikoláš Aleš stellt den hl. Wenzel, die Huldigung der slawischen Stämme sowie Wappen von Böhmen und Prag dar. In der spätgotischen Rathausstube hat sich eine kunstvolle Balkendecke aus der Zeit erhalten. Beachtenswert ist u.a. auch die von 1410 stammende Figur des Schmerzensmannes. Das dritte Obergeschoss ist dem repräsentativen Sitzungssaal von 1879 vorbehalten. Betrachtet man die Gemälde von Václav Brožík, die Johannes Hus vor dem Konzil von Konstanz und die Wahl Georgs von Podiebrad zum böhmischen König (1458) zeigen, kann man darin die Geisteshaltung des erstarkenden nationalen Selbstbewusstseins der Tschechen erkennen.

Carolinum (Universität; II F5, Železná, 9): Die Gründung der Universitäten in Mitteleuropa in der zweiten Hälfte des 14. Jh. erfolgte wesentlich später als die vergleichbarer Institutionen im Westen und im Süden Europas, denn Mitte des 14. Jh. existierten bereits fünfzehn

Hochschulen in Italien, acht in Frankreich, sechs in Spanien und zwei in England (u.a. Paris, Bologna, Oxford, Cambridge). Die Gründung der Prager Universität durch Kaiser Karl IV. 1348 führte zu einer Gründungswelle in dieser Region, die bis zum Ende des 14. Jh. andauerte (1364 die Krakauer Akademie, 1365 die Wiener, 1386 die Heidelberger und neben weiteren 1388 die Universität in Köln). Die Prager Universität ging aus dem an den St.-Veitsdom angeschlossenen *studium particulare* hervor, das sich der Theologie und den sieben freien Künsten widmete und das nachweislich seit mindestens der Mitte des 13. Jh. in Prag aktiv war. Die ersten gescheiterten Versuche, eine Universität in Prag mit einem *studium generale* zu gründen, unternahm bereits um 1294 der König von Böhmen, Wenzel II. Erst Karl IV. gelang die Realisierung des Vorhabens.

Das heutige Carolinum, Hauptgebäude der Prager Universität, ist Ergebnis mehrerer Umbaumaßnamen. 1383–1386 bezog die Universität, bzw. zunächst das Karlskollegium, ein Stadtpalais des königlichen Münzmeisters und Edelmetallhändlers Johlin Rotlöw. In seiner rechteckigen Form, mit einem vorspringenden Laubengang an der südwestlichen Ecke, erstreckte es sich in Richtung Westen und dominierte den Markplatz. Im Erdgeschoss, das zum Teil in seiner gotischen Form erhalten geblieben ist, ging der Hausherr seinen Geschäften nach. Im ersten Obergeschoss befanden sich wohl die Repräsentationsräume, während das zweite Obergeschoss als Lager- und Wirtschaftstrakt diente. Die Raumdisposition des Gebäudes war den Bedürfnissen einer Patrizierfamilie angepasst und entsprach nicht den Erfordernissen eines mittelalterlichen Kollegiums. Diese waren nach dem Vorbild der klösterlichen Klausur organisiert. Die Magister lebten wie Mönche im Zölibat und wohnten im Kollegium zusammen mit den ihnen zu Diensten stehenden Studenten. Die anderen Studierenden bezogen Bursen, die über die Stadt verstreut waren. So mussten im Palast weitere Räume, sowohl für die

Wohn- als auch die Lehrbedürfnisse, geschaffen werden, ebenso ein Amtszimmer für den Rektor, den Probst des Kollegiums, dessen Gehilfen, Verwaltungsräume, die Bibliothek, eine Schatzkammer, Räume für den Wirtschafter und den Pförtner, Wirtschaftsräume, Küche und Speisesaal, außerdem Räume für das Gefängnis für Studenten und die Untergebenen aus den Kollegiendörfern, das Zeughaus, Dampfbad, Krankenstuben und weitere Einrichtungen. Das Stadtpalais allein konnte dem Raumbedarf nicht genügen. Für die Erweiterung erwarb König Wenzel IV. zwei an den Palast im Süden und im Osten anschließende Gebäude und überließ sie dem Kollegium. Das Karlskollegium ist im Mittelalter also nicht auf einem neuen Grundriss errichtet worden wie die Kollegien in Oxford oder Bologna, sondern ähnlich wie die Pariser Sorbonne und wenig später das Krakauer Collegium Maius aus dem Zusammenschluss und dem Umbau bereits bestehender Gebäude entstanden. Ziel dieser Maßnahmen war die Bildung eines größeren, quadrangulären Baukomplexes mit einem Innenhof und einem Umgang, als eine bereits bei älteren Universitäten bewährte Form nach dem Vorbild von Klosteranlagen. Hierfür wurden im Palast die Laubengänge im Erdgeschoss beseitigt, lange Gänge eingerichtet und um den errichteten Innenhof für die oberen Stockwerke hölzerne Pawlatsche (Außengänge) angebracht. Für die Aula des Kollegiums wurde der im Südosten gelegene einstige Speisesaal des Palais im ersten Obergeschoss genutzt und entlang der Südfassade zum damaligen Neumarkt erweitert. Die darunterliegenden Arkaden wurden beseitigt und daraus ein langer schmaler Saal errichtet. Im nordöstlichen Teil des Palasts hat man den Turm für zwei Vorlesungsräume, die sogenannten Lektorien, genutzt – einen für die Auslegung der Schriften von Aristoteles, den anderen für die Auslegung Platons. Zusätzlich befanden sich hier auch Wohnräume der Magister. All diese Räume lagen offenbar im ersten Obergeschoss. Der Ost- und Nordostflügel, welche die quadranguläre Form und den Innenhof schließen sollten, sind allerdings erst um 1500 hinzugefügt worden, als nach den Hussitenkriegen und der Flucht der Magister der juristischen und der theologischen Fakultät (sie gründeten dann die Leipziger Universität) die Prager Universität wieder an Bedeutung gewann. Da der zweistöckige Gebäudeteil keinen repräsentativen Charakter hatte, ist er bis zum barocken Umbau im 17. Jh. stets vernachlässigt worden und unterlag starken Umgestaltungen in den kommenden Generationen, ebenso wie der Turm des Palasts am hinteren Tor. Über die Innenausstattung des Kollegiums ist wenig bekannt. Die Aulen der europäischen Kollegien waren meist mit hohen spitzbogigen Fenstern versehen. Das Katheder stand an der Längswand, und die Bänke waren in der Breite aufgestellt. Im Carolinum stand das Katheder gegenüber dem Eingang, an der Südwand, wo sich der gotische Erker befindet, der in dieser Zeit einen Teil der selbständigen Kapelle bildete. Wand- oder Tafelgemälde gehörten nicht zur mittelalterlichen Ausstattung des Kollegiums, denn diese hätten die Aufmerksamkeit der Studenten zerstreut. Nachweisbar, denn zum Teil erhalten, waren aber religiöse und moralische Sentenzen und Inschriften an den Wänden, ebenso Wappen der Stifter und der Universität. Da das Carolinum im Zentrum der hussitischen Reformationsbewegung stand, verlor die Universität zu Beginn des 15. Jh. die Unterstützung des Monarchen; auch die katholische Kirche zog sich zurück. Spenden der böhmischen Stände hielten den Lehrbetrieb im 16. Jh. aufrecht, zumal 1596 König Ferdinand das → Clementinum gründete, das als Jesuiten-Hochschule ein Gegengewicht zur Universität bilden sollte. Während des Ständeaufstandes 1618 stand das Karlskollegium in einer Opposition zum Königshof und aufseiten der Stände. Die Universität geriet in die Abhängigkeit von den Ständen und vor allem der führenden Aristokratie. Nach dem Ständeaufstand wurde sie der Obhut der Jesuiten übergeben, die die Hochschule rekatholisierten. Zuletzt wurde die Hochschule per königliches Dekret 1654 mit dem Clementinum, der Jesuiten-Universität, zu einer Hochschule unter dem Namen Karl-Ferdinands-Universität vereinigt. 1882 kam es auf Druck der tschechischen Nationalisten zur Teilung in eine tschechische und eine deutsche Universität (unter dem Namen Karl-Ferdinands-Universität). Am 8. Oktober 1945 wurde die deutsche Universität als Folge der Beneš-Dekrete aufgelöst.

Markantestes Fragment des mittelalterlichen Carolinums ist heute immer noch der gotische Erker. Dieses Element gehört zur ursprünglichen Ausstattung des Rotlöwschen Palasts und markierte an der Außenfassade dessen Hauskapelle. Wegen der hochwertigen handwerklichen Ausführung nehmen die Bauforscher an, dass das Werk aus der königlichen Steinmetzwerkstatt stammt. Die Strukturelemente dieser Kleinarchitektur, die an die Sakramentshäuser von Peter Parler und seiner Werkstatt erinnern, deuten darauf hin. Eine ähnliche Struktur haben die Kapelle des Altstädter Rathauses, das Sakramenthaus in St. Bartholomäus in Kolín von Peter Parler sowie das Tabernakel der Wenzelskapelle, das um 1375 für den Veitsdom fertiggestellt wurde und der Parler-Werkstatt zugeschrieben wird. Sie weist voraus auf die etwas späteren, in ihrer Steinform noch stärker an die Gebäudearchitektur erinnernden Sakramentshäuser, die sogenannten Chörlein, die als Teile von Hauskapellen oder im Kirchinneren zur Sakramentaufbewahrung aufgestellt wurden. Außerdem blieben noch zwei mit Kreuzrippen überwölbte Joche des früheren Laubengangs erhalten. Heute nutzt die Universität das Carolinum immer noch als Hauptgebäude, jedoch vor allem für Feierlichkeiten.

Clam-Gallas-Palais (Clam-Gallasův Palác; II E5, Husova, 20): Folgt man vom Kreuzherrenplatz in Richtung Altstädter Ring, tritt plötzlich hinter einer Einbiegung ein reich geschmückter Seitenrisalit hervor. Er gehört zum Clam-Gallas-Palais, das nach den Plänen von Johann Bern-

Giovanni Domenico Canevale, Thomas Haffenecker, Clam-Gallas-Palais, nach Plänen von Johann Bernhard Fischer von Erlach, 1713–25, Kupferstich von Johann Adam Delsenbach nach einer Zeichnung von Johann Bernhard Fischer von Erlach, 1721 (Idealansicht der Fassade des Palastes)

hard Fischer von Erlach 1713–19 für Johann Wenzel Graf von Gallas errichtet wurde. Das Gebäude zählt nicht nur zu den Schlüsselwerken Fischer von Erlachs, es ist auch einer der zentralen, wenn nicht der zentrale Barockpalast Prags. Seine Lage in der engen Gasse erforderte besondere Gestaltungsmaßnahmen. Das geschah vor allem in der architektonischen Komposition der Fassade, die sowohl barocke wie auch barockfremde Elemente enthält. Die Fassade des dreigeschossigen Baus verfügt über drei Risalite, einen Mittelrisalit, der nur wenig vor die Mauerfläche der Fassade tritt, und zwei turmartige Eckrisalite. Diese ziehen die gesamte Aufmerksamkeit auf sich, da hier, und nicht in der

Mitte, wie im Barock üblich, die Portale eingelassen sind und da sie eine geradezu monumentale Ausschmückung im Erd- und Obergeschoss aufweisen. Hier an den Seiten des Bauwerks kumuliert Fischer von Erlach architektonische und bauplastische Elemente, die von Stockwerk zu Stockwerk aufeinander aufbauen und in der Höhe flacher gestaltet sind. Die Dreiachsengliederung hat dieses Palais mit einigen anderen, auch früheren Bauten Fischer von Erlachs in Wien gemeinsam (Palais Strattmann, Dietrichstein, Liechtenstein), wobei sie in Prag wesentlich häufiger vorkommt und damit als eine Charakteristik des Prager Barocks gewertet werden kann. Vor allem die auf hohen Postamenten platzierten Atlanten, die die Portale flankieren und als Träger einer plastisch stark ausgeformten Balustrade des dreiteiligen Fensters darüber auftreten, ziehen die Aufmerksamkeit auf sich. Sie stammen von Matthias Bernhard Braun, sprechen aber eine andere künstlerische Sprache als die Figuren seines gleichaltrigen Zeitgenossen Ferdinand Maximilian Brokoff. Im Gegensatz zu Brokoff hatte Braun eine langjährige Ausbildung in Italien genossen und dort die Arbeiten des Barockmeisters Gianlorenzo Bernini kennengelernt. Im Gegensatz z.B. zu Brokoffs Mohren-Figuren an der Fassade des Palais Czernin-Morzin in der Nerudagasse, die den Balkon mit großem Kraftaufwand, aber am Ende doch mühelos tragen, scheinen Brauns vier Giganten unter der Last des Steins zu zerbrechen, trotz ihres zur Schau gestellten Muskelspiels. Und als ob sie es selbst wüssten, verbergen die Giganten ihre Gesichter hinter den erhobenen Armen, mit denen sie die große Last bewältigen. Von Braun stammen auch die Portalreliefs mit den Darstellungen der Herkulestaten und die Attikafiguren.

Die Repräsentationsräume des Palais befanden sich – für den Barock eher ungewöhnlich – im dritten Obergeschoss. Von außen wird diese Geschossgliederung durch die herausgehobene Höhe des Stockwerks sowie repräsentative, der Serliana nachgeformte Fenster in den Eckrisaliten deutlich. Zugleich werden die Eckrisalite und der Mittelrisalit mit Pilastern eingefasst und gegliedert, schließlich ist der Mittelrisalit mit einem Dreiecksgiebel bekrönt, an dessen Spitzecken, wie auch entlang des gesamten Daches, Figuren standen. Im Inneren errichtete Fischer von Erlach ein imposantes Treppenhaus, das vom rechten Portal, das als Kutschendurchfahrt diente, zu erreichen ist. Die Treppe entfaltet sich hinter einem breiten Rundbogen, der von einem Stützenpaar getragen wird. Das Treppengeländer aus Sandstein schmücken reich mit Reliefs ausgestattete Vasen und zusätzlich Puttenpaare, die als Stütze für die Laternen dienen. An den Wänden haben italienische Stuckateure, Giovanni Fiumberti und Rochus Bolla, hochwertige Stuckarbeiten ausgeführt, während die Freskomalereien aus der Hand von Carlo Innocenzo Carlone stammen und den Triumph des Apoll sowie andere mythologische Szenen darstellen (ausgeführt 1727–29).

Clementinum (ehem. Jesuitenkolleg; Bývalý jesuitský seminář; II E5, Křížovnické náměstí, 4):

BAUGESCHICHTE 1556 lud Kaiser Ferdinand I. den Jesuitenorden nach Prag ein. Die Jesuiten erhielten das Privileg, an mehreren Orten in der Stadt zu siedeln, und bauten ihre Kirchen und Klostergebäude in drei Prager Stadtgemeinden an repräsentativen Orten: am Kleinstädter Ring, in der Neustadt am Karlsplatz und in der Altstadt das Clementinum, dessen eine Seite entlang des Königsweges verläuft und das sich mit der Front der St.-Salvator-Kirche zum Kreuzherrenplatz und zur Karlsbrücke wendet. Hier sollte ein Kolleg entstehen, das das Gegengewicht zu der utraquistisch geführten Karls-Universität bilden sollte. Das Clementinum gehört zu den größten Baukomplexen Europas. Es erstreckt sich über fünf Innenhöfe zwischen Kreuzherrenstraße (Křižovnická), Plattnerstraße (Platnéřská), Seminargasse (Seminářská) und der Karlsgasse (Karlová). Das Hauptportal befindet sich am Marienplatz (Mariánské náměstí). Die Jesuiten erhielten vom Kaiser das Do-

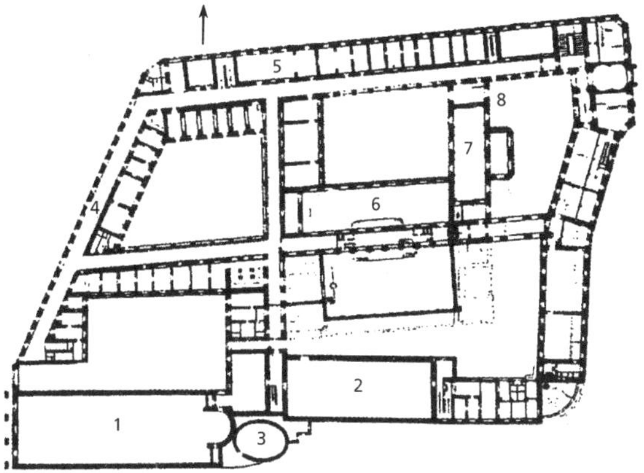

Clementinum, Grundriss

1 St.-Salvator-Kirche
2 St.-Clemens-Kirche
3 Wälsche Kapelle
4 Westflügel
5 ehem. St.-Ägidius-Kapelle
6 Sommerrefektorium – Allgemeiner Lesesaal
7 Spiegelkapelle
8 Bibliothekssaal

minikanerkloster am Moldauufer der Altstadt, die Dominikaner ihrerseits wurden 1556 in das verlassene Klarissenkloster Na Frantiku umgesiedelt. Mit dem Einsetzen der Gegenreformation und einer Verbesserung der finanziellen Lage der Jesuiten kaufte man zusätzlich umliegende Grundstücke hinzu und begann 1560–62 mit dem Bau eines neuen Flügels für die Schule. Bereits 1562 wurde hier das Ordensstudium mit theologischer und philosophischer Fakultät gegründet. 1616 erhob Kaiser Matthias die Jesuitenschule in den Rang einer Universität. Während des Böhmischen Ständeaufstandes mussten die Jesuiten das Kolleg für zwei Jahre verlassen. Sie kehrten nach der Schlacht am Weißen Berg zurück und erhielten vom Kaiser hohe Entschädigungen. Unter ihre Verwaltung kam auch die Prager Karls-Universität. Intensive Planungen zum Bau des neuen Kollegs begannen in den 1630er Jahren. Die Grundsteinlegung erfolgte am 8. Dezember 1653. Über 170 Jahre vergingen letztlich von der Ankunft der Jesuiten in der Prager Altstadt bis zum Abschluss der Bauarbeiten. Mit dem Bau wurde der Italiener Carlo Lurago beauftragt. Bald übernahm dessen Neffe, Francesco Lurago, die Bauleitung. In der Zeit von 1654 bis 1683 entstand der Westflügel der Vierflügelanlage mit der monumentalen Westfassade zur Kreuzherrengasse. Die Fassade des dreigeschossigen Gebäudes mit Dachlukarnen besticht durch ihre Plastizität. Die Kolossalpilaster beherrschen mit profilierten Bändern, ihren vollplastischen Kapitellen mit Akanthusblättern, Lorbeergehängen, geschmückt mit zusätzlichen Groteskenornamenten und Masken sowie Figuren in Halbrelief darüber (Kaiser und Heilige) die gesamte Erscheinung. Der regelmäßige Ablauf vermittelt den Eindruck einer unendlichen Fortsetzung des Baus, was zugleich auch als monoton empfunden werden kann. Die Gestaltung wurde nicht kritiklos hingenommen: Der damalige General des Ordens, Giovanni Paolo Oliva, bemängelte, dass die außerordentliche ästhetische Erscheinung der Fassade das Auge des Betrachters zu sehr fessele und seine Seele vom Orden selbst ablenken würde.

1660–64 folgte der Ausbau des Nordflügels, wobei die mittelalterliche St.-Ägidius-Kapelle eingegliedert und umgebaut wurde. 1665–68 wurde der Ausbau des Südflügels fortgeführt und ab 1669 hier die Küche und das Refektorium errichtet. Die Fortsetzung der Bauarbeiten erfolgte erst zu Beginn des 18. Jh. 1709 wurde im Südosten des Areals nach den Plänen von Paul Ignaz Bayer mit dem Bau der Druckerei begonnen. Sodann kümmerte man sich um den Verbindungstrakt zwischen der St.-Salvator-Kirche und dem frühbarocken Kolleggebäude mit Räumen für die Sakristei der St.-Salvator-Kirche im Erdgeschoss und die Bibliothek und das Museum im Obergeschoss. Die Errichtung des Ostteils des Kollegs konnte erst nach der Genehmigung des Altstädter Rates 1719 erfolgen. Hier entstanden Seminarräume und Hörsäle für die theologische und die artistische Fakultät, im ersten Obergeschoss ein Theatersaal sowie weitere Werkstätten und Klassenräume, die sich bis in den Nordflügel ausdehnten. 1721 wurden die Schulgebäude durch einen Querflügel mit dem Kolleg verbunden. Ab 1722 begann die letzte Bauphase, in der die Spiegelkapelle der Mariae Verkündigung mit dem repräsentativen Bibliothekssaal darüber und dem astronomischen Turm entstand. Als Architekten für diesen Bauabschnitt vermutet man František Maximilian Kaňka oder Kilian Ignaz Dientzenhofer. Schließlich kann 1726 als Abschlussjahr der Bauarbeiten angenommen werden, denn bis zur Auflösung des Jesuitenordens 1773 sind keine größeren Veränderungen zu verzeichnen. Seitdem befinden sich die Räume in unterschiedlicher kultureller und wissenschaftlicher Nutzung, u. a. fand hier die traditionsreiche Prager Universitätsbibliothek ihren Platz.

Innenausstattung Die Jesuiten zögerten nicht, die Innenräume mit prächtigen Wandmalereien auszustatten. Im Südflügel im heutigen Sitzungssaal der Nationalbibliothek der Tschechischen Republik ist ein Fresko von Johann Hiebel (um 1730) mit der Darstellung der Apotheose des hl. Clemens erhalten. Die das Fresko umrahmenden Stuckaturen stammen von Bernardo Spinetti. Im Westflügel des Clementinums, dem ältesten Teil des Barockbaus, befand sich ursprünglich der Haupteingang. Dort wurde der 85 Meter lange Gang mit repräsentativen Deckenmalereien ausgestattet. Das Tonnengewölbe versah Domenico Galli mit prächtigen Stuckaturen, die Kartuschen enthalten Gemälde des Jesuitenmalers Hermann Schmidt mit Szenen aus dem Leben der hll. Ignatius von Loyola und Franz Xaver. Das Sommerrefektorium (heute Allgemeiner

Lesesaal der Nationalbibliothek) beherbergt ein Wandgemälde mit der Darstellung der Hochzeit zu Kana. Die Szene ist in eine aufwendige Architekturszenerie eingearbeitet, die von Andrea Pozzo entworfen wurde (um 1709). Einen der schönsten Räume bietet die **Spiegelkapelle** im vierten Hof des Clementinums im Erdgeschoss des Verbindungstrakts zwischen dem astronomischen Turm und dem Nordflügel des Kollegs. Der Name der Kapelle geht auf die später in der Kapelle eingebauten Spiegel zurück. Die Kapelle wurde 1722–26 wahrscheinlich von František Maximilian Kaňka erbaut. Die ikonographische Innenausstattung folgt dem Patrozinium der Kapelle Mariae Verkündigung, so zeigt das Deckengemälde von Johann Hiebel (1723) das Mariengebet Ave Maria. Die Darstellungen orientieren sich an dem Text des englischen Grußes, der in fünf Abschnitte geteilt den einzelnen Gewölbejochen zugewiesen wurde. Engel halten Kartuschen mit dem Text, dessen Inhalt im Inneren der Joche dargestellt ist. In den Folgejahren wurden die Wände der Kapelle mit Stuckmarmor ausgekleidet, hingegen die Chorschränke und die Gefäße der Kapelle aus echtem Marmor gefertigt. Heute wird der Raum hauptsächlich als Konzertsaal genutzt.

Unmittelbar über der Kapelle befindet sich ein weiterer aufwendig ausgestatteter Saal. 1727 baute Kaňka hier über zwei Stockwerke einen opulenten **Bibliothekssaal,** der entsprechend seiner für ein Jesuitenkolleg hohen Bedeutung eine repräsentative Ausstattung erhielt. Auch hier war Johann Hiebel für das Deckengemälde zuständig. Es ist den »Intentionen der mittelalterlichen scholastischen Lehre, die Philosophie und alles durch den Verstand zugängliche Wissen der Theologie unterordnet, also der Erkenntnis der göttlichen Dinge« (Oulíková) gewidmet. Das Programm wird ergänzt durch Porträts bedeutender Prager Jesuiten. Die Wände sind mit schweren, kunstvoll aus Eichenholz gefertigten Bücherschränken verkleidet.

Das **Colloredo-Mansfeld-Palais** (Mansfeldský Palác) in

der Karlsgasse (II E5, Karlova, 2) wurde 1735–47 von František Ignác Prée errichtet und gehört zu den zahlreichen Barockpalästen, die immer noch das Bild der Stadt prägen. Das dreigeschossige Palais mit dicht nebeneinander eingeschnittenen Rechteckfenstern verfügt über eine eher reduziert gestaltete Fassade, die in der Mitte von einem repräsentativen Portal mit dem Familienwappen akzentuiert wird.

Das **Palais Goltz-Kinský** (Kinských Palác; II F5, Staroměstské náměstí) wurde 1755–65 für Johann Ernst von der Goltz (ab 1786 im Besitz des Fürsten Kinský) nach Entwürfen von Kilian Ignaz Dientzenhofer von Carlo Lurago ausgeführt. In seiner Struktur nimmt es die von Fischer von Erlach im Clam-Gallas-Palais eingeführte Struktur einer Doppelportalfassade auf. Der dreigeschossige, mit einem Mansarddach bedeckte Baukörper schiebt sich mit seinen insgesamt dreizehn Fensterachsen von der Ostseite in den Marktplatz hinein und macht damit dem gegenüberliegenden Altstädter Rathaus Konkurrenz. Die Front wird mittels zweier dreiachsiger Risalite gegliedert. Die beiden Portale sind mit paarweise aufgestellten massiven, steinsichtig belassenen Säulen ausgezeichnet, die zugleich als Stützen für den schmalen Balkon darüber dienen, der die beiden Risalite miteinander verbindet und die Fassade schmaler wirken lässt. Die Risalite sind mit kolossalen Pilastern korinthischer Ordnung eingefasst und schließen über dem dritten Geschoss jeweils mit einem reich mit Reliefdekor gefüllten Dreiecksgiebel ab. Dazwischen sind auf einer Attika Statuen platziert, welche die vier Elemente personifizieren. Sie stammen aus der Hand von Ignaz Franz Platzer. Die gesamte Fassade ist mit zahlreichen Fensterreihen durchbrochen. Die Fenster haben alle die gleiche Form, differieren aber je nach Geschoss, in ihrer Größe – so sind die Fenster des *piano nobile* im ersten Obergeschoss höher als die übrigen. Mitte des 18. Jh. entstanden, fällt das Gebäude ins Zeitalter des beginnenden Rokokos, was durch Girlanden und vegetabile Ornamentik insbesondere an den Fensterrahmen sichtbar wird. Trotz seines wuchtigen Baukörpers fügt sich das Bauwerk behutsam in die Bebauung des Altstädter Rings ein. Dafür sorgen sowohl die eher reduzierte Fassadengestaltung – ein harmonischer Wechsel zwischen vertikaler und horizontaler Linienführung – als auch die Abrundung der Gebäudeecken, die das Vortreten in den Marktplatz optisch etwas zurücknimmt und mit der Rustizierung der Ecken die nachbarschaftliche ältere Bebauung respektiert.

Haus der Herren von Kunštát und Poděbrady (Dům pánů z Kunštátu a z Poděbrad; II E6): Dieses Haus liegt in der Kettengasse (Řětězová) und ist ein früherer Wohnsitz des böhmischen Königs, Georg von Podiebrad, der 1444–53 dieses Gebäude umgestalten ließ. Das Tor, durch das man den Baukomplex betritt, stammt aus dieser Bauphase. Im Keller und im ersten Geschoss sind noch deutliche romanische Bauteile der frühmittelalterlichen Bebauung sichtbar.

Haus Zum Goldenen Brunnen (U zlaté studně; II E5, Karlova, 3): Das zweigeschossige Haus, das an der Ecke zur Seminarska Nr. 3 auf dem Weg von der Karlsbrücke zum Altstädter Ring sofort auffällt, gehört zu den in Prag erhaltenen Renaissancegebäuden. Deutlich zeigt sich dies vor allem in der Gestaltung der Doppelfensterform. Der Attikaabschluss wurde im 17. Jh. angebracht. In einem schwungvollen Bogen der Straßenführung angepasst, besticht das Gebäude vor allem durch seine auffällige Reliefausstattung. Die Stuckreliefs wurden 1701 von Johann Ulrich Mayer angefertigt. Es handelt sich um Votivbilder als Dank für die Abwendung der Pest. Demzufolge stellen die Reliefs die vier Pestheiligen dar: im obersten Geschoss die hll. Karl Borromäus (rechts) und Rosalia (links), im ersten Obergeschoss die hll. Sebastian und Rochus und im zweiten Obergeschoss die Landespatrone, die hll. Wenzel (links) und Johannes von Nepomuk (rechts). Zusätzlich ziert das Zwischengeschoss neben den Landespatronen ein aus Stuck geformter Stern mit der Nachbildung der Muttergottes von Jungbunzlau.

Haus Zur Minute (U minuty; II E5, Staroměstské náměstí, 3): Seit dem Ende des 19. Jh. ist dieses Haus Bestandteil des Altstädter Rathauses. Als Renaissancemotive sind hier vor allem das Hohlkehlenprofil, das als ein Lünettengesims unter dem Dach ausgebildet wurde (heute leider stark restauriert), und der Ziergiebel, der das dreigeschossige Gebäude krönt, zu benennen. Die auffällige Sgraffiti-Dekoration der Fassaden stammt hingegen nicht aus der Hochrenaissance, als diese Dekorationsform ihren Höhepunkt in Böhmen erreichte, sondern aus der Übergangsepoche des Manierismus oder gar später. Die Darstellungen, die Szenen aus der antiken Mythologie und der Bibel, aber auch Tugenden und Allegorien zeigen, sind 1615 bzw. später entstanden.

Haus Zur Schwarzen Gottesmutter (Dům U Černé Matky Boží; II F5, Celetná, 34): Das Gebäude ist ein vorzügliches Beispiel des Prager Architekturkubismus. Heute beherbergt es u.a. das Kubismus-Museum (→ Museen). Dieser Stil steht in engem Zusammenhang zur frühen Moderne in Österreich, vor allem in Wien, sowie in Deutschland, weniger jedoch zur kubistischen Malerei der Franzosen. Es handelt sich um eine nur wenige Jahre anhaltende Phase in der Architekturgeschichte Böhmens, die von etwa 1910 bis 1914 dauerte, deren letzte Ausläufer allerdings noch 1924 zu verzeichnen sind. Der Architekturkubismus wird als eine Übergangsperiode zwischen dem Jugendstil und dem Funktionalismus betrachtet. Obwohl die bedeutenden Vertreter des tschechischen Architekturkubismus Schüler des Wieners Otto Wagner und dessen Schülers Jan Kotěra waren, haben sie sich mit deren Werk in theoretischen Debatten kritisch auseinandergesetzt. Zu den Hauptvertretern gehörten Pavel Janák, Josef Gočár, Josef Chochol und Vlastislav Hofman. »Der Prager Architekturkubismus stand in Opposition nicht nur zur Architektur der Wiener Moderne, sondern zu einer auf Sachlichkeit und Funktionalität gegründeten Wesensbestimmung der Architektur überhaupt [...]. Was die Prager Architekturkubisten emphatisch *nicht* wollten, war Zweckmäßigkeit oder äußerliche Sichtbarmachung der Funktionen und der statischen Kräfte. Sie suchten auch nicht die Demonstration der Materialwahrheit [...].« (Moravánszky) Im Architekturkubismus richtet sich der Grundriss des Gebäudes nach dem Formgefühl und ist nicht fließend, sondern eckig, scharfkantig, gebrochen. Die Fassade ist nicht der Ausdruck oder Veranschaulichung des Inneren, sondern versteht sich als ein ausschließlich selbständiges Element. Die Theorie dieses Stils spricht von Architektur als einer die Naturfunktion überhöhenden Aktivität, denn sie vereint beide Aspekte, Funktion und Ästhetik, im künstlerischen Ausdruck. Das äußert sich in der der Natur übergeordneten prismatischen Form, der schrägen Linie und der Atektonik. In Prag trifft das Programm auf eine eigenständige historische Tradition, die hier nicht aufgegeben wird. Sie nimmt die Moderne auf oder geht aus ihr hervor und schafft ein neues Konzept. Dementsprechend erscheint das Haus Zur Schwarzen Gottesmutter, das Josef Gočár 1911–12 an der Celetná-Gasse in der Nähe des Obstmarktes (Ovocný trh) für den Großhändler František Josef Herbst entwarf, geradezu programmatisch. Denn erst nachdem die Baubehörde eine bessere Anpassung an das Straßenbild gefordert hatte, fügte der Architekt der Fassade deutlich kubistische Formelemente hinzu. Die Front hat eine trapezoide Form bis zum Dachansatz. Alle Fassaden sind gleich artikuliert, wobei sich an der Front in der Mitte, an der Kante zwischen der dritten und vierten Achse, ein deutlicher Knick zeigt, der vor allem an der Spitze, die hier an dem Gurtgesims und dem Dachgesims entsteht, sichtbar wird. Die Fenster sind tief in die Mauerfläche eingeschnitten. Im ersten und zweiten

Geschoss treten sie erkerartig hervor, und statt einer Bedachung sind über den Fenstern Vertiefungen in die Mauerfläche eingelassen, dazwischen ist jeweils ein geometrisches Ornament angebracht. Im dritten Obergeschoss, das etwas flacher, etwa wie ein Mezzaningeschoss gestaltet ist und über einem ausladenden Gurtgesims direkt aufliegt, werden die Fensterreihen von profilierten Zwischengliedern unterbrochen. Die Dachkonstruktion, die einem Mansarddach nachempfunden ist, lastet mit ihren übereinander eingesetzten Lukarnen recht schwer auf dem Baukörper. Insgesamt vermittelt der schiefe Baukörper den Eindruck, der tektonischen Logik entzogen zu sein. Der Name des Gebäudes stammt von einer Marienstatue des barocken Vorgängerbaus.

Josef Gočár wandte sich später auch dem Rondokubismus zu. 1923–25 errichtete er in der Straße Na Poříčí das Haus der **Bank der tschechoslowakischen Legion** (Banka československých legií; Na Poříčí, 24). Während der Prager Architekturkubismus eher aus einer auch international gespeisten Debatte um die Moderne hervorgegangen ist, entwickelte sich der sogenannte Rondokubismus als eine durchaus tschechische Eigenheit in der Architektur aus der nationalen Debatte um den Nationalstil. Die Diskussion wurde bereits seit dem 19. Jh. geführt, und es wurden immer wieder neue Stilformen als tschechisch-national herauskristallisiert oder schlichtweg für solche erklärt. Im frühen 20. Jh., nach dem Zerfall der österreichischen Monarchie und der Bildung der eigenständigen Tschechoslowakei, nahm die Diskussion einen neuen Anlauf. Man setzte diesmal bei der Folklore an, als dem Ursprung der Kultur. Hieraus entwickelte sich der Rondokubismus, dessen Charakteristik darin bestand, traditionelle einheimische Architekturelemente mit der internationalen Moderne und dem tschechischen Kubismus zu verknüpfen. Hier treten nun nicht mehr die Schräge und der Kubus, Pyramiden und Dreiecke als Grundelemente der Architekturgestaltung in den Vordergrund, sondern Zylinder, Kreise und Bögen. Die Fassade wirkt nun wie eine pure Ajour-Ornamentfläche, in der sich runde und rechteckige bzw. dreieckige Formen nebeneinander, ineinander oder übereinander ordnen.

Hotel Paříž (II G5, U Obecního domu, 1): 1904 errichtete Jan Vejrych das Gebäude als Eckhaus an der Gasse U Obecního Domu, das neben dem Repräsentationshaus zu den bekanntesten Bauwerken der Prager Sezession gehört. Ähnlich wie jenes Repräsentationshaus ist das Hotel eher einer Übergangsperiode zuzuordnen, denn es finden sich hier Stilelemente verschiedener Epochen. Das rustizierte Erdgeschoss öffnet sich mit einer Bogenstellung, abwechselnd aus Spitz- und Rundbögen, zur Straße hin. Im zweiten und dritten Obergeschoss bestehen die Fensterbedachungen aus gotisch anmutenden Ornamenten, während der Dachgiebel an der Ecke eher an die Renaissance erinnert. Darunter allerdings finden sich vegetabile Reliefornamente sowie Fayence-Bilder, die der Sezession zuzuschreiben sind.

Der **Pulverturm** (Prašna brána; II G5, Celetná, Náměstí Republiky): 1471 wählten die böhmischen Stände den Jagiellonenprinzen Vladislav zum böhmischen König, der als neuer Herrscher in der Altstadt residierte. Der Königshof stand an jener Stelle, wo heute das Repräsentationshaus steht. Zu seinen Ehren haben die Bürger der Altstadt 1475 den Grundstein zu einem neuen Torturm, dem späteren Pulverturm am Königshof, gelegt. Der Name »Pulverturm« stammt aus dem 18. Jh., als hier zeitweise das Schießpulver gelagert wurde. Das neue Tor sollte das frühere Kuttenberger Tor ersetzen. Da jedoch das eigentliche Osttor der Stadt an den Wallanlagen weiter südlich stand, oblag dem neuen Tor eher eine repräsentative als eine wehrhafte Funktion. Die bauliche Ausführung übernahm zunächst der Steinmetzmeister Wenzel von Luditz, der bald die Leitung an Matěj Rejsek abgab, der offenbar keine Steinmetzausbildung hatte. Doch es gelang ihm hier, im Rückgriff auf die Kunst der Parler, ein Bauwerk von hoher Qualität zu schaffen. Auch wenn es zuweilen als Reminiszenz des Altstädter Brückenturms gewertet wird, so ist seine Erscheinung doch gänzlich anders. Die Aufteilung der Geschosse ist weniger deutlich durch Gesimse angezeigt, die Individualisierung einzelner Details weniger offensichtlich, vielmehr umspannen hier Lisenen, Ranken, Fialen, Skulpturen und andere Elemente das gesamte Gebäude wie ein Netz und schaffen »ein Geflecht gefälliger Ornamente« (Fehr). Vor allem die Skulpturen – zum Platz hin: links Ottokar II., rechts Kaiser Karl IV. und zur Celetnà hin: Georg von Podiebrad und König Vladislav – sind hier nicht als selbständige Ausstattungselemente zu verstehen, sondern werden in das ornamentale Geflecht gänzlich mit einbezogen. Sie sind viel mehr Dekor als Inhalt. Die Außenausstattung ist allerdings während der Belagerung durch Preußen 1757 stark beschädigt worden, so dass sie gänzlich abgenommen werden musste. Eine Wiederherstellung erfolgte in den Jahren 1875–86 durch Josef Mocker (Restaurierung in den 1960er Jahren).

Ständetheater (Stavovské divadlo) / **Tyl-Theater** (II F5, Železná, 11): Mit seinem klassizistischen Baukörper schiebt sich das Theatergebäude von der Železná aus in den Obstmarkt (Ovocný trh) hinein, unmittelbar neben dem Hauptgebäude der Prager Universität. Es wurde 1781–83 nach Plänen von Anton Haffenecker erbaut. Um seine Errichtung bemühte sich Franz Anton Graf von Nostitz-Rieneck (1782–92 Oberburggraf von Böhmen), der auch die Baukosten trug. Ab 1798, nach dem Erwerb durch die Böhmischen Stände, wurde es in Königliches Ständetheater (Královské Stavovské divadlo) umbenannt. Ab 1862 fanden im Theater ausschließlich deutschsprachige Aufführungen statt. 1920, zwei Jahre nach der Gründung der Tschechoslowakei, wurde es in das tschechische Nationaltheater (Národni divadlo) umgewandelt, in dem nun tschechischsprachige Aufführungen stattfanden. Eine weitere Änderung erfolgte 1948, als es nach dem tschechischen Dramatiker Josef Kajetán Tyl in Tyl-Theater (Tylovo divadlo) umbenannt wurde. 1990 kehrte man schließlich zum Namen Ständetheater zurück.

Die heutige Erscheinung des Gebäudes geht auf einen Umbau mit Aufstockung 1859 zurück. Während zuvor insbesondere die beiden Fassaden zum Obstmarkt und zur Železná mit ihrem aus Kolossalsäulen geformten und mit einem Dreiecksgiebel bekrönten Portikus die Ansicht des Hauses prägten, erfuhren nach dem Umbau auch die Fassaden an den Längsseiten eine Aufwertung, vor allem erhielten sie kunstvolle, aus feingliedrig geformtem Metall hergestellte Laubengänge.

Neues Rathaus (Nová radnice; II E5, Mariánské náměstí): 1906–11 baute Osvald Polívka, einer der prominentesten Vertreter Prager Architektur um 1900, am Marienplatz (Mariánské náměstí) dieses Gebäude, das zu den besten Beispielen dieser Übergangsepoche gehört. Weit weniger prunkvoll als das Repräsentationshaus entwickelt es seine ästhetische Wirkung durch klare Formen und großzügige Flächengestaltung. Markant schiebt sich zunächst ein breites, zwei Stockwerke hohes Rundbogenportal vor die Fassade, über dem sich ein Balkon ausbreitet. Die Portalseiten sind auf der Höhe des ersten Geschosses mit Reliefs geschmückt. Die zentralen drei Achsen werden sodann durch paarweise aufgestellte Säulen eingefasst und mittels eines gebrochenen Giebels hochgestreckt. Über den ersten beiden, mit Rustikabändern artikulierten Geschossen setzt ein Gurtgesims an, das zunächst die horizontale Linie der Fassade betont. Darüber erheben sich zwei weitere mit breiten Fenstern durchbrochene Geschosse, wobei die Fenster des obersten unmittelbar an das Dachgesims anschließen, das an den Ecken ähnlich wie bei der Kreuzherrenkirche konkav gewölbt ist. An den Ecken ebenso wie auf der Balustrade des Balkons wurden Statuen bzw. Statuengruppen platziert.

Repräsentationshaus (Obecní dům; II G5, Náměstí Republiky, 5): Dieses Gebäude gilt als ein vorzügliches Beispiel der Prager Übergangsepoche um 1900. Der Baukörper ist dem Historismus verpflichtet, während im Dekor der Jugendstil anbricht. 1906–12 wurde das Haus im Auftrag der Städtischen Verwaltung als Gemeindehaus erbaut, mit Räumen für Theater- und Konzertaufführungen, Tanzveranstaltungen und Vereinstreffen, aber auch für Cafés und Restaurants. Die Planung und Entstehung des Hauses stand in Zusammenhang mit der voranschreitenden Industrialisierung und dem damit steigenden Bedarf an Kulturveranstaltungen. Vor allem aber sollte es einerseits Kulturstätte und Versammlungsort, andererseits durch seine äußere Erscheinung ein Symbol für die sich konsolidierende bürgerliche tschechische Gesellschaft werden.

Zuvor befand sich an dieser Stelle der Königshof, in dem zeitweise das böhmische Königshaus residierte, namentlich war er seit 1383 die Residenz Wenzels IV. Nachdem jedoch Vladislav Jagiello die Residenz wieder auf den Hradschin verlagert hatte, verlor der Komplex an Bedeutung und wurde zu verschiedenen Zwecken genutzt, bis 1903–04 der Abriss erfolgte. Pläne für das Gemeindehaus lieferten Antonín Balšanek und Osvald Polívka. An der Ausstattung waren mehrere Künstler beteiligt, u.a. Alfons Mucha und Jan Preisler. Polívka war Schüler von Josef Zítek. Er verband in seiner Architektur Elemente der Neorenaissance, des Neobarocks und der Moderne. Probleme bereitete den Architekten vor allem das komplexe Nutzungskonzept, was sich im Verlauf der Flure niederschlägt. Eine Art Eckhaus entstand mit der »Ecke« als Zentrum. Dieser Bereich wölbt sich konvex ein. Im Erdgeschoss tritt ein konkav gewölbter Balkonbereich hervor, darüber befindet sich eine Rundbogenöffnung im Zentrum, benachbart von zwei rechteckigen Fenstern. Flankiert sind sie von Pilastern mit dekorativen, modern interpretierten Kapitellen mit Girlanden. Am Dachgesims setzt schließlich ein monumentaler Rundbogen an, dessen Innenfeld mit einem Mosaik geschmückt ist. Der Aufbau wird von einer Kuppel bekrönt. Diese Gestaltung kann als eine Reminiszenz an das Grand Palais in Paris verstanden werden.

Das Gebäude verfügt über zwei Geschosse. Das Erdgeschoss ist mit großen rechteckigen Fenstern durchbrochen und mit Rustikabändern artikuliert. Ein umlaufender Balkon vermittelt ins zweite Geschoss, wo riesige von dekorativen Pilastern flankierte Rundbogenfenster die Fassade transparent erscheinen lassen. Figurale und vegetabile Ornamente schmücken die Pilasterkapitelle und schließlich auch das Dachgesims. Am Dach selbst erscheinen Bänder und Dekorationselemente der Moderne, die der Sezession eigentümlich sind. Letztendlich soll die Fassade den Eindruck vermitteln, dass es sich trotz der vielfältigen Nutzung um einen »Tempel der Kunst« (Švácha) handelt. Seine Gesamtwirkung ist überraschend harmonisch, in seiner Stilkompilation feierlich, mit ein wenig übertriebenem Pomp. Im Inneren haben die Architekten und Gestalter ebenso wenig bescheiden agiert. Zu dem Hauptkonzertsaal, dem Smetana-Saal, führt eine breite, ausladende Treppe. Im Saalinneren, das den Eindruck eines Zentralbaus gleich vermittelt, überrascht ein gläsernes Kuppeldach über dem Zuschauerbereich. Das Programm der Ausstattung gilt der Kultur des tschechischen Volkes und den Künsten. Karel Novák schuf die Deckenskulpturen, Ladislav Šaloun die Allegorien der Böhmischen Tänze und des Vyšehrads am Orchesterpodium, die Wandmalereien stammen hingegen von Karel Špillar. Die übrigen Säle des Hauses sind politischen Persönlichkeiten, die sich um die Wiedergeburt der tschechischen Nation verdient gemacht haben, gewidmet. Darin befinden sich Werke namhafter Künstler der tschechischen Moderne wie z.B. Alfons

Mucha, Max Švabinský oder Josef Václav Myslbek. Die meisten angegliederten Säle sind für die Besucher unzugänglich. Einen Eindruck von der prächtigen Ausstattung vermitteln jedoch das Café und das Restaurant im Erdgeschoss rechts und links des Haupteingangs.

Straßen, Plätze und Denkmäler

Altstädter Ring (Staroměstské náměstí): Der Prager Altstädter Ring, dessen Aussehen sich über die Jahrhunderte stets gewandelt hat, wurde nicht nach römisch-antikem Muster in Planquadraten angelegt wie z.B. der Marktplatz in Krakau, sondern er stellt eine gewachsene städtebauliche Struktur dar. Dafür sprechen die unregelmäßigen Formen des Platzes. Im Mittelalter, als die Märkte sich zu entwickeln und zu etablieren begannen, gehörte der rechte Winkel nicht zu den bevorzugten Maßeinheiten. Gestaltung und Nutzung des Altstädtischen Marktes wurden dann zunehmend in Konkurrenz zum Hradschin und der landesherrlichen Burg begriffen. Das wachsende Selbstbewusstsein der Bürger äußerte sich im Bau des Rathauses, auch wenn man hierfür ein Privileg des Landesherrn benötigte, im Bau des hohen Rathausturms und der Teynkirche als Pfarrkirche der Altstadt, aber nicht minder in der repräsentativen Bebauung der Marktseiten und der umliegenden Straßenzüge. Dies gilt auch für später, wovon die St.-Nikolaus-Kirche in unmittelbarer Nähe des Platzes ein deutliches Zeugnis ablegt. Die Form des Platzes hat sich jedoch vor allem seit dem 19. und 20. Jh. verändert. Das betrifft den nördlichen Teil, wo die Bebauung weggerissen bzw. nach dem Zweiten Weltkrieg nicht wieder aufgebaut wurde, wie das beim neugotischen Flügel des Rathauses der Fall ist. Damit verlor der Platz seine dichte, kompakte Form. Bis zu ihrem Abriss war Zentrum der Platzanlage die 1648 von Kaiser Ferdinand III. gestiftete und 1650 geweihte Mariensäule, und zwar nicht als Votivbild, sondern als Siegeszeichen der Gegenreformation. Sie wurde aus Stein von Johann Georg Bendl gefertigt und zeigte die auf einem hohen Sockel platzierte Immaculata, die von vier Postamenten umgeben war, auf denen Skulpturengruppen aufgestellt waren, die den Kampf mit dem Bösen bildlich darstellten. 1918 während der Revolution wurde sie als Zeichen der habsburgischen Macht entfernt (die Immaculata-Figur befindet sich heute im Lapidarium des Nationalmuseums). Stattdessen beherrscht nun den Platz das Hus-Denkmal.

An der Ostseite hinter dem Palais Goltz-Kinský schließt an den Platz die Front der **Teynschule** (Týnská škola; Staroměstské náměstí, 14) an. Der Betrachter mag die Existenz dieses Gebäudes unmittelbar vor der Westfront der Teynkirche, die den Platz und die Stadtsilhouette mit ihren markanten Türmen dennoch prägt, als störend empfinden, doch besteht es hier schon seit dem Mittelalter. Gotische Rippengewölbe in den Lauben zeugen von dieser Vergangenheit. Die Renaissance-Attika des Hauses stammt allerdings von 1560, als das Gebäude von einem Zöllner erworben und umgestaltet wurde. Unmittelbar daneben befindet sich das in seiner gotischen Erscheinung rekonstruierte **Haus Zur steinernen Glocke** (U kamenného zvonu). Es wurde ursprünglich um 1340 als Umbau eines frühgotischen Hauses errichtet. Hinter der Teynkirche erstreckt sich der **Teynhof** (Týnský dvůr; Týnská ulička, 12). Seit dem Mittelalter diente dieser Ort als Stapelplatz. Hier konnten die auswärtigen Kaufleute ihre Waren lagern und verkaufen, nachdem sie eine Zollabgabe (»Ungelt«) entrichtet hatten. An den Hof schließt das **Granovsky-Haus** (Granovský dům; II F5, Týnská ulička, 2) an, eines der in Prag erhaltenen Renaissancehäuser (1559–60 errichtet), das sich ganz im italienischen Stil mit einer Loggia zu dem heute im Vergleich zum Altstädter Ring geradezu idyllisch wirkenden Teynhof hin öffnet.

Johannes-Hus-Denkmal (Pomník mistra Jana Husa; II F5, Staroměstské náměstí): Die gewaltige Anlage mit der Statue von Johannes Hus beherrscht vollends den Altstädter Ring. Der Reformer der Kirche wurde zu einem der wichtigsten Nationalhelden der Tschechen auserkoren, und die Aufstellung seines Denkmals auf dem größten Platz der Stadt hing nicht zuletzt mit dem wachsenden Nationalbewusstsein der Tschechen zusammen. 1903 wurde das Denkmal gestiftet und 1915 anlässlich des 500sten Todestages von Hus aufgestellt. Ladislav Šaloun schuf hier ein Werk, das zunächst durch seine Masse wirkt. Der Held wird auf einem hohen blockhaften Sockel mit Treppenanlage erhoben. Um ihn herum sind Gruppen von Gestalten angeordnet, die die Verfolgung bzw. den Niedergang und die Zerstörung der Nation symbolisieren (links), auf der anderen Seite Figuren, die die nationale Wiedergeburt verkörpern. Oft wird der Vergleich mit Auguste Rodins Bronzeplastik *Die Bürger von Calais* (1884–86, Enthüllung 1895) gezogen, die zu den wichtigsten Werken der modernen Bildhauerei gehört. Doch ist das Hus-Denkmal kompositorisch anders ausformuliert: Nicht die Gruppe in ihrer Gesamtheit wird hier als Ausdruck einer gemeinsamen Sache, für die man steht, dargestellt, sondern alle Figuren richten sich letztlich auf den emporschauenden Hus, dem allein gehuldigt wird.

Anenská (Kreuzung Liliová, in die Řetězová): Beachtenswert ist die gotische einschiffige Kirche St. Anna (sv. Anne) aus der Zeit Kaiser Karls IV.

Karlsbrücke (Karlův most; II D5): Bereits im Frühmittelalter wird von einer Holzbrücke in Prag, die die beiden Moldauufer miteinander verband, berichtet. Im 12. Jh. gab es hier die erste steinerne Brücke. Es war die Judithbrücke (Juditin Most), die 1158–72 unter der Herrschaft von Vladislav II. entstand und den Namen seiner Gemahlin trug. Nach ihrem Einsturz 1342 behalf man sich zunächst über fünfzehn Jahre mit einer Holzbrücke, bis 1357 Kaiser

Karl IV. den Bau einer neuen in Auftrag gegeben hat. Sie sollte nicht nur die beiden Moldauseiten verbinden und die wichtigste Verkehrsader der Stadt sein, vor allem sollte sie zu einem wesentlichen Teil des Königsweges werden. Der Kaiser bezog den Bau in seine politisch-symbolischen Pläne ein, Prag zum neuen Jerusalem aufzubauen, und gliederte die Brücke in den zeremoniellen Weg vom Vyšehrad bis zur Prager Burg auf dem Hradschin ein. Der Dombaumeister persönlich, Peter Parler, der gerade mit dem Bau des St.-Veitsdoms beschäftigt war, soll mit dem Brückenbau beauftragt worden sein, was heute allerdings angezweifelt wird. Nach den neuesten Untersuchungen soll es sich bei dem Brückenbaumeister um einen Prager Bürger namens Otlin gehandelt haben.

Die Brücke war nicht die erste gotische Brücke Böhmens, aber mit ihren 10 Metern Breite, 16 Bögen und 520 Metern Länge sollte sie die imposanteste dieser Zeit werden. Es handelt sich um eine Rundbogen-Pfeilerbrücke, d.h., die Rundbögen ruhen auf breiten, massiven Pfeilern. An beiden Enden wird die Brücke von Brückenköpfen in Form von Türmen abgeschlossen. Den Kleinseitner Brückenkopf bilden die beiden **Kleinseitner Brückentürme** (Malostranká mostecká věž; II D5). Der südliche, niedrigere gehörte noch zur alten Judithbrücke und wurde 1591 umgestaltet. Der jüngere, höhere Turm entstand erst 1464 als Pendant zu dem Altstädter Brückenturm, der bereits mit der Fertigstellung der Brücke selbst errichtet worden war, wurde jedoch 1879–83 durch Josef Mocker regotisiert, wovon die Reliefdekorationen mit Fialen und Spitzbögen, ebenso wie die Dachkonstruktion mit schmalen Ecktürmchen, ähnlich jenen der Teynkirche, zeugen. Dieser Kleinseitner Brückenturm hatte im Gegensatz zu dem Altstädter keine militärische Funktion. Da er nicht zur Verteidigung diente, verfügt er über einen offenen Bogen, der zwischen den beiden Türmen eingespannt ist. Auf der anderen Seite der Brücke baute bereits Peter Parler den

Altstädter Brückenturm (Staroměstská mostecká věž; II D5). Über dem Torbogen erheben sich hier zwei Geschosse. Der Turm ist mit einem mit Ecktürmchen versehenen Dach bedeckt. Sowohl die Ostfassade (zur Altstadt) als auch die Westseite (zur Kleinseite) waren reich mit Statuen und Reliefs geschmückt. Während der schwedischen Belagerung 1639 wurde die Westfassade schwer beschädigt und die Fassadenausstattung zerstört. Dabei soll es sich um ein Marienbildnis gehandelt haben, das von Statuen Karls IV. und seiner Gemahlin flankiert war. Das mittlere Geschoss der Ostseite schmückt ein von einem Dreieck überfangener dreiteiliger Rundbogen mit drei überlebensgroßen Reliefskulpturen im zentralen Feld. Es handelt sich um die Herrscherfigur Kaiser Karls IV. (links sitzend), den Landespatron St. Veit (im Zentrum auf einem breiten Sockel stehend), der von zwei Wappenschilden flankiert wird, und den Sohn des Kaisers, Wenzel IV. (rechts sitzend). Über ihren Häuptern hängen Maßwerkbaldachine. Über einem Gesims im zweiten Obergeschoss ist eine Maßwerkdekoration angebracht, in deren Mitte die Figuren der hll. Sigismund und Adalbert in flachen Maßwerknischen auf kleinen Sockeln aufgestellt sind, zu ihren Füßen befindet sich eine Löwenfigur. Stilistisch scheinen die Heiligenfiguren des zweiten Obergeschosses einer späteren Periode anzugehören, denn sie zeigen eine deutlichere Beweglichkeit in ihrer Körperhaltung als die noch eher starr wirkenden Figuren der Herrscherfamilie und des hl. Veit (alle Figuren sind heute durch Kopien ersetzt, die Originale befinden sich im Lapidarium des Nationalmuseums). Mit dieser ikonographischen Ausstattung und Wappenreihe oberhalb des Torbogens steht der Brückenturm für die Repräsentation der kaiserlichen und königlichen Macht. Der gesamte Turm kann künstlerisch als höchste gotische Baukunst bezeichnet werden. Parler stattete sogar die schmale Bogenöffnung des Turms mit einem von ihm entwickelten dekorativen Netzrippengewölbe aus, dessen Schlussstein die böhmische Krone bildet. Die heutige Erscheinung der Karlsbrücke entspricht nicht ihrem ursprünglichen Aussehen. Maßgeblich haben die **Brückenskulpturen** das Bild der Brücke ab dem 17. Jh. verändert. Bis dahin prägten die Brückentürme und ihre Dekoration die künstlerisch-ästhetische Wirkung des Bauwerks, das selbst ein reiner Zweckbau war. Lediglich ein Kruzifix stand auf der Höhe des dritten, von der Altstadt aus gesehenen Pfeilers. Erst für den Barock, eine dem Theater und der Inszenierung verpflichtete Epoche, erwies sich die Brücke als eine angemessene Schaubühne für große frei stehende Figurengruppen, die mit Vorliebe im Stadtbild aus ästhetischen, repräsentativen oder schlicht ideologischen Gründen aufgestellt worden sind. Dreißig Skulpturengruppen wurden innerhalb mehrerer Jahrzehnte entlang beider Seiten installiert. Doch wurden einige im Lauf der Zeit wegen Verwitterung oder Beschädigungen bei den Bombardements 1848, oder auch jüngst aus konservatorischen Gründen, durch neue Werke bedeutender Bildhauer bzw. durch Kopien ersetzt.

Den Anfang machte 1683 eine Bronzefigur des hl. Nepomuk auf der Höhe des mittleren Pfeilers an der Nordseite. Das Holzmodell lieferte Johann Brokoff (heute am Hochaltar der Kirche St. Johannes von Nepomuk auf dem Felsen), das Tonmodell hingegen steuerte der Wiener Matthias Rauchmüller bei. Gegossen wurde sie in der Nürnberger Werkstatt von Wolfgang Hieronymus Heroldt. Ihr folgte 1695 auf der Südseite eine Pietà, ebenfalls von Brokoff (ersetzt durch eine Plastik aus dem 19. Jh.). Verschwunden ist auch die Brokoffsche Gruppe der Taufe Christi mit der Hl. Dreifaltigkeit. Sie wurde 1848 durch Bombardierungen beschädigt und dann entfernt. Ersetzt wurde sie 1855 durch eine Statue des hl. Johannes des Täufers von Josef Max. Als kompletter Verlust gilt Max' Statue des hl. Joseph mit dem Christuskind (1707), die ebenso 1848 beschädigt wurde und dann verschollen ist.

Mathias Wenzel Jäckel, Madonna mit dem hl. Bernhard, 1709, Karlsbrücke

Entfernt wurde auch Brokoffs Gruppe der hll. Norbert, Adrian und Jakobus, die von den Strahover Prämonstratensern 1708 gestiftet worden war. 1764 war die Skulptur so stark durch die klimatischen Einflüsse beschädigt, dass sie von Abt Franz Daller entfernt und durch eine neue Statue mit dem gleichen Sujet von der Hand Ignaz Franz Platzers ersetzt wurde (Brokoffs Statue gilt als verschollen, Platzers Werk wurde 1853 durch eine Skulpturengruppe von Josef Max ersetzt).

In den Jahren 1707–14 stifteten verschiedene Institutionen die stolze Anzahl von mehr als einundzwanzig Skulpturengruppen. Zu den Stiftern gehörten die Universitäten, die Fakultäten, Äbte und Klöster, aber auch Vertreter des Adels und des Patriziats. Engagiert wurden für die Herstellung die fähigsten Bildhauer der Zeit, u.a. Ferdinand Maximilian Brokoff. Er schuf folgende Werke: hll. Johannes von Matha, Felix von Valois und Iwan (1714); hl. Adalbert (1709); hll. Vinzenz Ferrer und Prokop (1712); hl. Franziskus von Borgia (1710); hl. Veit (1714); hl. Kajetan (1709). Sodann war auch dessen Vater Johann Brokoff tätig. Von ihm stammen: hl. Franziskus Xaverius (1711); hll. Barbara, Margarete und Elisabeth (1707). Matthias Bernhard Braun lieferte: hl. Luitgard (1710); hll. Ludmila und Wenzel (1720; Werkstatt); hl. Ivo (1711). Mathias Wenzel Jäckel schuf: hl. Anna mit Jesuskind (1707); Madonna mit hll. Dominikus und Thomas von Aquin (1708); Madonna mit hl. Bernhard (1709). Von Johann Friedrich Kohl stammen: hl. Augustinus (1708); hl. Nikolaus von Tolentino (1708); hl. Judas Thaddäus (1708). Von Johann Meyer: hl. Antonius von Padua (1707).

Die in wenigen Jahrzehnten entstandenen Skulpturen sind ein einzigartiges Zeugnis der Bildhauerei um 1700 in Böhmen. Sie veranschaulichen die verschiedenen stilistischen Strömungen der Plastik in dieser Epoche. Sie reichen von sanfter, aus der inneren Gemütsbewegung nach außen geführter Beweglichkeit, intensiver Körperlichkeit und nach innen zum Zentrum der Gruppe geführten Linien des Matthias Bernhard Braun in der Nachfolge von Gianlorenzo Bernini bis zu innerer Versunkenheit und zum Teil starr wirkenden Körpergliedern bei Johann Brokoff und einer dynamisch fließenden Linie im Spannungsverhältnis zur inneren Ruhe, die letztendlich in eine Ausgewogenheit der Gestaltung mündet, in den Werken von Ferdinand Maximilian Brokoff.

Die **Celetná** (Zeltnergasse) führt vom Altstädter Ring zum Pulverturm. Hier verläuft entsprechend einer alten Handelsstraße die Grenze zwischen der Alt- und der Neustadt.

Kleiner Ring (Malé náměstí): Folgt man der Karlsgasse (Karlova) vom Kreuzherrenplatz in Richtung Altstädter Ring, also dem alten Königsweg, gelangt man zum Kleinen Ring, einem Platz, der vielleicht als Ankündigung zu dem großen, gleich dahinter liegenden Altstädter Ring zu sehen ist. Diese dreieckige Platzanlage kann als Musterbeispiel der immer noch durch barocke Architektur geprägten Stadt gewertet werden. Die Mitte markiert der goldene Brunnen, der von einem schmiedeeisernen Gitter umgeben ist, eine vorzügliche Schmiedekunst des frühen 16. Jh. (um 1520), wobei der vergoldete böhmische Löwe an der Spitze erst um 1650 aufgesetzt wurde. Ihn begleiten ebenso vergoldete Engelsfiguren an den Spitzen des Brunnengitters. Die meisten Häuser am Platz stammen aus der Barockzeit, wobei an einigen Häusern neuerdings Wandmalereien der Spätrenaissance freigelegt worden sind.

Kohlenmarkt (Uhelný trh): Der Markt, dessen Ursprünge bis ins 13. Jh. reichen, gehört zu den ältesten der Stadt. Vornehmlich barocke Fassaden dominieren die Umgebung, wenn auch an einigen Häusern entlang der Havelská noch die im Mittelalter an Prager Plätzen gerne angewendeten Laubengänge vorhanden sind. Die Mitte ziert seit den 1950er Jahren der sogenannte **Wimmer-**

Brunnen (Wimmerova kašna), den Franz Xaver Lederer bereits 1797 geschaffen hatte. Er wird von Allegorien des Obst- und Weinbaus, der landwirtschaftlichen Bereiche, die von dem Brunnenstifter betrieben wurden, geschmückt. An der Ecke zur Skořepka befindet sich das **Haus Zu den drei goldenen Löwen** (Dům U Tří Zlatého lva; II E6), dessen Anfänge bis ins 14. Jh. reichen. Es war zeitweise das Wohnhaus von Wolfgang Amadeus Mozart.

Kreuzherrenplatz (Křižovnické náměstí): Passiert man die Karlsbrücke von der Kleinseite aus, betritt man direkt den kleinsten und zugleich bedeutendsten Platz der Stadt in Prag und wird sogleich von seiner imposanten Architektur eingenommen. Zunächst schaut man auf die Fassade der Jesuitenkirche St. Salvator gegenüber dem Brückenturm, an die links die prächtige Westfassade des Clementinums anschließt. Linker Hand schließt den Platz die St.-Franziskus-Kirche von Jean-Baptiste Mathey, die mit ihrer eher flach gestalteten Fassade an die stereometrische französische Barockarchitektur erinnert. Das Zentrum besetzt das Denkmal Karls IV. Zwei Straßen queren den Platz. Mittendurch verläuft die schmale, aber zugleich verkehrsreiche Schneise, die den Verkehr vom Süden in den Norden der Stadt leitet. Die schmale Karlova hingegen, die Teil des alten Königsweges war, ist ein Pfad, der in Richtung Altstädter Ring führt. Auf dem Platz steht auch das **Denkmal Karls IV.** (Pomník Karla IV.), das dem für seine Baumaßnahmen in Prag, vor allem für die Gründung der Neustadt, berühmt gewordenen Kaiser Tribut zollt. Die aus Gusseisen nach einem Entwurf von Ernst Julius Hähnel gefertigte Statue sollte ursprünglich 1848 zum 500sten Jahrestag der Universitätsgründung errichtet werden, kam aber erst ein Jahr später zur Aufstellung. Sie fand ihren Platz zwischen der Kreuzherrenkirche und dem Altstädter Brückenturm, also neben Karls bekanntestem Bau, der Karlsbrücke, die wirtschaftlich, politisch, künstlerisch und nicht zuletzt auch ideologisch zu den städtebaulich prägnantesten Bauwerken nicht nur Prags, sondern ganz Europas zählt.

Obstmarkt (Ovocný trh): Folgt man der Železná vom Altstädter Ring, gelangt man zum Obstmarkt. Die längsgerichtete Platzform erinnert an die großen Plätze der Neustadt, den Wenzelsplatz und den Karlsplatz. Dominiert wird der Obstmarkt von dem klassizistischen Bau des Ständetheaters, der sich wie ein Riegel in den Platz vorschiebt, und vom Carolinum, das den Platz seitlich flankiert. Folgt man dem Platz in Richtung Celetná, gelangt man zu einem der kubistischen Häuser Prags, dem Haus Zur Schwarzen Gottesmutter.

Judenstadt (Židovské město / Josefov)

Die Juden bildeten bereits seit dem Mittelalter eine große Bevölkerungsschicht Prags. Da sie bis ins 19. Jh. nur in einem bestimmten Areal Prags siedeln durften, entstand nördlich der Altstadt eine dicht bebaute Judenstadt. Den Namen Josefov erhielt sie erst im 19. Jh. Die Judenstadt (Ghetto) war eine eigenständige Stadtgemeinde mit eigenem Rathaus und damit mit eigener Stadtverwaltung. Das Areal war nicht anders als die übrigen Prager Stadtteile mit einer Stadtmauer umgeben. Die Mauer besaß sieben Tore, jedoch keine Türme. Nach den Reformen 1780–90 Kaiser Josefs II. durften die Juden auch in anderen Prager Städten wohnen. Damit entwickelte sich die Judenstadt zu einer Art Slum, aus dem die vermögenden Juden auszogen, während arme Christen einzogen. Die dichte Bebauung führte Ende des 19. Jh. zu unerträglichen hygienischen Verhältnissen, worauf die zentrale Stadtverwaltung Prags das Gesetz zur Assanierung der Judenstadt beschloss. Im Zuge dieser Maßnahmen wurden die Mauern von Josefov abgetragen und alle Gebäude beseitigt bis auf die Synagogen, das jüdische Rathaus und noch einige historisch wertvolle Bauwerke. Die neue historistische großbürgerliche fünfstockige Bebauung schuf ein völlig neues Bild des Bezirkes, in dem die historischen Gebäude der ehemaligen Judenstadt fremd und nicht mehr zugehörig wirken. Dass die Synagogen den Holocaust überdauerten, verdankt sich einem makabren Plan der Nationalsozialisten, hier ein Museum der ausgestorbenen jüdischen Rasse einzurichten. Mit diesem Plan hängt auch eine sehr große Sammlung an Kultobjekten jüdischer Religion und Kultur zusammen, die im Jüdischen Museum und den dazugehörigen Synagogen ausgestellt werden.

Die Prager Synagogen gehören zu den interessantesten

im europäischen Raum, insbesondere die **Altneusynagoge** (Staranová synagoga; II E4, Červená), die älteste erhaltene Synagoge Europas. Sie liegt etwas unter dem aktuellen Straßenniveau, von außen ist ihre innere Struktur nicht zu erschließen. Es handelt sich um einen schlichten Baukörper ohne Verzierungen an den Außenwänden, der mit einem einfachen Satteldach bedeckt ist. Der gotische Giebel erinnert an die Entstehungszeit der Synagoge, die auf das Jahr 1270 datiert wird. Über dem Eingang (im Süden) befindet sich ein Tympanonrelief mit dem Bild des Lebensbaumes. Im Inneren öffnet sich dieser beengte Raum zu einer zweischiffigen Halle mit Kreuzrippengewölbe, die von zwei oktogonalen Stützen in der Mitte des Raumes getragen wird. Die Rippen werden nicht bis zum Boden geführt, sondern enden auf der Höhe der Säulenkapitelle und laufen in Konsolen aus. Die Ähnlichkeit des Innenraums mit christlichen Gotteshäusern ist nicht zufällig, denn die Baumeister der jüdischen Synagogen orientierten sich an der üblichen Bauweise der Zeit und der Region. Daher finden sich unter den Bauten Objekte, die die gleichen stilistischen Merkmale aufweisen wie die christlichen Kirchen.

Gegenüber der Altneusynagoge befinden sich die Hohe Synagoge und das Jüdische Rathaus. Die sogenannte **Hohe Synagoge** (Vysoká synagoga / gen. auch Rathaussynagoge; II E4, Červená, 2) stammt aus der Renaissance. Sie erfuhr eine barocke Umgestaltung Ende des 17. Jh. Ihr Name leitet sich von dem Ort her, wo sich der Andachtsraum befindet, nämlich im ersten Obergeschoss des Hauses. Heute dient sie als Museum und zu Ausstellungszwecken. Das **Jüdische Rathaus** (Židovská radnice; II E5, Maiselova, 18) wurde 1580 von Pankraz Roder erbaut. 1763 erfolgte eine Barockisierung durch Josef Schwanitzer. Die Fassade des dreistöckigen Gebäudes ist im Obergeschoss mit flachen Pilastern artikuliert, die Ecke markiert ein hölzerner Uhrenturm. Die Zeiger der Uhr, die auf einem kleinen Giebel am Dachansatz angebracht ist, laufen links herum, denn im Hebräischen wird von rechts nach links gelesen. Heute dient das Rathaus als Versammlungsraum für die Prager Jüdische Gemeinde. Einige Schritte weiter in Richtung jüdischer Friedhof befindet sich die **Klausensynagoge** (Klausová synagoga; II E5, Široká, 3). Der Barockbau (1694) entstand aus der Zusammenschließung von drei Gebäuden, sogenannten Klausen (daher der Name): einer Schule, einem Gebetshaus und einem Spital. Aus der Entstehungszeit stammt noch das Tonnengewölbe, wohingegen der Rest des Gebäudes 1884 historistisch umgestaltet wurde. Die Synagoge dient als Ausstellungsraum für alte jüdische Buchdrucke und Schriften.

In der unmittelbaren Nachbarschaft befinden sich der jüdische Friedhof und die ehemalige Zeremonienhalle. Der **Alte jüdische Friedhof** (Starý židovsky hřbitov; II E4, Široká, 3) aus der ersten Hälfte des 15. Jh. ist von einer hohen Mauer umgeben. Nicht bekannt ist, wie viele Gräber sich hier befinden, denn als der Friedhof zu klein wurde, hat man immer wieder Aufschüttungen vorgenommen und neue Bestattungen durchgeführt. Die heutige Größe des Friedhofs entspricht nicht seiner ursprünglichen, da ein großer Teil im Zuge der Assanierung beseitigt wurde. Der älteste erhaltene Grabstein trägt die Jahreszahl 1439. Die letzte Bestattung fand hier 1787 statt. Die prominenteste Persönlichkeit, die hier ihre letzte Ruhe fand, ist Judah Löw ben Bezalel (gen. Rabbi Löw, gest. 1609), bekannter jüdischer Reformer, Talmudist und Denker. Mit seiner Person ist auch die Legende um den Golem verbunden.

Heute sind zahlreiche der erhaltenen Grabsteine zum Teil zerbrochen, schief und umgeworfen. Die Ästhetik dieses Zustands vermittelt jedoch nicht den Eindruck des Vandalismus, vielmehr erinnert er an die Geschichte der Juden, insbesondere des Holocaust. Die **Zeremonienhalle** (Obřadní síň; II E4) wurde im 16. Jh. errichtet. Das heuti-

Alter Jüdischer Friedhof

ge Erscheinungsbild stammt von 1906, als das Gebäude im neoromanischen Stil umgestaltet wurde. Es beherbergt eine sehenswerte Ausstellung zur Geschichte und Tradition des jüdischen Begräbnisrituals. Am jüdischen Friedhof liegt auch die **Pinkas-Synagoge** (Pinkasova synagoga; II E5, Široká, 3) mit Zugang durch den Friedhof. Die baulichen Ursprünge liegen im frühen Mittelalter (11.–12. Jh.). In den 1950er Jahren wurde in den Räumen der Synagoge eine Gedenkstätte eingerichtet. Ihre Wände tragen die Namen der Orte mit Konzentrationslagern und fast 80000 Namen jener Juden, die aus oder über Prag in die Lager abtransportiert wurden. Im Obergeschoss zeigt eine Ausstellung Kinderzeichnungen aus einem Durchgangslager bei Theresienstadt (Terezín). Die Architektur greift Elemente der Spätgotik und der Renaissance auf, eine einschiffige Halle mit einem Netzgewölbe aus der Zeit um 1535 mit an der Wand auslaufenden Rippen. An einer Seite wurde im 17. Jh. eine zweistöckige Empore für die Frauen, die den zentralen Kultraum nicht betreten durften, hinzugefügt. In die andere Wand wurden dreiteilige Rundbogenfenster eingeschnitten. Der Name der Synagoge bezieht sich auf den Namen eines ehemaligen Grundstückbesitzers.

Erhalten blieben auch die **Maisel- und die Spanische Synagoge** (Maiselova- / Španělská synagoga; II E5, Maiselova, 10 / II F4, Vězeňská, 1). Die Maisel-Synagoge wurde 1590–92 von Josef Wahl und Juda Goldsmied de Herz errichtet. Ein Feuer vernichtete 1689 den Bau, der Wiederaufbau erfolgte im Barockstil. Ihr heutiges Aussehen basiert auf Umbaumaßnahmen von 1893 bis 1905 durch Alfred Grotte. Die Spanische Synagoge baute 1868 Vojtěch Ignác Ullmann.

Obere Neustadt (Nové město)

Sakralbauten

St. Apollinaris (Kostel sv. Apolináře; III F9, Apolinářská): Das Kollegiatstift, ursprünglich in Sadská im 12. Jh. gegründet, wurde von Kaiser Karl IV. 1362 im Zuge der Neustadtgründung auf den Windberg verlegt. Der einschiffige fünfjochige Bau mit zweijochigem Chor zählt zu den Neustadtgründungen Kaiser Karls IV. wie St. Katharina und Maria auf dem Anger oder auch der Karlshof.

Emmauskloster (Kostel sv. P. Marie a Klášter u Emauzich; bei den Slawen; III E9, Vyšehradská):

BAUGESCHICHTE Die ehemalige Benediktiner-Abtei, die von Kaiser Karl IV. als Kloster mit slawischem Ritus gestiftet und dem hl. Hieronymus geweiht wurde, befindet sich auf einer Straße, die von der Residenz auf dem Vyšehrad zum Moldauufer führte. Der Name Emmaus geht zurück auf die Schriftlesung am Tag der Weihe, dem 29. März 1372, aus dem Lukas-Evangelium über die Begegnung Christi mit den Jüngern auf dem Weg nach Emmaus. Die Klostergründung erfolgte 1347. Die Benediktiner aus Kroatien errichteten hier die Konventgebäude bis 1353. 1419 bis 1589 war das Kloster Stätte der Hussitenbewegung. Nach 1589 ging es an die Benediktiner zurück. Um 1640 wurden die Konventgebäude im Westen und im Süden um ein Geschoss erhöht. 1714 erfolgte eine Barockisierung der Kirche (St. Maria und Hieronymus) und des Klosters. Um 1880 gestalteten die Beuroner Mönche die Gebäude im neugotisch-byzantinischen Stil um. Schweren Schaden nahm das Kloster 1945 am Ende des Zweiten Weltkriegs. Dabei wurde insbesondere das Dach der Kirche zerstört. In den 1960er Jahren wurde der Bau in seinen gotischen Zustand zurückversetzt, das Dach erhielt 1967 eine neue, moderne Konstruktion von František Cerny.

Kircheninnenraum und Grundriss Die dreischiffige Hallenkirche wurde 1372 geweiht. Das siebenjochige Langhaus mündet unmittelbar in den Chor. Der Raum wirkt licht und hell. Für die Klarheit der Innenarchitektur sorgen zugleich die polygonalen Pfeiler, aus denen die Rippen des Kreuzrippengewölbes geradewegs herausgeführt werden. Keinerlei zusätzliche Elemente vermitteln zwischen Pfeiler und Gewölbe. Die schmaleren Seitenschiffe münden in Apsiden, der Chor in einen Dreiachtel-Chorschluss. Das 44 Meter lange und 15,2 Meter hohe Gebäude kann als Zeugnis des Übergangs von der dekorativen Hochgotik zur schmucklosen und klaren Spätgotik (auch als Reduktionsgotik bezeichnet) gewertet werden.

konventsbauten und kreuzgang Der Klosterumgang schließt unmittelbar an das südliche Seitenschiff der Klosterkirche an. An der Ostseite des Kreuzgangs erstreckt sich der Kapitelsaal. Das Dormitorium lag im Obergeschoss des Ostflügels, das Refektorium im Südflügel. In der Süd-West-Ecke befand sich das Dispositorium (Archiv und Bibliothek). Die Süd-, Ost- und der Westflügel verfügten über fünf Joche, der Nordflügel über drei breiter gestaltete Joche. Der Kreuzgang wurde bereits im 14. Jh. mit aufwendigen Wandmalereien ausgestattet. Nach einer Restaurierung in den 1940er Jahren nahmen die Malereien während der Bombardierung im Februar 1945 schweren Schaden, doch eine fotografische Dokumentation vermittelt eine Vorstellung über das Programm der Bilder und ermöglichte eine Teilerhaltung bzw. eine Konservierung der Malereien. Der Inhalt folgt der sogenannten Armenbibel (*biblia pauperum*). Demnach entsprechen jeder Szene aus dem Leben Christi im oberen Kompartiment des Wandbildes zwei Szenen aus dem Alten Testament im unteren Kompartiment, und zwar im Kontext der Heilsgeschichte. Schwarze Inschriften erläutern die Szenen. Der mittlere Textabschnitt bezieht sich auf den Inhalt aus dem Neuen Testament, die seitlichen Abschnitte hingegen auf die Inhalte aus dem Alten Testament, wobei das System nicht stringent durchgehalten wird. Die Autorschaft der Wandgemälde ist bis heute nicht gänzlich geklärt. Man vermutet, dass drei Meister am Werk waren. Die ältesten Teile sollen von dem Hofmaler Karls IV. Nikolaus Wurmser stammen, ein weiterer Maler blieb anonym, der Dritte im Bunde war offenbar Meister Oswald (vier Engelsköpfe im Gewölbe des ersten Feldes, die Passionsszenen des Ostflügels, alle stark zerstört).

St. Ignatius (Kostel sv. Ignáce; Kirche und Kollegiatsgebäude; III F8, Karlovo náměstí): Die Jesuiten kamen bereits 1556 nach Prag und verfügten über große, ausgedehnte Grundstücke (Residenzen) auf der Kleinseite, in der Altstadt und in der Neustadt. Zunächst übernahmen sie kleinere mittelalterliche Kirchengebäude, bevor sie auch große Kollegiatsgebäude und Barockkirchen in Auftrag gaben. So auch in diesem Fall: Bevor die große Kirche in der Neustadt entstand, erhielten die Jesuiten 1623 von Kaiser Ferdinand II. die Fronleichnamskapelle (als Zentralbau 1387–92 errichtet), die direkt auf dem damaligen Viehmarkt (Karlsplatz) stand. Die Kollegiatsgebäude wurden ab 1659 gebaut und erstrecken sich entlang des Karlsplatzes. Die Fassade des zweigeschossigen Baus ist eher sachlich mittels Kolossalpilastern gegliedert. Die Ausführung der Kirche nach Plänen von Orsi de Orsini übernahm zunächst Carlo Lurago, ab 1671 Martino Rano. Nach der Hauptbauphase 1665–78, während der 1671 in der Kirche ein Tonnengewölbe mit Stichkappen eingezogen und 1672 die plastische Ausstattung der Fassade abgeschlossen wurde, entstand 1683–85 die Kapelle der Verstorbenen, 1686 wurde der Chor vollendet. Paul Ignaz Bayer errichtete 1687 den Turm und 1697–99 die Vorhalle an der Frontfassade. Zuvor dominierte die eher flächige

Konzeption der Front mit Pilastern und Reliefdekor, vor allem im Aufsatz des zweiten Geschosses um das querovale Fenster im Zentrum. Der mit Rundbögen und Säulen ausgestattete Portikus belebt die frühbarocke Front und verleiht ihr mehr Plastizität, was die Statuen auf der Brüstung noch verstärken. Als Vorbild, das mit einigen Abweichungen umgesetzt wurde, diente wie in zahlreichen anderen Fällen die »Mutterkirche« der Jesuiten, Il Gesù in Rom. Der Prager Grundriss zeigt insgesamt eine einschiffige Kirche mit Seitenkapellen und Emporen darüber. Der Chor ist plan abgeschlossen. Der Hochaltar besteht aus einem aus Kunstmarmor gefertigten Architekturteil aus dem 18. Jh. und dem älteren Altarbild *Verherrlichung des hl. Ignatius* von Johann Georg Heintsch. Von dessen Lehrer Karel Škréta stammt das Altarbild *Christus im Kerker.* Der Innenraum der Kirche besticht durch seine Helligkeit, die zum einen durch die weißen, teilweise vergoldeten Stuckaturen an der Decke und auf den Bögen zu den Kapellen von der Hand des Italieners Tomaso Soldati erzielt wird, zum anderen durch die unter den Stichkappen eingeschnittenen halbrunden Fenster.

Zu den Sakralgebäuden, die den Karlsplatz umgeben, gehört auch die ehem. **Karl-Borromäus-Kirche**, die erst 1935 bei der Übernahme durch die Tschechoslowakische Orthodoxe Kirche ein neues Patrozinium, nämlich **St. Cyrillus und Methodius** (Kostel sv. Cyrila a Metoděje; III E8, Resslova), erhielt. Die Kirche ist auf einem Hang errichtet und daher von Westen mittels Sockel mit Vorhof gestützt. Sie entstand nach Plänen von Paul Ignaz Bayer, die Vollendung bis 1736 erfolgte durch Kilian Ignaz Dientzenhofer. Von außen beeindruckt das Bauwerk durch die gelungene Aufschichtung wichtiger architektonischer Elemente, die das Gebäude zwar massig und kompakt, doch weder gedrungen noch eingeengt wirken lässt. Abwechselnde Pilaster und Säulen, die auf hohen Sockeln stehen, insbesondere an der Westfront, sowie der Abschluss im Westen und im Süden mit ausgeprägten Dreiecksgiebeln verleihen dem Gebäude repräsentative Eleganz. Der Innenraum besteht lediglich aus drei Jochen mit angeschlossenen Seitenkapellen. Das Deckenfresko zeigt Szenen aus dem Leben des Schutzpatrons Karl Borromäus und stammt von Karl Schöpf, die Stuckaturen fertigte Michael Ignaz Palliardi.

St. Johannes von Nepomuk auf dem Felsen (Kostel sv. Jana Nepomuckého na skalce; III E9, Vyšehradská): Die Kirche wurde als Zentralbau von Kilian Ignaz Dientzenhofer für die Bruderschaft der hl. Johannes 1730–38 errichtet. Den Bau dominiert zunächst eine zweiläufige breit gelagerte Treppenanlage, die den Höhenunterschied zwischen dem Kirchenbau und dem Straßenniveau auszugleichen hat. Sie wurde 1776–78 von Johann Schmidt angelegt. Von der Straßenseite wirkt die Mauer der Treppe ebenso wie die Seitenmauer, die die gesamte Anlage umfasst, massig wie eine Bastion. Dagegen setzt sich Dientzenhofers geschicktes Spiel mit barocker Theatralik ab: Er baut nicht eine gewöhnliche Doppelturmfassade, sondern setzt die Türme in eine Schrägstellung zueinander, gleichzeitig wölbt sich der Mittelteil mit dem Eingang nach außen. Damit erreicht Dientzenhofer eine hohe Spannung der allgemeinen Linienführung. Die Wölbung des Mittelteils wird gesteigert durch die Rundungen der Halbsäulen, die den Eingang flankieren, ebenso mittels des einfach gebrochenen Segmentgiebels darüber. Die übrigen Fassaden geben nach außen die konvex-konkave Wandführung des als Zentralraum auf einem Achteck geformten Innenraums wieder. Über ihm erhebt sich eine Hängekuppel, in der der Maler Johann Karl Kovář 1738 die Himmelfahrt des hl. Johannes von Nepomuk in einem illusionistischen Wandgemälde dargestellt hat. Der Chor sowie die Vorhalle schließen als querovale Riegel an den Hauptraum der Kirche an. Das Kuppelfresko des Chors zeigt die Hl. Dreifaltigkeit, das linke Gewölbejoch das Martyrium des hl. Johannes von Nepomuk. Die Statue des hl. Nepomuk auf dem Altar schuf 1682 der Bildhauer Johann Brokoff als ein Modell für die von Matthias Rauchmüller ausgeführte Bronzestatue des Heiligen an der Karlsbrücke.

Karlshof (Karlov; Mariae Himmelfahrt und Kaiser Karl d. Gr. / Kostel Nanebevzetí P. Marie a sv. Karla Velikého; III G9, Ke Karlovu): Die Errichtung des Karlshofs geht auf die Gründung eines Chorherren-Stifts durch Kaiser Karl IV. am 18. September 1350 zurück. Der Ort, an dem der Karlshof entstand, liegt im äußersten Süden der Neustadt an der höchsten Stelle in Sichtweite zum Vyšehrad. Als Gründungskonvent berief der Kaiser die Lateranensischen Augustiner-Chorherren aus Frankreich. Das Doppel-Patrozinium zeigt das Vorhaben des Stifters, an die karolingische Herrschaftstradition des mittelalterlichen Imperiums Kaiser Karls d. Gr. anzuknüpfen. Die Bauarbeiten an der Kirche begannen 1352, die Weihe fand 1377 statt. Die Kirche bildet einen oktogonalen Zentralbau – eine Seltenheit unter den gotischen Sakralbauwerken – mit einem zweijochigen Chorabschluss. In ihrer Form zitiert sie die Aachener Pfalzkapelle. An den westlichen Arm des Oktogons schließt der eingeschossige Kreuzgang des Klosters an. Wenig erinnert an die ursprünglich gotische Ausstattung der Kirche: 1498 wurde bereits das gotische Kuppelgewölbe, das mit großer Wahrscheinlichkeit von einer ins Zentrum des Raumes eingestellten Säule getragen wurde, ersetzt. Der fünfstrahlige Rippenstern stammt von 1575. Eine Barockisierung fand Anfang des 18. Jh. statt. Im Zuge dieser Maßnahmen wurde zunächst nach Plänen von Johann Blasius Santini-Aichl an der Südseite die Heilige Stiege angefügt. 1733–40 ist der Innenraum nach Plänen von František Maximilian Kaňka durchgehend umgestaltet worden. Bemerkenswert sind hier die südliche und die nördliche Portalarchitektur an den Außenwänden. Über den von ionischen Säulen flankierten Portalen befinden sich zwei Skulpturengruppen als Balkonszenen: Ecce homo und gegenüber Mariae Heimsuchung, letztere in ungewöhnlich bewegter »öffentlicher« Szene, da der Begegnung zwischen Maria und Elisabeth, rechts und links begleitet von Joachim und Anna, an den Fenstern zahlreiche Zeugen beiwohnen.

St. Katharina und Augustiner-Kloster (Kostel sv. Kateřiny / Klášter Augustinský; III F8, Kateřinská): Das Kloster wurde von Karl IV. 1355 gegründet. Mit dieser Stiftung wollte der Kaiser an den Sieg seiner Truppen bei San Felice nahe Modena am 25. November (Katharinen-Tag) 1332 erinnern. Das Kloster war der einzige Frauenkonvent in der Neustadt. 1565 ließ sich dort allerdings ein Männerkloster nieder. Die gotischen Kirchengebäude des Konvents wurden während der Hussitenkriege schwer beschädigt. Ein Neubau, der allerdings den erhaltenen gotischen schmalen Turm aufnahm, erfolgte 1718–30 und 1737–41 nach den Plänen von Christoph Dientzenhofer, die Ausführung übernahm sein Sohn Kilian Ignaz. Es handelt sich um einen verlängerten Zentralbau, überwölbt mit einer böhmischen Kappe. Erweitert ist der Hauptraum durch seitlich angeschlossene Kapellen.

Die **Longinus-Rotunde** (Rotunda sv. Longina; III F8, Na rybníčku) gehört zu den wenigen frühmittelalterlichen Bauten Prags, sie ist zugleich die älteste Kirche der Stadt und die kleinste der erhaltenen Rotunden. Der romanische Bau mit einem halbrunden Chorabschluss entstand im 12. Jh. nordöstlich von St. Stephan. Die Rotunde war ursprünglich dem hl. Stephan geweiht, bis sie das Patrozinium an die neu erbaute Basilika abgeben musste. Vor allem die barocke Laterne auf dem Dach durchbricht die mittelalterliche Silhouette der Kirche.

Maria auf dem Anger / auf dem Rasen (Kostel Zvěstování P. Marie Na slupi; III F10, Na slupi): Diese gotische Kirche beansprucht eine besondere Stellung unter den mittelalterlichen Sakralbauten Prags, da sie zum seltenen Typus eines Zentralbaus gehört, bei dem das Gewölbe

– wie ursprünglich offenbar auch im Karlshof – von einer ins Zentrum eingestellten Mittelstütze getragen wird. Errichtet wurde sie von den Serviten 1360–70. Nach der Aufhebung des Klosters 1783 wurde sie neugotisch restauriert. Heute wird die Kirche von der russisch-orthodoxen Kongregation genutzt.

Unmittelbar zwischen dem Emmauskloster und dieser Kirche erbaute Kilian Ignaz Dientzenhofer 1724–25 die **Kirche der Schmerzensmutter Maria und das Kloster der Elisabethinerinnen** (Kostel P. Marie bolestné a Klášter U alžbětinek; III F9). Der Baukomplex zählt nicht zu den überzeugendsten Werken des genialen Barockbaumeisters, die Frontfassade mit den unterlegten Pilastern und einem schlichten Dreiecksgiebel, der das erste Geschoss abschließt, wirkt übermäßig flach und stereometrisch. Die einzigen gerundeten Elemente zeigen sich an den Voluten, die den kleinen, mit einem Zwiebelhelm bedeckten Turm darüber einfassen. Charakteristisch erscheint jedoch das »Geigenkastenfenster« im Zentrum der Fassade – hier wird es vom Architekten zum ersten Mal verwendet. Die zweiläufige Treppe wirkt wie herangeschoben. Die kleine einschiffige Kirche verfügt lediglich über zwei Joche und ein schmales rechteckiges Presbyterium. Die Wandpfeiler schieben sich mit vorgelegten Pilastern in den Raum hinein und laufen in den Gurten, die die Gewölbefelder voneinander trennen, aus.

Maria Schnee (Chrám P. Marie Sněžé; II F6, Jungmannovo náměstí): Der Name der Kirche geht auf eine Marienlegende zurück, der zufolge Maria einem römischen Patrizier Johannes in der Nacht vom 5. auf den 6. August 325 im Traum erschien und den Bau einer Kirche befahl, wo am nächsten Morgen der erste Schnee liegen würde. Die Vision ereignete sich im August, doch als der Mann aus dem Fenster sah, erblickte er den Hügel Esquilin mit Schnee bedeckt. Dort ließ er auch die Kirche erbauen und weihte sie »Maria Schnee«. Die Prager Kirche steht in der

Nähe des ehemaligen Rossmarktes, des heutigen Wenzelsplatzes, und damit an der Grenze zwischen der Alt- und der Neustadt. Das Kloster erhielt ein Baugrundstück vor dem Galli-Tor. Die Planungen zum Bau gingen mit dem Vorhaben Kaiser Karls IV. zur Gestaltung der Neustadt einher. Die Kirche bildet den Anfang von Neugründungen von Kirchen und Klöstern des Kaisers in der Neustadt, die die Universalität des kaiserlichen Amtes und die Entwicklung der persönlichen Geschichte, der Neigungen und der Frömmigkeit Karls IV. zur Anschauung bringen sollten. Dies zeigt sich auch im Konzept, der Kirche durch ein einhundert Meter langes Schiff eine besondere Bedeutung zuzuweisen, was jedoch nicht realisiert wurde.

Den Grundstein für Kirche und Kloster der Unbeschuhten Karmeliter legte Kaiser Karl IV. am 2. September 1347 im Gedenken an seine Krönung zum böhmischen König; an der Nordseite der Kirche, über dem Tor zum Friedhof, erinnert ein Votivrelief an dieses Ereignis, es zeigt die Marienkrönung mit der Hl. Dreifaltigkeit sowie den knienden Stifter Karl und seinen Vater Johannes. Zunächst entstand eine kleinere Kirche (Mauerreste im neuen Chor), der Bau einer großen dreischiffigen Basilika begann mit der Errichtung des Chors ab 1379 (Vollendung 1397). Auch wenn die Länge des Schiffs, dessen Bau Anfang des 15. Jh. erfolgte, nicht wie geplant erreicht werden konnte, so wurde doch das Presbyterium mit seinen 39 Metern Höhe das höchste in der gesamten Stadt. Die Bauarbeiten wurden durch die Hussitenkriege unterbrochen, in den Auseinandersetzungen zwischen den Alt- und den Neustädtern wurde die Kirche beschädigt und der Turm zerstört. In dieser Zeit war Maria Schnee Schauplatz der Hussitenbewegung, da sie als Wirkungsstätte des radikalen Jan Želivský diente, der nach seiner Hinrichtung auf dem Altstädter Ring hier seine letzte Ruhestätte fand. Im 16. Jh. verfiel das Bauwerk, das Gewölbe stürzte ein. 1603 ging die Kirche an die Franziskaner. Der Orden ließ ein niedrigeres Netzgewölbe einziehen, neue, niedrigere Fensterbahnen errichten, neues Maßwerk anbringen und die westliche Stirnwand umgestalten. Die begonnenen Seitenschiffe wurden in barocke Seitenkapellen (Johannes Nepomuk im Norden und Erzengel Michael im Süden) integriert. Insgesamt zeichnet sich das Innere dennoch durch eine starke Vertikalität und Helligkeit aus. Die hochstrebende Linienführung im Kircheninneren wird durch den größten Hauptaltar der Stadt zwar wesentlich unterstützt, der Altar versperrt jedoch zugleich den gesamten Chorbereich. Das dreigeschossige frühbarocke Werk erstreckt sich mit der Spitze des Kreuzes Christi bis zum Gewölbe des Chores. Die Arbeiten begannen 1625 und dauerten über 20 Jahre, was an der differierenden Dynamik der ausgeführten Figuren, aber auch an den architektonischen Teilen des Altars selbst sichtbar ist, die in der Frühphase noch wesentlich kleinteiligere (oberer Abschluss), später groß definierte Elemente aufweisen.

St. Stephan (Kostel sv. Štefana; III F8, Štěpánská): Auch dieser Kirchenbau gehört zu den Stiftungen Karls IV. Die Errichtung erfolgte 1351–67, wobei die Arbeiten am Langhaus bis Ende des 14. Jh. andauerten. Der Turm folgte 1401. Im Süden wurde 1684–86 eine Kapelle angebaut, 1736 ein weiterer zusätzlicher Raum auf dieser Seite. Die dreischiffige Basilika erstreckt sich über vier Joche. Die Seitenschiffe sind um die Hälfte schmaler als das Hauptschiff, doch wirken sie erhöht, so dass der Gesamteindruck einer Hallenkirche entsteht. Die Kreuzrippen des Gewölbes sind mit Birnstab profiliert, die Schlusssteine mit Wappen der Förderer der Kirche dekoriert. Der Chor verfügt über zwei Joche und ist mit einem 5/8-Abschluss versehen. Ähnlich wie in Maria Schnee ist auch hier ein Barockaltar monumentalen Ausmaßes eingestellt. Das Altargemälde (1672) von Matthias Zimbrechts zeigt das Martyrium (Steinigung) des hl. Stephanus. Das Schnitzwerk des Altars stammt von 1669 und wird Johann Georg

Bendl zugeschrieben. Zur mittelalterlichen Ausstattung gehören noch die spätgotische Steinkanzel und ein Zinntaufbecken, datiert auf das Jahr 1462. Spätgotisch ist ebenfalls ein Tafelgemälde *Madonna mit dem Kind* von 1472, das von Szenen aus dem Marienleben gerahmt wird. In ein Rokoko-Retabel eingestellt, wurde es am ersten nördlichen Pfeiler des Langhauses platziert.

St. Ursula (Kostel sv. Voršily; II E7, Národní třída): Von Bedeutung ist diese Klosterkirche, da sie als frühes Beispiel einer unkurvierten Wandpfeilerhalle konzipiert wurde, nach dem Entwurf des italienischen Architekten Marcantonio Canevalle, der den Bau 1674–78 errichtete. Die Seitenkapellen werden durch Stutzkuppeln in den Hauptraum miteinbezogen, wodurch die Einheit des Raumes gesteigert wird.

Profanbauten

Der 1923–25 nach Plänen von Pavel Janák und Josef Zasche erbaute **Adria-Palast** (Adria Palác; II F6, Ecke Národní/Jungmannova) ist ein Beispiel für den für Tschechien und Prag charakteristischen Rondokubismus. An der Fassade zum Platz befindet sich eine Skulpturengruppe der Fortuna. Die bauplastische Ausstattung stammt von Jan Štursa und Otto Gutfreund. Lohnend ist der Blick in die inneren Passagen des Gebäudes mit sehr gut erhaltenem, dem Art Nouveau verpflichteten Dekor der frühen 1920er Jahre.

»Das Tanz-Haus« Ginger & Fred (III E8, Rašínovo nábřeží, 80): Das postmoderne Eckgebäude (Resslova / Rašínovo nábřeží), ein Geschäftshaus des US-amerikanischen Architekten Frank O. Gehry von 1996, schließt eine Baulücke, die durch eine Fliegerbombe im Zweiten Weltkrieg entstand und bis in die 1990er Jahre unbebaut blieb. Das Gebäude besteht aus zwei zylindrischen Teilen, die etwa auf halber Höhe mit einer Betonspange optisch miteinander verbunden sind und dabei die Bewegung eines tanzenden Paares nachzuahmen scheinen. Daher rührt auch die populäre Bezeichnung »Ginger and Fred«, die an das legendäre Tanzpaar Ginger Rogers und Fred Astaire erinnert. Die beiden Bauteile sind dekonstruktivistisch strukturiert. Zur Moldau hin ist ein steifer, durchfensterter, gerundeter Block ausgeformt. Seine Fortsetzung findet er in einem an die übrige Bebauung anknüpfenden Rechteckteil, während den zweiten Teil eine Stahlglaskonstruktion mit Betonteilen auf Stelzen bildet. Dieser Zylinder ist in der Mitte eingedrückt wie die Taille einer Frau, verbeugt sich zu dem anderen Zylinder-Teil und verjüngt sich zugleich nach oben. Der gesamte Baukomplex ist etwas höher als die angrenzenden historistischen Bauten. Kritisch betrachtet wurde vor allem die vordergründige Missachtung der bestehenden urbanen Struktur der Umgebung, da das Gebäude sich über jegliche traditionelle Bauart hinwegsetzt. Darüber hinaus vermittelt es den Eindruck der Zerstörung, da es in seiner »verbogenen« Struktur zusammenzubrechen scheint. Auf jeden Fall setzt es einen modernen Akzent an dieser prominenten Stelle des Moldauufers, so wie es seinerzeit das Nationaltheater tat und immer noch tut. Das Bauwerk versteht sich als Manifestation der Moderne im historisch geprägten Stadtkern.

Nationalmuseum / Museum des Königreichs Böhmen (Národní Muzeum; III G7, Václavské náměstí): Die ab 1883 einsetzende Planung des Nationalmuseums am Wenzelsplatz fiel mit zwei wesentlichen Ereignissen in Prag zusammen: Einerseits wurde der Bau des Nationaltheaters vollendet, andererseits errang die tschechisch-nationale Parlamentsfraktion im selben Jahr die Mehrheit bei den Landtagswahlen. Beide Ereignisse spielten insofern eine Rolle, als das Museum zum Manifest nationaler Selbstbestimmung werden sollte. Aus Rücksicht auf die

Zentralmacht in Wien kam allerdings eher ein Kompromiss. Am Ende des Wenzelsplatzes, an der Stelle des Rosstors, entstand ein monumentales Bauwerk, das einen dichten Abschluss des Boulevards schafft, von dem es durch eine äußerst belebte Verkehrsader getrennt wird. Das Wenzelsdenkmal, das auf dem Platz in der Mittelachse des Bauwerks steht, schafft hier optisch eine gelungene städtebauliche und nicht zuletzt auch ideologische Anbindung.

Ähnlich wie das Nationaltheater geht das Vorhaben zum Bau auf eine private, aber politisch motivierte Initiative einer Museumsgesellschaft zurück, die dann an das Landesparlament herangetragen wurde. Bauaufgabe war zunächst, ein Haus für die landeskundliche und geschichtliche Sammlung zu errichten, verbunden mit dem Ziel, hier die eigene nationale Geschichte in Verbindung zu allgemeinen europäischen Kulturentwicklungen zu demonstrieren. Als Standort war auch der Karlsplatz diskutiert worden, doch nach dem Beschluss, die Wallanlagen der Neustadt abzureißen, wurde der Wenzelsplatz als besserer Standort festgelegt. 1872 verabschiedete das Landesparlament ein Gesetz zum Bau des Museums an diesem Standort, 1883 erfolgte die Ausschreibung eines Wettbewerbs für den Bau. Konkrete Vorgaben zum Äußeren des Baus gab es nicht. Preisgekrönt wurden Entwürfe von Josef Schulz (erster Preis), Franz Schmoranz (zweiter Preis) und Johann Koch (dritter Preis). Mit dem Bau wurde schließlich Josef Schulz beauftragt. Allen Entwürfen gemeinsam war die Ähnlichkeit zur Palastfassade des Louvre mit breit gestrecktem Baukörper mit Eckrisaliten und einem Portikus, der die Mitte betonte, wobei Schulz eine monumentale Kuppel vorsah, die ein Pantheon, eine Ruhmeshalle, überhöhte. Offenbar war dies auch eines der entscheidenden Argumente für seinen Entwurf. Es entstand also eine Vierflügelanlage mit zwei Innenhöfen.

Die Front zum Wenzelsplatz präsentiert sich als eine palastartige, aber auch den aktuellen Parlamentsgebäuden ähnliche Fassade. Über einem zweigeschossigen rustizierten Sockel, der als Rundbogengalerie geformt ist, erheben sich zwei weitere Geschosse, die mit einer Kolossalordnung zusammengefasst sind. Die Mitte besteht aus einem über dem Sockel aufsitzenden Portikus mit einem Dreiecksgiebel als Abschluss, darüber eine Attika und der mit einer Laterne bekrönte Kuppelaufbau. Zum Haupteingang im Sockelgeschoss führt eine Rampe, auf der ursprünglich auch das Wenzelsdenkmal aufgestellt werden sollte. Dieses wurde auf den Wenzelsplatz verlagert, während hier ein Brunnen installiert wurde. Die Eckrisalite sind ebenfalls mit kleinen Kuppeln bekrönt. Die Hauptgeschosse sind mit einer Pilasterordnung zusammengefasst und akzentuiert.

Die Bauausführung begann 1885. Der Rohbau war 1887 bis zur Traufhöhe fertig, Ende des Jahres wurde die zentrale Kuppel vollendet. Der Abschluss der Bauarbeiten erfolgte offiziell im Herbst 1889, die Einweihung am 18. Mai 1891. Die Sammlungen wurden jedoch erst 1894 vollständig eingeräumt.

Als ein besonderes Problem erwies sich die bauplastische Außen- und im allgemeinen auch die Innenausstattung des Gebäudes, da im Programm die landespatriotischen Inhalte eine wesentliche Rolle spielen sollten und damit auch jede Menge Diskussionsstoff boten. Obwohl bereits die architektonischen Entwürfe Ansätze zur Ausstattung des Äußeren umrissen, erfolgte eine konkrete Planung des Programms erst ab 1886. Die Außenseiten wurden zunächst mit Sgraffito-Technik belegt, wofür ein Wettbewerb ausgeschrieben wurde. Sieger waren Josef Fanta und Celestin Klouček. Sie versahen jeweils einen der Innenhöfe in Sgraffito-Dekoration mit Allegorien und Symbolen der Natur- und der Geisteswissenschaften. Für die bauplastische Ausstattung des Außenbaus waren zunächst Porträts historischer Persönlichkeiten aus der böhmischen Geschichte vorgesehen, man einigte sich jedoch schließlich auf ein allegorisches Programm: Am Portal sind Personifikationen der Natur- und der Geisteswissenschaften aufgestellt. Im zweiten Geschoss des Mittelrisalits stehen Putten als Personifikationen der Literatur und der Wissenschaften, darüber als Relieffelder Historienszenen. Im Tympanon des Giebels wird Bohemia als Beschützerin der Künste und der Wissenschaften geehrt. Den Giebel flankieren Figurengruppen, die als Allegorien der Opferbereitschaft und des Enthusiasmus sowie der Wahrheitsliebe und Liebe zur Vergangenheit definiert wurden. In den Nischen der Eckrisalite stehen Allegorien der Wissenschaften. Die Statuen über den Risaliten umfassen Personifikationen von Tugenden und Darstellungen der vier Elemente, während im Bereich zwischen den beiden Hauptgeschossen Tafeln mit den Namen historischer Persönlichkeiten angebracht sind. Damit wurde ein moderat landespatriotisches Programm im Kontext der Künste und der Wissenschaften realisiert.

In der Innenausstattung standen das monumentale Treppenhaus und die überkuppelte Ruhmeshalle im Mittelpunkt. 1889 wurden im ersten Obergeschoss des Treppenhauses in den Zwickeln des Arkadenumgangs Medaillons mit Porträts böhmischer Könige von Antonín Popp angebracht. Ab 1892 wurden auf den Sockeln im zweiten Obergeschoss 20 Büsten von Persönlichkeiten, die sich für den Bau des Museums eingesetzt haben, aufgestellt. Die Wandfelder des Arkadenumgangs zeigen Darstellungen historisch bedeutsamer Orte in Böhmen von Julius Mařák. Im Vestibül stehen seit 1900 Ludwig von Schwanthalers Statuen von Přemysl und Libuše. Die Ruhmeshalle zeigt in den Lünetten Fresken mit Bildern der kulturellen Entwicklung Böhmens, die 1886 bis 1889 von František Ženíšek, Václav Brožík und Vojtěch Hynais ausgeführt wurden. Von tragender Bedeutung waren die überlebensgroßen Bronzestatuen historischer Persönlichkeiten von verschiedenen Künstlern. Als erstes stellte ab 1894 Antonín Popp die Bildnisse von Comenius und František Palacký fertig. Weitere Statuen stammen u.a. von Milan Havlíček und Josef Kvasnička. Es folgten 32 Büsten weiterer historischer Persönlichkeiten, darunter zahlreiche Künstler wie Peter Parler, Ferdinand Maximilian Brokoff oder Kilian Ignaz Dientzenhofer. Dazu kamen diejenigen, die sich in den Augen der Auftraggeber in verschiedener kultureller Hinsicht für die tschechische nationale Wiedergeburt verdient gemacht haben, darunter Josef Dobrovský, Josef Jungmann oder Karel Jaromír Erben.

Baugeschichte und Ausstattung des Nationalmuseums zeigen, dass die Sammlung beim Bau eine wesentlich geringere Rolle gespielt hat als dessen Architektur und Ausstattung. Sieht man von den vorgestellten prachtvollen Museumsbereichen ab, präsentiert die Sammlung naturwissenschaftliche und archäologische Objekte, die in keinem Bezug zum Bau stehen.

Unmittelbar neben dem historistischen Gebäude des Nationalmuseums befindet sich sein futuristisch anmutender **Erweiterungsbau** von 1965, für den die Architekten Jiří Albrecht, Jiří Kadeřábek und Karel Prager die Pläne lieferten. Dabei handelt es sich eigentlich um eine Bauerhaltungsmaßnahme, denn der von hohen Stützen getragene dachförmige Aufbau dient als Überbau für einen Teil des Gebäudes der Nationalversammlung, das wie zahlreiche andere in der Gegend im Zuge des Metrobaus abgerissen wurde.

Nationaltheater (Národní divadlo; III D7, Národní třída): Die Entstehung des Nationaltheaters hängt eng mit der tschechischen Nationsbildung zusammen. Von der Planungsphase bis zum Bau des Gebäudes vergingen letztendlich fast vierzig Jahre (1840er–1880er Jahre). Bei den Planungen zunächst für ein provisorisches Theater kam ab 1850 als repräsentativer Platz der Altstädter Ring, der Rossmarkt oder der Josefsplatz in Frage. Für den Bau des Theaters wurde 1851 eine Spendenaktion ausgerufen. Das

Theater sollte als »nationales Integrations- und Repräsentationsobjekt dienen« (Marek). Nach mehreren Abwägungen wurde schließlich das Grundstück eines früheren Salzlagers an der Kettenbrücke ausgewählt. Es bot eine exponierte Lage an der Moldau und im Panorama der Stadt und des Hradschins. Die erste Planungsphase fiel in die Jahre 1852–54. Geplant war nicht nur ein Theater mit Nebenräumen, sondern auch ein Konzertsaal, ein Restaurant, ein Café und Wohnungen. Von wesentlicher Bedeutung war, dass das Theater größer sein sollte als das »deutsche« Landes- bzw. Ständetheater. Zunächst wurde jedoch 1862 das Landes-Interimstheater (České Prozatímní Divadlo) eröffnet. Im Mai 1868 erfolgte dann die Grundsteinlegung für den endgültigen Bau. Der Architekt Josef Zítek war als Sieger aus der Ausschreibung hervorgegangen. Er plante einen langgestreckten Neorenaissancebau mit Eckrisaliten als Portiken und einem ausgewölbten Dach. Ursprünglich hatte man lediglich zwei Jahre für den Bau vorgesehen, doch wegen verschiedener, u. a. finanzieller Widrigkeiten zog sich der Rohbau etwa zehn Jahre hin. Das Erdgeschoss wurde 1872 vollendet. 1877 folgte der Aufbau des Dachs. Die Eröffnung des Theaters war für den Vermählungstag des Kronprinzen Rudolf mit Prinzessin Stephanie von Belgien 1880 geplant. Angesichts der unvollendeten Inneneinrichtung fand die Eröffnung allerdings ohne die ursprünglich vorgesehenen Feierlichkeiten statt. Zur Eröffnung kam die Oper *Libussa* von Bedřich Smetana zur Aufführung. Am 12. August 1880 brach bei den Abschlussarbeiten im Theater ein Feuer aus, das es größtenteils zerstörte. Nach dem Wiederaufbau erfolgte die endgültige Eröffnung am 18. November 1883. Bewusst wählte Zítek für den Bau, dessen staatlich-nationale Bedeutung zu betonen war, die Neorenaissance als Stil, da gerade dieser Stil in der Zeit eine nationale Konnotation erfuhr. Der ursprünglich geplante Grundriss war longitudinal ausgerichtet mit dem Zuschauerbereich im Zentrum des Baus, während hinten sich das Interimstheater anschloss. Verkehrswege und logistische Räume waren um den Zuschauerraum angeordnet. Beim Wiederauf- und Umbau nach dem Brand 1881–83 durch Josef Schulz wurde der Zuschauerraum etwas vergrößert, das auf der Bühnenseite angeschlossene Interimstheater entkernt und in Verwaltungsräume mit einem Innenhof umgebaut. Zíteks Außenbau folgt zunächst einer Volumenverteilung, die einerseits die Ansichtigkeit von der anderen Uferseite mitberücksichtigen musste, zugleich aber auch die Struktur des traditionellen Barockbaus fortführte. Folglich wurde das Gebäude auf einen hohen Sockel gesetzt. Das Obergeschoss erhielt eine hochgestreckte, fast kolossale Form, es schloss mit einem breiten Gebälk, einem mit querovalen Oculi durchbrochenen Fries darüber und einem Konsolengesims sowie schließlich einer Balustrade ab. Darüber erhob sich das auf einen hohen Unterbau gesetzte Dach. Die schmale Eingangsseite zur Narodní třída (ehem. Ferdinandstraße) hat eine vorgeschobene Loggia als Risalit mit einer Unterfahrt im Sockelbereich. Das Obergeschoss ist mit korinthischen Vollsäulen mit einer Arkadenstellung versehen. Mit einem reliefierten Fries und einer Balustrade darüber schließt der markante Bauteil, der das Theater schon von weitem in der Straßenflucht präsent erscheinen lässt. Die flussseitige Fassade ist im Obergeschoss mit einer Pilasterstellung gegliedert. Die Rundbogenfenster zeichnen die königlichen Salons im Theater aus.

Zudem hat Schulz die Seitenfassade mit den von hinten anschließenden Häusern vereinheitlicht. Die bildkünstlerische Ausstattung folgt dem programmatischen Ansatz, das Theater zum Symbol des nationalen Selbstbewusstseins der sich neu konstituierenden tschechischen Gesellschaft zu machen. Das betrifft sowohl das Skulpturenprogamm des Außenbaus als auch die Innenausstattung. Der Auftrag für die Außenskulpturen ging schon 1871 an Josef Václav Myslbek, wobei Anzahl und Gestalt der

Skulpturen bereits von Zítek festgelegt wurden. Für das Programm wurde eine künstlerische Fachkommission gebildet, der u.a. Karel Sladkovský, Josef Zítek selbst, Vítězslav Hálek und Jan Neruda angehörten. Für die Hauptfassade sah die Kommission die Figuren Apolls und der Musen über der Loggia, für die Pylonen Quadrigen bzw. Trigen mit Viktorien vor. In den Nischen an der Loggiaseite plante sie, Helden der nationalen Mythologie und Záboj und Lumír aufzustellen. Auf der Flussseite sind Allegorien des Dramas und der Oper mit einem slawischen Bezug als Skulpturengruppen platziert. Auf der Balustrade der Unterfahrt sollten Putten mit Wappenschilden der drei Länder der böhmischen Krone stehen. Zusätzliche symbolische Motive sollten als Dekoration der Friese aufgenommen werden. Nach einer Wettbewerbsausschreibung wurde Bohuslav Schnirch damit beauftragt. Die Figuren von Záboj und Lumír gingen hingegen beim nächsten Wettbewerb an Anton Paul Wagner.

Für die Malausstattung des Inneren wurden mehrere Wettbewerbe ausgeschrieben. Der Auftrag für die Lünetten der Loggia ging an Josef Tulka. Ihr Thema sind die nationalen Lieder (1879–81). Die Allegorien der Künste im Korridor führte Adolf Liebscher aus, František Ženíšek unter Mitarbeit von Bohumil Roubalík die Deckenbilder im Zuschauerraum (drei Epochen der tschechischen Kunst, national konnotiert). Die Dekoration des Foyers mit Darstellungen aus der nationalen Geschichte übernahmen Roubalík und Janez Šubic. Nationale Kunsttradition und Identität der tschechischen Gesellschaft standen durch den Bezug auf die kulturelle Tradition im Zentrum des Ausstattungsprogramms, doch war zugleich ein kultureller Bedeutungszusammenhang angestrebt, der die Geschichte der Tschechen in der allgemeineuropäischen Kulturgeschichte bis in die Antike verankerte.

Neustädter Rathaus (Novoměstská radnice; III F7, Karlovo náměstí): Wie die anderen Städte Prags hat auch die Neustadt ein Rathaus als Sitz der städtischen Verwaltung erhalten. Das Gebäude steht in der Nordostecke des Karlsplatzes (ehem. Viehmarkt). Seine heutige frühneuzeitliche Erscheinung mit Elementen der Renaissancearchitektur geht auf eine denkmalpflegerische Maßnahme des frühen 20. Jh. (1905–06) zurück, als unter der Leitung von Antonín Wiehl und Kamil Hilbert die Renaissancefront zum Karlsplatz rekonstruiert wurde.

Die erste Bauphase begann 1367 und dauerte zunächst bis 1418. Der zweiflüglige Bau beherbergte zur Vodičkova (Ostflügel) Amtsstuben und das Gefängnis, zum Karlsplatz (Südflügel) Repräsentations- und Sitzungsräume der städtischen Verwaltung. Erhalten blieben aus dieser Zeit die Kellerräume sowie ein zweischiffiger Säulenraum mit Kreuzrippengewölbe. 1452–56 folgte der Bau des 42 Meter hohen Turms, der sich als Pendant zum Turm des Altstädter Rathauses verstehen lässt. 1520–26 gestaltete Benedikt Ried den Südflügel zum Karlsplatz im Renaissancestil um. So wie es heute die Rekonstruktion vermittelt, sind damals u. a. die Renaissancegiebel und die mit kannelierten Pilastern gerahmten Fenster entstanden. 1784, im Zuge der Zusammenlegung der Verwaltung aller Prager Städte, verlor das Rathaus seine Funktion als Sitz des Rats und wurde zum Gerichtsgebäude umgewandelt.

Am 30. Juli 1419 fand hier der erste Prager Fenstersturz statt, mit dem die Hussitenkriege begannen. Eine aufgebrachte Menge drang unter der Führung von Jan Želivsky ins Rathaus ein und forderte die Freilassung hussitischer Gefangener. Ihre Forderung wurde offenbar nicht erfüllt, und so warfen sie die katholischen Ratsherren und Richter aus dem Fenster auf die Straße, wo diese gelyncht wurden.

Das **Verlagshaus Urbanek** (II F6, Jungmannova) ist das erste modernistische Haus in Prag, erbaut von Jan Kotěra 1915–16.

Villa Amerika / Lustschloss Michna (Letohrádek Jana Václava Michny z Vacínova; III G9, Ke Karlovu, 20):

1717–20 von Kilian Ignaz Dientzenhofer errichtet, ist dieses Bauwerk die erste eigenständige Arbeit des Architekten. Der klassischen italienischen Villa verpflichtet, ist der Bau in drei Achsen gegliedert. Über zwei nahezu gleich hohe Geschosse, ohne Mezzanin, gelang Dientzenhofer hier eine der Verwendung als Sommerschlösschen angemessene Gestaltung. Der Mittelrisalit tritt kaum hervor, lediglich die mit Gehängen geschmückten geschwungenen Pilaster deuten ihn an. Die rechteckigen Fenster mit profilierten Rahmen und einer mit Relief und in Nischen eingestellten Vasen üppig dekorierten Bedachung wirken trotzdem elegant und ausgewogen. Das Spiel mit gekurvten Elementen beherrschte Dientzenhofer bereits zu diesem Zeitpunkt, so dass nicht nur die Pilaster des Risalits, sondern auch die Lukarne im Dach sich kunstvoll konvex nach innen wölbten. Gleichzeitig nehmen die schräg gestellten kleinen Pilaster am hochovalen Fenster der Lukarne die Bewegung nach außen wieder auf. Dem Hauptgebäude sind zwei kleinere Pavillons vorgelagert. Im Inneren des Schlösschens, in dem sich heute das Dvořák-Museum befindet, sind Plastiken von Anton Braun, einem Neffen von Matthias Bernhard Braun, erhalten geblieben.

Straßen, Plätze, Denkmäler, Gärten

František-Palacký-Denkmal (Pomník Františka Palackého; II F7, Palackého náměstí): »Vater der Nation« wird František Palacký von den Tschechen genannt. In der Tat gehörte der Historiker und Politiker zu den ersten Aktivisten der sich ab dem frühen 19. Jh. konsolidierenden tschechischen Nationalbewegung. Er engagierte sich politisch und trat als Präsident des ersten Slawenkongresses auf. In den 1860er Jahren gehörte er zu den moderaten, konservativen Nationalisten, doch trat er stets für die Gleichberechtigung der Tschechen innerhalb der österreichischen Monarchie auf. Palacký war auch stark kulturell engagiert, u.a. bei der Initiative zum Bau des Nationaltheaters. In den 1840er Jahren sprach er bereits von der Notwendigkeit des Baus eines Nationalmuseums in Prag. Sein Denkmal, das von dem Prager Bildhauer Stanislav Sucharda gestaltet wurde, steht auf dem nach ihm benannten Platz (Palackého náměstí) am Neustädter Moldauufer. Der Protagonist ist sitzend vor einem hohen Sockel dargestellt, auf dem der Kampf zwischen Himmel und Hölle versinnbildlicht ist, so als ob das Geschehen eine denkerische Leistung Palackýs sei. Der Himmel wird in der Figur des dynamisch aufwärts zeigenden Engels auf der Spitze des Sockels verkörpert, wogegen die Hölle als zweiköpfiger Dämon mit um den Sockel verteilten Begleitfiguren auftritt. Ob der Engel die nationale Freiheitsbewegung der Tschechen symbolisieren sollte, sei dahingestellt.

Karlsplatz (Karlovo náměstí; ehem. Viehmarkt): Die Entstehung des Karlsplatzes hängt unmittelbar mit der Gründung der Neustadt durch Kaiser Karl IV. zusammen. Dabei wurde eine Handelsstraße erweitert und der Platz als Viehmarkt angelegt. Mit seinen rund 550 Metern Länge und 150 Metern Breite war er damals der größte Marktplatz Europas, eine den kaiserlichen Plänen zur Wandlung Prags in ein neues Jerusalem durchaus angemessene Größe offenbar. Der Platz bildete selbstverständlich mit dem Rathaus in seiner Nordostecke das wirtschaftliche und politische Zentrum der Neustadt. Die Umbenennung in Karlsplatz erfolgte 1848. Während noch im Mittelalter wohl große Markthallen und ein geschäftiges Treiben der Händler die Erscheinung prägten, ist es heute eine Grünanlage, die bereits 1843–63 entstanden ist. Den prägnantesten Akzent neben dem Rathaus bildet heute die Kirche St. Ignatius mit dem Kollegiatsgebäude an der Ostseite des Platzes.

Untere Neustadt (Nové město)

Sakralbauten

St. Heinrich und Kunigunde (Kostel sv. Jindřicha; II G6, Jindřišska): Die Hauptpfarrkirche der Neustadt wurde 1348–51 als vierjochige dreischiffige Hallenkirche erbaut. Der ursprünglich gotische Bau erfuhr im Lauf der Jahrhunderte mehrere Eingriffe. Der Vorraum wurde zu Beginn des 16. Jh. im Renaissancestil umgestaltet, der Innenraum der Kirche 1738 barockisiert. 1875 erfolgte eine Regotisierung durch Josef Mocker. Der frei stehende Glockenturm entstand 1472–76, mehr als hundert Jahre nach der Errichtung des Kirchengebäudes.

Hl.-Kreuz-Kirche (Kostel sv. Kříže; II F5/6, Na příkopě, 19 / Panská): Der blockhafte Bau wurde an einer Straßenkreuzung errichtet und präsentiert sich zu Na příkopě mit einer Front, die eine deutliche klassizistische Sprache spricht: Kolossale ionische Pilaster und Säulen, die paarweise den schlichten Eingang flankieren, bilden hier die architektonische Dominanz. Die Seitenfassade ist flacher gehalten und mit Rundbogenfenstern versehen. Errichtet wurde sie von Georg Fischer, einem Absolventen der Wiener Akademie, der ab 1813 Professor am Ständischen Polytechnischen Institut und Landesbaudirektor für Böhmen war, in Zusammenarbeit mit seinem Schüler Johann Philipp Jöndl. Die zwischen 1819 und 1821 erbaute Kirche folgt dem Einfluss des strengeren und weniger dekorativen »franco-preußischen« Klassizismus und des englischen Palladianismus.

Profanbauten

Hauptbahnhof (Hlavní nádraží; III H6, Wilsonova): Das Empfangsgebäude wurde 1900–09 von Josef Fanta errichtet, dem einstigen Gegner der Moderne, die in Prag durch die nationalkonservativ orientierten Kreise als Wiener Einfluss diskreditiert wurde. Interessanterweise hat Fanta zunächst einen Entwurf im Stil der Neorenaissance, der in der Zeit als tschechisch-national gewertet wurde, vorgelegt. Erst während der Bauarbeiten tauschte er diese traditionelle Formensprache gegen die moderne sezessionistische aus (Vybiral). Der Bahnhof besteht aus einem Hauptgebäude, von dem zwei Galerien ausgehen, die ihrerseits mit Pavillons abschließen. Das Hauptgebäude besticht durch eine ungewöhnliche Konstruktion der Front: Sie schließt mit einem Giebel ab, der wie eine moderne Interpretation eines mittelalterlichen Stufengiebels anmutet. Flankiert wird die Mitte durch zwei hohe Türme, deren mehrstöckige Helme mit plastischem Schmuck ausgestattet und mit einem kugelförmigen Aufsatz bekrönt sind. Auch die Dachabschlüsse der Seitenfassaden der Pavillons werden von Skulpturengruppen geschmückt. Der plastische Schmuck mit überlebensgroßen Figuren findet sich zugleich als Rahmung der Fenster rechts und links des Haupteingangs im ersten Obergeschoss, ebenso wie im ersten Obergeschoss der Pavillons. Betritt man die Empfangshalle, wird man durch eine grandios überdimensionierte Halbkuppel, die den gesamten Raum überspannt, überrascht und zugleich beeindruckt. Eine Rundbogengalerie umläuft den Raum. Die Kapitelle der vorgesetzten kannelierten Wandpilaster sind aus Masken geformt. Im Kuppelansatz darüber wurden wie in einer Ruhmeshalle Statuen in Nischen eingestellt und von Wappenschilden begleitet. In der Mitte des Raumes öffnet sich dort der Boden, wo ein Tunnel als Durchgang zu den Bahnsteigen verläuft. Sowohl von unten als auch von oben erblickt man beim Betreten des Ausgangs zu den Gleisen einen Rundbogen, der von zwei überlebensgroßen Figuren flankiert wird, die mit Girlanden den Bogen und eine Inschrifttafel – »Praga mater urbium« – umwickeln. Der Ausgang hat die Form einer Säulengalerie aus toskanischen Säulen. Die Halle vermittelt eine geradezu bestechende Raumwirkung, welche an die des römischen Pantheons heranreichen zu wollen scheint, so als ob die Ambitionen Karls IV., in Prag ein neues Rom einzurichten, hier nochmals eine späte Ausprägung gefunden hätten.

Hotel Central (IV G5, Hybernská, 10): Der Wiener Architekt Friedrich Ohmann kam 1888 nach Prag, wo er etwa zehn Jahre lebte und arbeitete. Ausgebildet in der Tradition des Späthistorismus, vor allem des Neobarocks, gehört er zu den Gründern der Sezession. In Prag gestaltete er 1897 mit westeuropäischen Akzenten des Art Nouveau die Fassaden des Café Corso (Am Graben / Na příkopě) und nur ein Jahr später unter Beteiligung seiner Fachkollegen aus der Prager Kunstgewerbeschule Alois Dryák und Bedřich Bendelmayer ebenfalls die Fassade des Hotels Central in der Hybernergasse (Hybernská). Hier gelang ihm ein reifes Werk der floralen Sezession (Vybiral). Die Fassade ist nach wie vor der barocken Zentrierung der Mittelachse verpflichtet, auch wenn dies mit einer anderen Formensprache geschieht. Die Fensterform wechselt von einteiligen Fenstern im Erdgeschoss über dreiteilige im dritten und vierten Geschoss bis zum mezzaninförmigen fünften Geschoss, wo sie eine schmale dreiteilige Form annimmt, allerdings ohne den vegetabilen Schmuck, mit dem die übrigen Fenster der Mittelachse ausgestattet sind. Statt mit klassischen Pilastern werden die Obergeschosse mit einem vegetabilen Ornamentband eingefasst. Anstelle des obligatorischen Dreiecksgiebels bekrönt das Gebäude ein gerundeter Attikaaufbau mit drei kleinen Fenstern, von denen das mittlere zusätzlich mit Ornamentschmuck versehen ist. Letztendlich hat Ohmann hier traditionelle Architekturelemente in eine neue baukünstlerische, der Sezession verpflichtete Formensprache übertragen: Rahmen und Profile, Säulen und Pilaster werden mittels stuckierter oder malkünstlerisch aufgetragener Ornamente nachgeahmt.

Hotel Jalta (II G7, Václavské náměstí, 45): Bereits der Name des Hotels deutet auf die Entstehungszeit während des kommunistischen Regimes, als die Sowjetunion ihren Einfluss im Ostblock auch durch Namensgebungen markierte. Ganz prominent am Wenzelsplatz Nr. 45 setzte Antonín Tenzer 1955–57 dieses Hotel in die edle Nachbarschaft prächtiger Jugendstilhotels. Der Eingangsbereich erstreckt sich fast über die gesamte Front. Im ersten Obergeschoss schiebt sich ein Balkon etwas nach vorn. Die Wandstützen wurden mit Figurenpaaren – wohl Arbeiter – dekoriert. Sie haben allerdings nicht die Funktion von Karyatiden, d. h., auf sie wird nicht die Last des Baukörpers abgeladen, sie sind – und wollen auch nichts anderes sein – nur Dekor. Die Front ist mit hellem Sandstein verkleidet, seitlich der vier mittleren Fensterachsen verläuft je eine Doppelfensterachse mit Balkonen. Heute, nach dem Zusammenbruch des kommunistischen Staates, kann weder das Weiß der Fensterprofile noch das der Balkonbalustraden über die biedere Ästhetik des Soz-Realismus hinwegtäuschen.

Grand Hotel Europa: Am Wenzelsplatz (II F6, Václavské náměstí, 25) gelegen, wurde es 1903–05 von Bedřich Bendelmayer und Alois Dryák, die schon mit Ohmann beim Bau des Hotel Central tätig waren, sowie Jan Letzel und Bohumil Hübschmann erbaut. Es gehört zu den vorzüglichsten Jugendstil-Gebäuden Prags, sowohl was die Gestaltung der Fassade mit einem hochschwingenden Giebel und asymmetrisch gegliederten Seitenflanken als auch das sehr gut erhaltene Innere betrifft.

Das **Kinský-Palais** (Kinský Palác; II G5) aus dem frühen 17. Jh. steht in der Hybernská Nr. 5 neben dem Palais

Sweerts-Sporck, was Gelegenheit gibt, die unterschiedlichen Architektursprachen hervorragend zu studieren. Das Palais entstand 1651–57 nach den Plänen von Carlo Lurago. 1798 kam es zu einem klassizistischen Umbau durch Philipp Graf Kinský. Heute präsentiert sich das siebenachsige Bauwerk als dreistöckiges Gebäude mit einem Erd-, Ober- und Dachgeschoss, wobei letzteres mit einem über drei Achsen verlaufenden halbrunden Giebel, dessen Tympanon mit Reliefdekor gefüllt ist, abschließt. Zugleich tritt das Gesims über dem Obergeschoss stark vor und betont die horizontale Linie. Das Hauptportal, flankiert von zwei Vollsäulen, hebt das Palais aus der Straßenflucht hervor. Das Obergeschoss darüber wird mittels Fensterreihen und korinthischer Pilaster artikuliert. Insgesamt wirkt die Fassade wenig harmonisch, obwohl das Halbrund des großen Giebels in den Fensterbedachungen des Obergeschosses zum Teil wieder aufgenommen wird.

Koruna-Palast (Palác Koruna): An der Ecke Wenzelsplatz / Am Graben (II F6, Na příkopě) besetzt das Gebäude ein breites Eckgrundstück. 1911–14 wurde hier eine Fünfflügelanlage mit zwei Innenhöfen von Antonín Pfeiffer und Matěj Blecha anstelle von drei Häusern errichtet. Dabei wurde das Am Graben stehende Neorenaissancegebäude in die Anlage integriert. Einer der Innenhöfe ist teilweise mit einer Glaskuppel überdacht. Die Schwere des grauen Betonbaus wird optisch aufgehoben durch die über zwei Geschosse verlaufende Galerie, über der sich noch drei Stockwerke erheben. Der Eckturm besteht aus sechs Geschossen und überragt das ganze Gebäude. Das siebte Geschoss wird von einer goldfarbenen »Krone« abgeschlossen, die von sechs Wächterfiguren »bewacht« wird. Die Figuren stammen von Vojtěch Sucharda, der auch an den Bauplastiken des Hauptbahnhofs arbeitete und bei der Gestaltung des Palacký-Denkmals in Prag tätig war.

Lucerna-Haus (II F6/7, Lucerna dům): Folgt man weiter der Vodičkova, ist das Haus Nr. 36 schon von weitem sichtbar. Die sich vorschiebenden Fenstererker lassen die Fassade des Bauwerks aus der Straßenflucht hervortreten, so wie man es von den Prager Barockpalästen kennt, dort in der Regel in der mittleren Zone, insbesondere durch den bauplastischen Schmuck. Der Lucerna-Palast ist mehr dem geradlinigen Art déco als dem vegetabilen Jugendstil verpflichtet. Mit seiner breiten Fensterfront öffnet er sich zur Straße hin. Sie betont die Horizontale der Fassade, was durch die schmucklosen Zwischenzonen wieder ausgeglichen wird. Stilistisch anders geschieht das auch an den äußersten Seitenachsen, wo die Fenster in die schwere Steinfassade eingeschnitten sind. Sie vermitteln zum Dachbereich, wo die geometrisierenden steinernen Giebel den oberen Abschluss bilden. Im Inneren ist die ursprüngliche Ausstattung zum Teil erhalten. Lohnenswert ist der Besuch des Kinos, das sich im Haus befindet und dessen Interieur aus der Entstehungszeit stammt.

Masaryk-Bahnhof (Masarykvo nádraží; IV G/H5, Hybernská / Havlíčkova / Na Florenci): Der älteste Bahnhof Prags ist ein klassizistisches Gebäude, das aus Stahl und Glas im Empire-Stil 1845 nach den Plänen von Antonín Jüngling erbaut wurde. Die Ausführung übernahmen die Firmen Lanna und Gebrüder Klein. Der Bahnhof entstand im Zuge des ersten staatlichen Eisenbahnbaus in Österreich (k. k. Nördliche Staatsbahn). Hier verband die Bahnlinie Olmütz mit Prag. Der Bahnhof lag zur Bauzeit noch innerhalb der Wallanlagen, doch ab 1874 wurden diese abgebrochen. Ursprünglich bestand der Bahnhof aus zwei jeweils zweistöckigen Gebäuden, dem Abfahrtsgebäude zur Hybernská-Gasse und dem Ankunftsgebäude an der Kreuzung Havlíčkova / Na Florenci. 1862 wurden sie durch eine verglaste Halle miteinander verbunden. Ursprünglich öffnete sich die Hauptfassade zur Hybernská-Gasse (heute eine eingeschossige Rundbogengalerie), wo heute ein Seiteneingang ist, während der Haupteingang an der Havlíčkova-Gasse liegt. Von der Seite öffnet sich das Gebäude mit einer Eisen-Glas-Konstruktion, die mit einem Trippeldach bedeckt ist.

Melantrich-Palast (Hvězda Palác): Am Wenzelsplatz (II F6, Vaclavské náměstí, 36) wurde der Palast 1912–14 für den größten Verlag in der Tschechoslowakei erbaut, benannt nach dem Renaissancedrucker und Verleger Jiří Melantrich von Aventina (z Aventina).

Zu den modernistischen Glaskonstruktionen, die in der Fassade vornehmlich horizontale Linienführung und eine dekorfreie Ebenmäßigkeit aufweisen, gehören am Wenzelsplatz (II F6, Nr. 6) das **Bata-Haus** von 1928 ebenso wie das **Haus Lindt** (Nr. 4) von 1927 und das **Alfa-Haus** (II F6, Nr. 28) von 1926–28, alle erbaut von dem Architekten Ludvík Kysela.

Das **Palais Sweerts-Sporck** (Sweerts-Sporcků Palác; II G5, Hybernská, 3) stammt aus dem 18. Jh. Ab 1783 wurde die Front nach Plänen Anton Haffeneckers umgestaltet. Damit ist das Gebäude etwa hundert Jahre jünger als das Palais Kinský, das sich rechts an dieses Bauwerk anschließt. Das Palais zeichnet sich durch seine Reminiszenz an das Clam-Gallas-Palais mit seiner Zwei-Portale-Fassade, die Fischer von Erlach in Prag etabliert hat, aus. Die beiden steinernen Portale, die sicherlich als eine Charakteristik Prager Barockpaläste gelten können, werden jeweils von Vollsäulen flankiert. Auf den Kapitellen, die als Teil der Balkonbalustrade geformt sind, stehen Figuren. Die Risalite darüber treten kaum aus der Wandfläche hervor, werden von korinthischen Kolossalpilastern umfasst und jeweils mit einem Dreiecksgiebel bekrönt. Eine Attika mit aufgestellten Statuen (eine Arbeit von Ignaz Franz Platzer) schmückt das Dach. Die gesamte Frontfassade scheint von Fensterreihen dominiert. Die schmalen Bereiche zwischen den Fenstern füllen Kolossalpilaster, die der horizontalen Linienführung der Fenster eine starke vertikale Ausrichtung verleihen. Dabei zeichnet sich das *piano no-*

bile durch die Größe der Fenster und den Reliefschmuck der Bedachung, Medaillons mit abwechselnd eingefügten männlichen Büsten oder Putten, aus.

Das **Palais Sylva-Tarouca (Piccolomini)** (II F6, Na příkopě, 10) wurde 1743–52 von Kilian Ignaz Dientzenhofer für den Fürsten Ottavio Piccolomini errichtet. Ausführung durch Anselmo Lurago (1701–1765). Das Gebäude wurde auf einem schmalen Grundstück auf den Mauern eines früheren Palais aus dem 17. Jh. gebaut. Es erstreckt sich über neun Fensterachsen und bildet drei Innenhöfe. Vergleicht man es mit Dientzenhofers Lustschloss Michna (Villa Amerika), das in den 1720er Jahren entstand, so wirkt die Front dieses Palasts wesentlich beruhigter mit wenigen gekurvten Elementen, die man aus dem reifen Werk des Architekten kennt, ohne filigranen Bauschmuck, vielmehr mit stakkatoartig aneinandergereihten Pilaster im piano nobile mit Rundbogenfenstern dazwischen, mit abwechselnd gerundeter oder dreiecksförmiger Bedachung. Die Mitte wird von einem Dreiecksgiebel gekrönt. Im Inneren blieb ein repräsentatives Treppenhaus erhalten mit Stuckaturen von Bernardo Spinetti und Plastiken von Ignaz Franz Platzer. Die Fresken mit den Darstellungen des Helios und Jahreszeitenallegorien schuf Wenzel Ambrozzi.

Wiehl-Haus (Wiehluv dům; II G6, Václavské náměstí, 34): Der Wenzelsplatz gehört zu den Hauptschauplätzen der Prager Architektur, insbesondere der Zeit um 1900. Das Wiehl-Haus an der Ecke Wenzelsplatz/Vodičkova, 1895–96 von Antonín Wiehl als eigenes Wohnhaus erbaut, steht für die Prager Neorenaissance, die zeitweise als tschechischer Nationalstil galt, doch hier eindeutig dem ästhetischen Sinn verpflichtet ist. Die bunt bemalte Fassade könnte auf Jugendstil verweisen, doch machen die architektonischen Elemente des Bauwerks, der kleine Erker zum Wenzelsplatz oder die Giebel am Dach, die Nähe zum Historismus deutlich. Offensichtlich ist der Bezug auf die in Prag erhaltenen Renaissancehäuser, die wie das Haus »U minuty« am Altstädter Ring mit den in der Renaissance beliebten Sgraffiti ausgestattet sind. Die Malereien am Wiehl-Haus zeigen im zweiten Obergeschoss Gesellschaftsszenen und Berufe, darüber Tugenden und im Mezzanin zwischen den Fenstern offenbar Allegorien. Wiehl wollte mit seiner Sgraffito-Fassade hier und an anderen Häusern viel mehr das Straßenbild von Prag beleben als eine politische Aussage zugunsten des Nationalstils treffen.

Zollhaus (U hybernů; II G5, Náměstí Republiky, 3): Ursprünglich befand sich an dieser Stelle das Neustädter Ambrosiuskloster, nach der Zerstörung im Hussitenkrieg erfolgte eine Wiederherstellung 1637 durch die Franziskaner. Die heutige klassizistische Gestalt wurde dem Bauwerk jedoch erst 1808–11 verliehen, nachdem das Kloster zuvor aufgegeben und zu einem Zollhaus umfunktioniert worden war. Heute befindet sich hier das Hybernia-Theater (Divadlo Hybernia). Vom Platz der Republik (Náměstí Republiky) aus präsentiert sich dem Betrachter zunächst eine klassizistische Fassade, die man aus Deutschland aus dem Werk von Heinrich Gentz kennt. Unmissverständlich erinnert das Gebäude in seinem klaren Aufbau aus vortretendem einachsigem Risalit mit Dreiecksgiebelabschluss, griechisch-dorischen Säulen im Eingang und einem großen, der Serliana nachempfundenen Fenster darüber an Gentz' Berliner Neue Münze am Friedrichwerderschen Markt (1796–1800, 1886 abgebrochen). Doch im Gegensatz zur Berliner Münze ist hier die Front dem Hauptbaukörper wie ein Paravent vorgeblendet. Dahinter schließt sich entlang der Hybernská-Gasse der langgestreckte Baukörper an, an dessen Aufbau man die Struktur der ehemaligen Klosterkirche noch gut erkennen kann. Hier finden sich auch die dreiteiligen Fenster, die Gentz in das Sockelgeschoss ohne jegliche Verzierung eingeschnitten hat.

Straßen, Plätze, Denkmäler

Jan-Palach-Platz (ehem. Smetana-Platz; náměstí Jana Palacha / Smetana-náměstí): Der Platz am Ufer der Moldau öffnet sich im Westen zum Fluss. Die drei übrigen Seiten des Platzes flankieren große Solitärbauten des 19. Jh.: das Künstlerhaus Rudolfinum im Norden, das Gebäude der Philosophischen Fakultät der Prager Karls-Universität im Osten und die Prager Akademie für Kunst, Architektur und Design.

Ähnlich wie das Nationaltheater wurde auch das **Rudolfinum** (II E4–5), das heute als Konzertsaal für die Tschechische Nationalphilharmonie und als staatliche Kunstgalerie dient, im Neorenaissancestil 1875–85 nach Plänen von Josef Zítek und Josef Schulz errichtet. Der Bau geht auf eine Stiftung der Böhmischen Sparkasse anlässlich ihres 50jährigen Jubiläums zurück und war von Anfang an den Künsten gewidmet. Er trägt Elemente der italienischen Renaissance, kann aber zugleich, u.a. durch die in der Wölbung der Front nach außen getragene Form des Konzertsaals, als eine Reminiszenz an die zweite Semper-Oper in Dresden oder an Sempers Wiener Hoftheater betrachtet werden. Er besteht aus zwei miteinander verbundenen kompakten Teilen, von denen derjenige zum Platz hin der Musik gewidmet ist (hier sind die Räume um den großen Konzertsaal, den Dvořák-Saal, versammelt), der hintere in Form einer quadratischen Anlage, der Räume um einen mit Glasdach überdeckten Innenhof gruppiert, den bildenden Künsten (Eingang vom Westen, flussseitig). Das gesamte Gebäude ist auf einem hohen Sockel gelagert. Zum Eingang im Mittelteil der Fassade zum Platz führt eine breite Freitreppe. Der leicht konvex geformte Mittelteil, der als zweistöckige Rundbogengalerie mit Doppelstellung toskanischer Säulen im Erd- und ionischer Säulen im Obergeschoss gestaltet wurde, ist von zwei Eckrisaliten flankiert und von einer reich mit Reliefs geschmückten Attika bekrönt. Über die Breite der gesamten Front verläuft eine mit Statuen bzw. Blumenvasen besetzte Balustrade, die eine horizontale Verbindung zwischen allen Teilen schafft. Diesem Bau gegenüber erhebt sich das Haus der **Prager Kunstakademie** (Vysoká škola umělecko-průmyslová; II D/E5). Die Errichtung des Gebäudes 1882–85 erfolgte fast parallel zum Bau des Rudolfinums. Die Pläne lieferten František Schmoranz d.J. und Jan Machytka. Das Haus wurde für die 1885 gegründete böhmische Kunstgewerbeschule erbaut. Schmoranz war zugleich Gründungsdirektor der Schule. Zu den Professoren gehörten u.a. die Bildhauer Celda Klouček und Josef Václav Myslbek, der Architekt Friedrich Ohmann sowie die Maler Jacob Schikaneder und František Ženíšek. In seiner stilistischen Grundstruktur nimmt das Gebäude Elemente der italienischen Renaissance auf, wobei diese wesentlich kompakter und dichter, auch flächenhafter organisiert sind als die des benachbarten Rudolfinums. Das Gebäude erhebt sich auf einem schmalen Sockel. Das Eingangsportal in der Mitte der Fassade zum Platz hin, das von Vollsäulen in Doppelstellung umfasst wird, ist eher unauffällig. Durch die Rustizierung, die das in Form einer Rundbogenarkade geformte Erdgeschoss artikuliert und sich bis zum Zwischengeschoss ausdehnt, wirkt die Fassade zwar massig, aber nicht schwer. Das zweite Vollgeschoss ist mit Rundbogenfenstern und eingestellten ionischen Säulen gestaltet. Darüber erhebt sich ein etwas niedrigeres Endgeschoss, ebenfalls aus Rundbogenfenstern, aber statt der Säulen sitzen Pilaster unmittelbar auf dem Gurtgesims auf. An den Seiten werden Eckrisalite angedeutet. Hier sind die Fenster etwas breiter und im zweiten Vollgeschoss von Statuennischen gerahmt, während das oberste Geschoss ein über den Dachansatz hinausreichendes Rundbogenfenster mit Dreiecksgiebel sowie seitliche Pilaster und Blendnischen aufweist. An der Ostseite des Platzes steht das Gebäude der **Philosophischen Fakultät**

der Prager Universität (Univerzita Karlova v Praze, Filozofická fakulta; II E5). Der Bau hängt mit der Stadtbaugeschichte und der Prager Politik um 1900 zusammen. Vor allem die Teilung der Prager Universität in eine deutsche und eine tschechische, die 1882 auf Drängen der nationalbewussten Tschechen vollzogen wurde, führte zu Platzmangel. Da die Universität jedoch seit ihrer Gründung durch Kaiser Karl IV. stets ein Politikum war, führten die Planungen für die notwendigen Neubauten zu einer politischen Diskussion und einer durch die nationalistischen Kreise unterstützten wettbewerbsartigen Auseinandersetzung zwischen der deutschen und der tschechischen Universität. Dazu gehörte auch eine intensive Diskussion um den Standort, die Größe und den architektonischen Stil der Neubauten. Vor allem sollten es repräsentative Standorte sein. Das Grundstück in der Nähe des Rudolfinums und des Kunstgewerbemuseums im Assanierungsgebiet ist demzufolge nicht zufällig gewählt worden. Es bot am Smetana-Platz eine angemessene Ansichtigkeit, einen direkten Blick zum Hradschin, dem Sitz des Staatspräsidenten, und die unmittelbare Nähe zum Rudolfinum, das zeitweise auch als Sitz der Nationalversammlung fungierte. Nach einem gescheiterten Architekturwettbewerb wurde 1914 Josef Sakař aufgefordert, Pläne für den Bau einzureichen. Die Bauausführung erfolgte jedoch u.a. kriegsbedingt erst 1925–28. Sakař errichtete eine Vierflügelanlage mit einem zusätzlichen mittleren Flügel, in dem sich ein Vestibül, ein Treppenhaus und ein großer Hörsaal befanden. An der Front schiebt sich eine rustizierte Rundbogenloggia vor. Darüber befinden sich zwei Geschosse mit einer Kolossalordnung und gekuppelten Säulen. Ein schmales Gesims fügt eine prägnante horizontale Linie ein, während den Abschluss ein Attikageschoss bildet, das mit der hohen Attika des Rudolfinums korrespondiert. Versteckt hinter der Dachbalustrade, erhebt sich zusätzlich ein Staffelgeschoss. Rechts und links der Front treten schmale Eckrisalite hervor. Beachtet man, dass die Pläne bereits von 1914–15 stammen, wirkt das Gebäude wenig modern, insgesamt eher massig und schwerfällig. Es stand daher nicht in Konkurrenz zu den übrigen Bauwerken am Platz, doch als Zweckbau wurde es offenbar von der Universitätsverwaltung und den entscheidenden politischen Gremien akzeptiert. In der parallel zum Rudolfinum verlaufenden Straße des 17. November (17. listopadu) wurde ebenfalls von Josef Schulz das **Kunstgewerbemuseum** (Umělecko koprůmyslové Museum v Praze; II E4) errichtet. Der Beschluss zum Neubau des Museum wurde 1893 gefasst. Damals war die Sammlung des Kunstgewerbemuseums im Rudolfinum untergebracht. Einen Wettbewerb für die architektonische Ausführung gab es nicht, Josef Schulz wurde von dem Landesausschuss direkt mit der Errichtung beauftragt, die 1896–99 erfolgte. Schulz baute entlang der Straßenflucht einen langgestreckten Riegel, der mit einem stärker vortretenden Mittel- und weniger stark vortretenden Eckrisaliten akzentuiert ist. Das Sockelgeschoss ist rustiziert. Darüber erheben sich zwei selbständige vollwertige, galerieartig gestaltete Obergeschosse, das letzte mit Säulenvorlagen artikuliert. Der Eingang an der Straßenfront ist eher unspektakulär schlicht und einachsig gehalten. Darüber erhebt sich ein Balkon auf Konsolen. Die beiden Obergeschosse des Mittelrisalits erhielten als Auszeichnung Vollsäulen. Mit der Ausführung der Reliefdekoration der Front wurden Bohuslav Schnirch und Antonín Popp beauftragt. Die Zwickel im Sockelgeschoss sind mit Reliefs versehen, welche die Gebiete des böhmischen Kunstgewerbes thematisieren, im ersten Obergeschoss zeigen die Zwickelfelder Wappen böhmischer Städte.

Staatsoper Prag (Státní opera Praha; III G7, Smetana-Theater; Legerova, 57/75): Das klassizistische Gebäude an der äußerst belebten Wilsonova wirkt neben dem gewaltigen Erweiterungsbau des Nationalmuseums (1965) etwas verloren. Es entstand 1886–87 als Neues Deutsches Theater und präsentiert sich als ein kompakter Block. Die Pläne lieferte das Wiener Architektenbüro Fellner & Helmer. Das Erdgeschoss ist rustiziert, darüber erhebt sich das Hauptgeschoss, wo Ädikulen – eingefasst mit Pilastern – die Wandflächen artikulieren. Die Mitte betont ein gewaltiger Risalit. Er tritt in Stufen vor, wobei die drei Achsen des Eingangs von toskanischen Säulen in doppelter Stellung markiert werden. Sie stützen einen gewaltigen Portikus aus korinthischen Säulen, der von einem monumentalen Dreiecksgiebel bekrönt wird. Ein zum Teil vollplastisch ausgeformtes Relief mit der Darstellung des Apoll füllt dessen Tympanon aus, während die Giebelecken mit Skulpturengruppen dekoriert sind, die auf recht hohen Postamenten aufgestellt sind. Nach dem Zweiten Weltkrieg wurde das Theater in Erinnerung an den Prager Aufstand am 5. Mai 1945 in Theater des 5. Mai umbenannt. Nachdem die Oper wenige Jahre später wieder ihren Einzug hielt, hieß das Theater dann Große Oper des 5. Mai. 1949 wurde sie abermals in Smetana-Theater umbenannt und seit 1992 heißt sie Staatsoper Prag.

Wenzelsplatz (Václavské náměstí; früherer Rossmarkt / Koňský trh): Den Namen Wenzelsplatz erhielt der Ort erst 1848. Bis dahin hieß er Rossmarkt (Koňský trh), da hier vornehmlich mit Pferden gehandelt wurde. Bei der Gründung der Neustadt bestand an dieser Stelle bereits ein Markt. Doch Kaiser Karl IV. verfügte eine Neuanlegung, die ein Areal zwischen der äußeren Stadtmauer der Altstadt und der äußeren Stadtmauer der Neustadt, genau zwischen dem St.-Gallus-Tor und dem St.-Prokops-Tor, auch Rosstor (Koňska brána) genannt, vorsah. Der Markt wurde wie der Karlsplatz in die topographisch-ideologische Neustadtgründung einbezogen. Mit seinen etwa 60 Metern Breite und rund 700 Metern Länge gehörte er in der Zeit – und gehört noch heute – zu den größten Platzanlagen Europas. Die Länge des Marktes war funktional bedingt, denn so konnten die Pferde in verschiedenen

Gangarten präsentiert werden. Der Markt teilte den neuen Stadtteil in die obere (nördliche) und untere (südliche) Neustadt. Zugleich wurde er mit den anderen großen Märkten der Neustadt, dem Heumarkt und dem Viehmarkt (heute Karlsplatz), durch rechtwinklig abgehende Straßen (Jindřišská und Vodičkova) unmittelbar verbunden. Karl IV. verstand es, städtebauliche Akzente in diesem urbanen Rahmen zu setzen. Während an den Kopfenden des Marktes die beiden Stadttore als Fluchtpunkte die Aufmerksamkeit auf sich zogen, wurden am Eingang zum Heumarkt die Kirche St. Heinrich und Kunigunde und am Eingang zum Viehmarkt (Karlsplatz) das Neustädter Rathaus als Akzente gesetzt. Das Nationalmuseum mit dem Wenzelsdenkmal als Blickpunkt im Osten des Platzes kam erst 1885–90 hinzu, nachdem 1875 hier die Stadttore und Stadtmauern geschleift und die Gräben zugeschüttet worden waren. Die dichte und repräsentative Bebauung der Umgebung des Platzes geht auf das 19. Jh. zurück, als neben dem Nationalmuseum an den Platzseiten eine Reihe von Bauwerken entstand, an deren Architektur sich so gut wie die gesamte Prager Moderne niederschlug.

Wenzelsdenkmal (III G7, Pomník sv. Václava): Betritt man den Wenzelsplatz von Westen her, so öffnet sich ein breiter und vor allem langer Boulevard, an dessen Kopfende in der Ferne das Reiterstandbild des hl. Wenzel den Platz zu beschreiten scheint. Seinen Hintergrund bildet das Nationalmuseum, in dessen zentraler Achse das Denkmal platziert wurde, das durch die breite Verkehrsschneise von dem Bauwerk getrennt bleibt. Der mittelalterliche Reiter ist auf einem hohen, mehrstufigen Sockel aufgestellt. Er schaut in einer stolzen Pose über seine Rechte mit der Standarte hinweg, als ob er in einer Vorhut einen ganzen Zug anführte. Begleitet wird er von vier Heiligenfiguren (hll. Ludmila, Prokop, Adalbert und Agnes). Es ist ein stiller Marsch, als ob die Figuren einen

Sarg, dem der Untersockel des Reiters durchaus ähnelt, begleiteten. Ihre Größe reicht bis zum Ansatz des Untersockels, so dass sie dem Heiligen auf dem Pferd keinesfalls seine solitäre Wirkung streitig machen. Ruhe und Stolz des Reiters korrespondieren mit der inneren Versunkenheit der Begleitfiguren. Das Denkmal war ursprünglich auf einer Rampe vor dem Museum geplant, doch das Vorhaben wurde verworfen. Die Aufstellung als solche hängt mit der Existenz eines früheren, 1680 von Johann Georg Bendl geschaffenen Wenzel-Denkmals auf dem Rossmarkt zusammen, das 1879 im Zusammenhang mit der Umgestaltung des Platzes entfernt wurde.

Bedenkt man, dass um 1912, als das neue Denkmal aufgestellt wurde, die Platzbebauung noch nicht so dicht war wie heute, wird deutlich, dass es auch die Funktion zu erfüllen hatte, den massiven Baukörper des Nationalmuseums an seinen urbanen Raum anzubinden. Die Reitergruppe fungiert als Vermittler zwischen der Fläche des Platzes und der Masse des Bauwerks. Das Denkmal ist ein Werk von Josef Václav Myslbek. Den Sockel schuf Alois Dryák, die feinen Reliefdekorationen des Sockels Celda Klouček.

Na příkopě (Am Graben): Die Straße verläuft genau an der Grenze zwischen der Alt- und der Neustadt. Früher verlief hier die Umwehrung der Prager Altstadt. Nach deren Abtragung und der Schließung des namengebenden Grabens entstand ein Prachtboulevard. Zahlreiche repräsentative Gebäude der Prager Moderne sind hier errichtet worden. Heute ist die Straße Fußgängerzone und Einkaufsmeile.

Vyšehrad

Historische Entwicklung

Bereits im 9. Jh. befand sich auf dem hohen felsigen Berg über der Moldau eine slawische Siedlung mit einer Burg, wahrscheinlich handelte es sich wie in dieser Zeit üblich um eine Palisadensiedlung. Die neuesten archäologischen Untersuchungen ergaben, dass sie etwas jünger ist als die Siedlung auf dem Hradschin. Untrennbar verbunden mit dem Vyšehrad ist die Stadtgründungslegende. So soll hier Libuše – die legendäre Stammmutter des Přemysliden-Geschlechts – gelebt und die Gründung und den Ruhm der Stadt Prag vorausgesagt haben.

1070 verlegte Vratislav II. den Stammsitz der böhmischen Herzöge wegen der Konflikte mit seinem Bruder Bischof Jaromír auf den Vyšehrad. Mit der Verlegung der Residenz hierher begann auch der Bau der Festungsanlagen und eines standesgemäßen Fürstenpalasts, der dann als einstöckiges Gebäude auf eine steinerne Burg aufgesetzt wurde. Sie diente von Anfang an und auch nach dem Abzug der Königsresidenz als wichtigster Flankenschutz für die Stadt. Gleichzeitig gründete Vratislav ein Kollegiatskapitel St. Peter und Paul mit dem Bau einer romanischen Basilika. Darüber hinaus entstanden die St.-Laurentius-Basilika und die St.-Martins-Rotunde. Vladislav II. verlegte die Hauptresidenz 1140 zurück auf den Hradschin. Danach verlor der Vyšehrad die Bedeutung als Residenz, doch er blieb ein wichtiges geistliches Zentrum mit einem Immunitätsbezirk des Kapitels. Einen erneuten Aufschwung erlebte der Ort während der Regierungszeit Kaiser Karls IV., der die Burg in sein politisches Konzept der Stadt Prag einbezog. Zum einen sollte der Vyšehrad Schutz für die neu gegründete Neustadt bieten, zum ande-

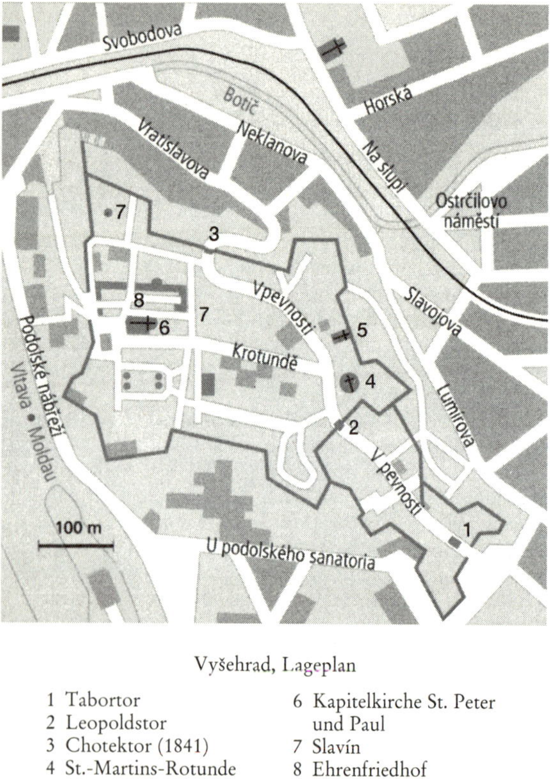

Vyšehrad, Lageplan

1 Tabortor
2 Leopoldstor
3 Chotektor (1841)
4 St.-Martins-Rotunde
5 Laurentiuskapelle
6 Kapitelkirche St. Peter und Paul
7 Slavín
8 Ehrenfriedhof

ren stärkte Karl IV. die symbolische Bedeutung der Burg als Ursprung der Přemysliden, da er sich auf den hl. Wenzel und das Přemysliden-Geschlecht als Urväter berief und diesen Ort als Ausgangspunkt für die Krönungszeremonien der böhmischen Könige bestimmte. Karl IV. selbst machte damit den Anfang am 1. September 1347. Sein Krönungszug bewegte sich vom Vyšehrad über den Viehmarkt und die Altstadt zur Karlsbrücke und zog über die heutige Nerudagasse auf den Hradschin. Weiterhin wurden auch die Reichskleinodien nach der Übergabe an Karl IV. auf den Vyšehrad gebracht, um dann in Begleitung des Prager Erzbischofs und des Kaisers den zeremoniellen Königsweg bis auf die Prager Burg zu nehmen. Schließlich begann auch hier der Trauerzug nach Karls Tod am 29. November 1378.

Um tatsächlich für den Schutz der Neustadt zu sorgen, wurde der Vyšehrad in deren gerade entstehende Befestigungen einbezogen. Karl IV. ließ hier zwei neue Tore mit Wehrtürmen erbauen. Sie standen in einem Abstand von etwa 60 Metern zueinander und hatten einen Durchmesser von etwa sieben Metern. Den Haupteingang zur Burg bildete das **Spitze Tor** (Špička; III F11), das ähnlich wie die Stadttore konstruiert und mit neun Türmchen versehen war. Den Zugang zur Stadt hingegen bildete das **Prager Tor** (Pražska brána), später Jerusalemer Tor (Jeruzalěmska brána) genannt. Nach dem Tod Karls IV. schwand auch das Interesse seiner Nachfolger an diesem Ort. Aber er blieb ein wichtiges geistliches Zentrum, das während der Hussitenkriege schwer beschädigt wurde. Zum Ende des Dreißigjährigen Kriegs wurden die Befestigungsanlagen durch einen Angriff der Schweden erheblich zerstört. 1654–80 ließen die Habsburger den Berg zu einer Barockfestung aus massivem Backsteinmauerwerk ausbauen, dabei entstanden mächtige Befestigungsmauern und Eckbasteien. 1866 wurde die Festung aufgehoben und 1911 geschleift. Doch erinnern heute noch Mauerreste und teils erhaltene Tore an die wechselvolle Geschichte des Ortes. Dazu gehören das Spitze Tor (1348–50); das davon abgehende, rund 150 Meter lange Mauerteil der alten mittelalterlichen Festungsanlage, das **Tábor-Tor** (III F11) im Südosten (1655); das **Leopolds-Tor** (III F11) im inneren Ring der Festung (1678, von Carlo Lurago) – der Graben wurde hier 1842 zugeschüttet und die ursprüngliche Zugbrücke durch eine Straße ersetzt – und schließlich das **Chotek-Tor** (III E10) von 1841, das den Zugang zu den Kasematten der ehemaligen Barockfestung bildet. Von den früheren glanzvollen Epochen zeugen heute noch einige wenige Reste, darunter Teile einer romanischen Brücke, die als Zugang zur Burg diente, und das Burggrafenhaus, das ursprünglich zum Palast Kaiser Karls IV. gehörte (neugotisch umgebaut).

Sakralbauten

St.-Martins-Rotunde (Rotunda sv. Martina; III F10): Die wechselvolle Geschichte des Vyšehrad verhinderte, dass sich die mittelalterliche Bausubstanz erhalten konnte. Die St.-Martins-Rotunde bildet eine Ausnahme, zugleich ist sie die älteste romanische Rundbaukirche Prags. Sie wird auf das letzte Drittel des 11. Jh. datiert, als sie als eine Pfarrkirche der Vorburg errichtet wurde. Ihr heutiges Aussehen entspricht nicht ganz dem ursprünglichen, denn sie wurde nach der Errichtung der Barockfestung im 17. Jh. profaniert und diente fortan als Pulvermagazin. 1878–89 folgte eine Renovierung und Wiederherstellung der ursprünglichen Form, wobei der eigentliche Eingang auf der Westseite zugemauert und durch einen größeren neugotischen im Süden ersetzt wurde. Die Kirche erhielt zugleich eine neugotische Ausstattung (Marmoraltar, Wandausmalung mit Szenen aus dem Vyšehrader Krönungskodex).

Kapelle der Jungfrau Maria an den Schanzen (Kaple P. Marie v hradbách; III F10): Die Kapelle wurde als Wallfahrtsort für die Loreto-Skulptur der Maria Mitte des 18. Jh. errichtet, doch schon 1784 im Zuge der Säkularisation wieder aufgehoben. Eine erneute Weihe fand Mitte des 19. Jh. statt. Unmittelbar hinter der Kapelle befand sich die Kirche der Enthauptung des hl. Johannes – eine zweischiffige Hallenkirche, die den Hussitenkriegen zum Opfer fiel und schließlich beim barocken Festungsbau gänzlich abgetragen wurde.

St.-Peter-und-Paul-Kirche (Kapitulní chrám sv. Petra a Pavla; III E10): Bereits im Frühmittelalter stand an dieser Stelle ein romanisches Gotteshaus in Form einer dreischiffigen Basilika. Sie besaß romanische Halbkreisapsiden im Osten und eine weitere Apsis als Abschluss des Hauptschiffs im Westen. Gegenüber der Kirche stand ein Baptisterium. Die Gruft der Basilika wurde zur herzöglichen Grabstätte, hier wurden u.a. König Vratislav II., dessen dritte Gemahlin Svatava und sein Bruder Konrad bestattet. Ein weiterer romanischer Umbau erfolgte vor 1129, unter der Herrschaft von Soběslav I. Gleichzeitig soll ein Arkadenhof vor der Stirnwand der Kirche errichtet und das Innere umgestaltet worden sein. Nach einem Brand 1249 erfolgte ein frühgotischer Umbau. 1295 entstand eine Vorhalle und eine neue Basilika an der Westseite des heutigen Baus. 1369 folgte dann auf Initiative Kaiser Karls IV. eine hochgotische Bauphase. Im Zuge dessen entstand abermals eine dreischiffige Anlage, wobei den Seitenschiffen Seitenkapellen von gleicher Höhe wie die Schiffe angeschlossen wurden. Damit erreichte die Kirche die Form einer fünfschiffigen Hallenkirche, deren Grundgestalt die heutige Kirche immer noch entspricht. In dieser Zeit hatte der Baukomplex etwa 110 Meter Länge und war damit der größte Sakralbau Prags. Während der Hussitenkriege kam es zu Zerstörungen, wobei die letzten archäologischen Untersuchungen ergaben, dass die Schäden kleiner waren als früher angenommen. Bis heute sind aus der vorhussitischen Zeit Reste der Wandmalereien im südlichen Seitenschiff erhalten geblieben. Eine fünfte Umgestaltung fand in der Renaissance statt. Dabei sind ein polygonaler Abschluss und die Verbindung zum älteren Ostteil beseitigt worden. 1575–76 zogen der Prager Baumeister Ulrich Avostalis und Meister Benedikt ein neues Gewölbe über dem Hauptschiff ein, und 1594 fügte man ein neues Presbyterium hinzu. Im Barock, wahrscheinlich nach den Plänen von František Maximilian Kaňka (nach Santini), entstand 1723–29 eine neue Weststirnwand, die Dächer und Dachstühle der Seitenschiffe wurden erneuert bzw. umgestaltet. Das Hauptschiff erhielt abermals ein neues Gewölbe, das Presbyterium wurde erhöht. Die Ausführung übernahm hier u.a. Carlo Antonio Canevalle. 1678 hatte der Baumeister Karel Gaudencius von Casanova einen neuen Glockenturm errichtet. Die heutige dreischiffige Basilika zeigt zugleich die letzte Um- bzw. Ausbauetappe von 1885 bis 1886, wobei die Wehrtürme erst 1902 hinzugekommen sind. Dabei wurde das Gewölbe des Presbyteriums umgestaltet und um ein Joch zum Osten hin erweitert. Angebaut wurde eine neue Sakristei, sodann wurden die Fenster der Seitenschiffe durchbrochen und neugotisch gestaltet. Abschließend sind die westliche Barockfassade abgetragen und zwei neugotische Türme hochgezogen worden. Die Baumaßnahmen des 19. Jh. orientierten sich im wesentlichen an der Gestalt der Kirche aus der Zeit Kaiser Karls IV. Das Tympanon des Westportals schmückt ein Gerichtsrelief von 1901, ausgeführt von Štěpán Zálešák. Die Mosaikbilder in den Tympana der westlichen Seitenportale ebenso wie die der Heiligen im zweiten Geschoss der westlichen Front kündigen bereits die farbige, geradezu verschwenderische Pracht der Jugendstilmalerei an, die einige Jahre später (1922–23), inspiriert durch die Kunst Alfons Muchas, von František Urban und seiner Ehefrau Marie Urbanová-Zahradnická im Inneren verwirklicht wurde. Im Mittelschiff zeigen sie Szenen von den Anfängen des Christentums sowie der Geschichte von Vyšehrad. Die Malereien des frühen 20. Jh. paraphrasieren in gewisser Weise die im gotischen Vorgänger sicherlich vorhandene farbige Ausstattung der Kirche.

Straßen, Plätze, Denkmäler

Ehrenfriedhof und Slavín (Vyšehradský hřbitov / Slavín; III E10): Als der Burgberg seine Bedeutung als Residenz bzw. als Festung verlor, wurde genau dieser Ort zur nationalen Gedenkstätte auserkoren. Seit den 1870er Jahren entstand hier in unmittelbarer Nähe zur St.-Peter-und-Paul-Kirche ein Ehrenfriedhof. Noch bevor die lange Arkade im Stil der Neorenaissance von Antonín Wiehl erbaut wurde (1890–98), beschloss man, den Slavín, ein Mausoleum für herausragende tschechische Persönlichkeiten, zu errichten. Den Entwurf lieferte ebenso Antonín Wiehl, die Grabskulpturen gestaltete Josef Mauder. Auf einer Treppe erhoben, strebt ein von Eckpilastern gerahmter Sockel empor, auf den ein Sarkophag gesetzt ist. Ein Engel, der sich auf dem Sarkophag niedergelassen hat, legt einen Palmenzweig nieder. Rechts und links lehnen sich zwei Figuren an den Sockel, eine in sich versunken, die andere aktiv ihren Körper streckend. Es sind Personifikationen der trauernden und der jubelnden Heimat. Ihre letzte Ruhestätte haben hier u.a. der Schriftsteller Julius Zeyer und die Maler Vojtěch Hynais und Alfons Mucha gefunden. Darüber hinaus finden sich auf dem Friedhof zahlreiche Grabdenkmäler von hoher künstlerischer Qualität aus dem 19. und 20. Jh.

Außenbezirke/Vororte

Im Norden

Holešovice: Dieser Prager Stadtteil mit eigenem Fernbahnhof liegt drei Kilometer nordöstlich der Altstadt. Seit der zweiten Hälfte des 19. Jh. entwickelte sich diese Gemeinde zum Prager Industriegebiet. Besondere Bedeutung erlangte der Stadtteil während der Prager Jubiläumsausstellung (Jubilejní zemská výstava) vom 15. Mai bis zum 18. Oktober 1891. Die Ausstellung sollte eine Schau für die tschechische Industrie und Wirtschaft werden, war aber auch vom nationalen Gedankengut getragen, d.h., es sollten spezifisch tschechische Leistungen präsentiert werden. Terminlich fand man das 100. Jubiläum der Krönung Kaiser Leopolds II. zum König von Böhmen angemessen.

Aus diesem Anlass entstand hier ein Ausstellungsgelände (Výstaviště Praha), dessen Mittelpunkt ein **Industriepalast** (Průmyslový Palác; IV G1, Výstaviště) ist, der nach Plänen von Bedřich Münzberger und František Víška im Neobarockstil als Eisenkonstruktion errichtet wurde. Der Bau beeindruckt durch seine Länge von 238 Metern, während der zwischen zwei turmartige Risalite eingespannte Mittelteil die Höhe von 38 Metern erreicht, mit dem darüber aufsitzenden Turm sogar 51 Meter. Die Räume dienten zuletzt für Kunstausstellungen. 2008 zerstörte allerdings ein Großbrand den linken Flügel. Ein Wiederaufbau ist beschlossen.

Rechter Hand des Industriepalasts befindet sich das Prager **Lapidarium** (Výstaviště; IV G1), eine Dependance des Nationalmuseums (→ Museen und Galerien). Umgeben wird das Gelände von einem weitläufigen Park, der **Stromovka** (IV E1), die an den Stadtteil Bubeneč grenzt. Der Park wurde als Wildgehege für König Přemysl Ottokar II. bereits 1270 angelegt. Unter Rudolf II. wurden

Wassersysteme (künstlicher Teich) mit Wasser aus der Moldau installiert. Seit der Umgestaltung in einen englischen Garten 1804 ist der Park öffentlich zugänglich. Einen Besuch wert ist auch das hier auf der Anhöhe vom Moldauufer einsehbare neugotische **Lustschloss im Baumgarten** (Letohrádek v Královské oboře; IV D1). Als die Stromovka in einen englischen Garten umgestaltet wurde, erfolgte auch der Umbau dieses Schlösschens, das seine Ursprünge als Jagdschloss schon im 15. Jh. hat, in einem der Umgebung und der Mode entsprechenden gotischen Tudor-Stil.

Besondere Beachtung gilt einem Gebäude im Zentrum des Stadtteils, dem **Messepalast** (Veletržní Palác; IV G2, Třída Dukelských hrdinů, 47), der heute Prags Museum für Moderne Kunst (→ Museen und Galerien) beherbergt. 1925–28 ist es von den Architekten Josef Fuchs und Oldřich Tyl als Messehaus erbaut worden. 1924–25 legten Tyl, Jaromír Krejcar und Jaroslav Fragner ihre Vorstellung vom modernen, d.h. funktionalistischen Bauen dar: Die Form sollte sich der Funktion des Gebäudes anpassen. Das ästhetische Element konstituiert sich nicht länger aus dem architektonischen Element, das zuletzt, sowohl im Historismus als auch im Jugendstil oder Art déco, einerseits von der Verteilung der Massen der Baukörper, andererseits vom Dekor (Ornament) bestimmt wurde. Nun erreichen die Fläche und die Linie als Folge der Funktionsidee des Bauwerks ihre volle Entfaltung. Der Messepalast führt genau diese Aspekte vor Augen. Die Wandfläche gewinnt hier zwei Bedeutungsstufen: Entweder ist sie selbst das Thema, wo die rechteckigen Fenster doch augenscheinlich zu weit voreinander angeordnet sind, oder sie ist nur noch als Front zu verstehen, die als Untergrund für langgezogene Fensterbahnen dient. Jedenfalls hat Le Corbusier das Bauwerk, als er 1928 Prag besuchte, durchaus bewundert und der Stadt zu einer solchen architektonischen Leistung gratuliert.

Entlang der Hauptstraßen Veletržní und dann Milady Horákové gelangt man zu einer weiteren weitläufigen Grünanlage Prags, dem **Letná-Park** (IV D/E3). Am Moldauufer an der Svatopluk-Čech-Brücke (Čechův most) befindet sich eine frühbarocke überkuppelte Kapelle, die **Maria-Magdalena-Kapelle** (Kaple sv. Mari Magdaleny; II E4) von 1635.

Schloss Troja (Trojský Zámek; V, U trojského zámku, 6): Jenseits von Holeovice, etwas weiter im Norden liegt das Schloss Troja, das von dem französischen Architekten Jean-Baptiste Mathey 1679–85 für den Grafen Wenzel Adalbert von Sternberg als Sommerresidenz erbaut wurde. Die Barockanlage ist, abweichend von den traditionellen Barockschlössern *entre cour et jardin*, auf die Gartenfront hin ausgerichtet. Das fünfzehnachsige Gebäude ist quer gestreckt, wobei das fünf Achsen breite Corps de logis ein Geschoss höher gezogen ist als die Seitenteile, die über zwei vollwertige Etagen verfügen und mit zum Garten hin vortretenden Risaliten, die an die Stelle der üblichen Seitenflügel getreten sind, abschließen. Die mittlere Achse des Schlosses setzt sich im Garten bis zu einem Brunnen und weiter zur Ausfahrt, die zwischen zwei Orangerien eingerichtet wurde, fort. Die Fassadengestaltung des Hauptgebäudes zeigt sich eher zurückhaltend, ohne ausgebautes Dekorationssystem, was durchaus mit dem stereometrischen Barock französischer Prägung, wie ihn Mathey vertrat, zu verbinden ist. Es dominiert die Vertikale der korinthischen Pilaster, die ohne Rücklagen unmittelbar auf die Wandfläche projiziert sind, wobei sie im Mittelteil erst über dem ersten Geschoss ansetzen und in kolossaler Ordnung die beiden Obergeschosse zusammenfassen. Eine herausragende Rolle kommt der großen ovalförmigen Treppenanlage an der Gartenseite zu. Wie auf einer Bühne wurden die Statuen von Johann Georg Heermann und seinem Neffen Paul Heermann entlang der zwei Läufe der Treppe inszeniert. Thema ist der Kampf der Giganten, wobei der Kampf und seine Protagonisten außerhalb der unmittelbaren Anschauung, nämlich im Untergeschoss, in einer Art Grotte oder Unterwelt im Inneren des Treppenovals, zu finden sind. Dort sind die Giganten bei einem dramatischen Kampf ineinander verkeilt. Die Götter selbst fanden ihren Platz auf der Brüstung der Treppe. Über allem Geschehen über dem Hauptportal thront Nike. Diese dramatische Inszenierung findet ihre Fortsetzung im Inneren des Hauses, im Kaisersaal, einem monumentalen, über zwei Geschosse geführten Hauptraum, auf den die Außentreppe letztlich zuläuft. Bemerkenswert ist die malerische Ausstattung des Raumes von den Antwerpener Malern Abraham und Isaak Godyn 1691–97. Gefeiert wird hier nicht nur die Malerei, sondern auch das Habsburger-Geschlecht, vertreten an den Stirnwänden durch Rudolf von Habsburg (an der Westwand) und Kaiser Leopold (an der Ostwand). Hier wie auch in den Hohlkehlen der Stirn- und der Längswände sind die beiden Habsburger in die szenische Darstellung eingebunden, während die anderen Habsburger als einzelne Figuren an den Seitenwänden präsent sind. Das Deckenfresko zeigt das Auge Gottes, östlich davon die Allegorie des Glaubens, in den Ecken finden sich Personifikationen des befreiten Ungarns, ihnen gegenüber der polnische König Jan III. Sobieski und der Evangelist Markus. Die Apotheose der Habsburger ist sicherlich auch im Kontext des großen Sieges gegen die Türken 1683 am Kahlenberg bei Wien zu sehen. Die übrigen Räume des Schlosses wurden von den italienischen Künstlern Francesco und Giovanni Marchetti mit Fresken ausgestattet, die im Gegensatz zum Kaisersaal mit Stuckaturen bereichert sind.

Im Osten

Vinohrady: Heute gehört dieser Stadtteil zu den bevorzugten Wohngegenden von Prag. Der Name leitet sich von den Weinbergen ab, die im Mittelalter hinter der Umwehrung der Neustadt auf der Höhe des heutigen Wenzelsplatzes lagen. 1875 wurde die Gemeinde geteilt in Vinohrady I und Vinohrady II, wobei der erste Teil nach dem hussitischen Heerführer Jan Žižka von Trocnov in Žižkov umbenannt wurde. Hier auf dem **Veitsberg** (Vítkov) erinnert ein Denkmal an Žižkas Sieg über die kaiserlichen Truppen Sigismunds von Luxemburg am 14. Juli 1420. Pläne für ein solches **Žižka-Denkmal** (Pomník Jana Žižky) existieren schon seit 1877, doch realisiert wurde es erst ab 1928. Den zeitgenössischen architektonischen Tendenzen entsprechend steht der Reiter auf einem schlichten funktionalistischen Block. Der einäugige Heerführer (1421 gänzlich erblindet) wirkt in seiner mittelalterlichen Kleidung voller Tatendrang, sein Pferd steht mit allen vier Beinen fest auf dem Boden. Die Statue ist neun Meter hoch. Während des kommunistischen Regimes richteten die Machthaber für den Präsidenten Klement Gottwald im Inneren des Denkmals ein Mausoleum ein, das nach dem Ende der kommunistischen Regierung 1990 wieder entfernt wurde.

1919 bat man Jože Plečnik, hier in Vinohrady eine neue Kirche zu errichten. Er lehnte zunächst ab, zwei Jahre später legte er dennoch Pläne vor. Zur Ausführung für die **Kirche des heiligsten Herzens des Herrn** (V, Kostel Nejsvětějšího srdce Páně / Náměstí Jiřího z Poděbrad, 19) kamen jedoch mehrfach überarbeitete Pläne von 1925. Der Bau wird als Plečniks Auseinandersetzung mit der Architekturtheorie von Gottfried Semper interpretiert, vor allem hinsichtlich des Verständnisses des Ornaments als Ergebnis des textilen Handwerks. Plečnik sah einen Baublock mit einem dominanten breiten Glockenturm

Jože Plečnik, Kirche des heiligen Herzens des Herrn, 1928–31

vor. Im Inneren sollten fünf Säulen, davon eine in der Mitte des Raumes, die architektonische Gestaltung dominieren. Zusätzlich wollte er eine breite Sängerempore einrichten und auf das Patrozinium des Herzens Jesu durch die Gestaltung des Kreuzweges eingehen. 1927 wurden die Pläne besonders wegen finanzieller Probleme nochmals überarbeitet. Im Inneren wurde auf den Einsatz von Säulen verzichtet. Damit verbinden sich Kirchenschiff und das Presbyterium zu einer Einheit, ohne die übliche Zäsur am Übergang zum Chor. 1928 erfolgte die Grundsteinlegung. Der Rohbau war 1930 fertig, die Weihe fand 1932 statt, obwohl die Kirche innen noch nicht eingerichtet war. Die Westfront des longitudinalen Baus ist mit drei Eingängen versehen. Die einfach eingeschnittenen Portale sind von Rahmen umgeben, die nach oben in eine Art Bedachung auslaufen. Über den Eingängen wurden Heiligenstatuen auf Konsolen aufgestellt. Das Ziegelmauerwerk ist steinsichtig bis zur Höhe der oberen Fensterreihe, die weiß verputzt und mit einem Giebel bekrönt wie eine Attika auf dem gesamten Bau ruht. Die Backsteinmauer erhält durch den Einsatz einzelner weißer Granitquader eine Ajour-Struktur, die symbolisch auf den Hermelinmantel des Herrschers König Georg von Podiebrad anspielen soll, was zusätzlich durch den »Reichsapfel« betont wird, der auf der Turmspitze ruht und ursprünglich auch vergoldet sein sollte. Ähnlich textile Anmutung hat das Ornament, das sich um die Seitenmauer des attikaformigen Aufbaus windet und auf den Untermantel des Herrschers hindeutet.

Der Glockenturm mit der Uhr in der Mitte setzt über dem Chorbereich fast auf ganzer Breite der Kirche an. Seine Monumentalität wird durch das Höhenverhältnis zum Hauptbau betont, seine Höhe entspricht der Länge des Kirchenschiffes. Der Turm wird rechts und links von spitz auslaufenden obeliskförmigen Aufsätzen flankiert. Den Abschluss des Turms bildet strukturell der gleiche weiß verputzte Aufsatz wie am Hauptbau. Spektakulär gestaltet ist das Turminnere mit der aufsteigenden Rampe. Der massive Block des Turms wirkt von außen wie von innen durch den Einsatz von Glasflächen für die Uhren transparent und leicht. Hinter dem Glockenturm schließt eine Sakristei an. Im Inneren hat Plečnik die Steinsichtigkeit des Backsteins von außen übernommen. Die mit Lisenen artikulierte Ziegelmauer soll den biblischen Tempel in Jerusalem repräsentieren. Die Decke erhielt eine hölzerne Kassettierung, der Boden einen Terrazzobelag mit Rundornament. Plečnik soll hier auf Sempers Empfehlung der Korrelation zwischen Decke und Boden eingegangen sein, indem er einfache Ornamentformen des Quadrats an der Decke und des Kreises am Boden wählte und insgesamt Sempers Verständnis vom textilen Ursprung der Ornamentik auf den Bau übertrug. In der Krypta ist der Ziegelstein des Gewölbes nicht verputzt oder mit weiteren Ornamenten versehen, denn nach Semper soll es sich dabei nicht um eine eigenständige Kunstform handeln, sondern nur um eine gekrümmte Decke ohne strukturelle Symbolik.

Im Westen

Střešovice: Das Areal des Stadtteils im Westen Prags hinter dem Hradschin gehörte zunächst der königlichen Familie. 1143 wurde es an das Kloster Strahov übergeben, in dessen Besitz es bis ins 20. Jh. blieb. Es gehört zu den vornehmen Bezirken von Prag. Hier hat auch der vermögende František Müller, Mitinhaber der Baufirma Kapsa & Müller, durch Adolf Loos 1928–30 sein Wohnhaus (Müllerova vila) erbauen lassen (V, Nad Hradním vodojemem, 14). Bis Anfang der 1970er Jahre blieb die **Villa Müller** im Besitz der Familie. Nach dem Tod von Milda Müller, Ehefrau František Müllers, ging sie in staatlichen Besitz über, und ab 1990 wurde das teilweise verfallene Gebäude vollständig saniert, fehlende Teile wurden rekonstruiert. Heute kann es besichtigt werden. Adolf Loos gehört zu den wichtigsten Wegbereitern der modernen Architektur in Mitteleuropa. In seinen theoretischen Schriften plädiert er gegen Ornament und Dekor, vor allem gegen das in der Tradition der Wiener Sezession. Sein Programm legte er u. a. in der Streitschrift *Ornament und Verbrechen* (1908) vor. Er sprach sich auch gegen die Verbindung der Kunst mit dem Kunsthandwerk aus, d. h. gegen den Werkbund und die Ideen des Bauhauses. Die Architektur hat dem Prinzip, dass die Form der Funktion folgt, zu entsprechen, wobei Loos klar zwischen Design und Gebrauchsgegenständen einschließlich Architektur, die allen gefallen sollen, und einem Kunstwerk, das niemandem gefallen muss, unterschied. Die Villa Müller erbaute Loos auf einem Hang. Sie ist ein gänzlich schmuckloser Kubus mit direkt in die Mauerfläche eingeschnittenen Fenstern.

Haupteingang und Zufahrt zum Haus liegen an der Südseite, der Bau orientiert sich an dem Blick zur Prager Altstadt im Osten. Die Fenster der Wohnhalle mit einem schmalen Balkon davor gehen in Richtung Nord-Ost. Die Anordnung der Räume folgt dem Prinzip der Funktionalität, d.h. dem täglichen Lebensrhythmus der Bewohner, wobei Loos nicht ausschließlich funktionalistisch denkt: »Das Haus ist für ihn keine Maschine, es ist Schauplatz, aber auch Interpretation von Lebensvorgängen« (Kühn). Hinter dem Eingang im Süden bewegt man sich durch einen schmalen, länglichen Windfang in einen quer gelegten Vorraum, eine schmale Treppe führt dann zur vier Meter hohen Wohnhalle. Das Speisezimmer ist durch eine offene Treppe erreichbar, denn es liegt 1,4 Meter über dem Niveau der Halle und ist von hier aus offen einsehbar. Bestechend ist die Gestaltung der Decke der beiden Raumabschnitte, denn in der Halle ist sie weiß wie die Wände gestaltet, im Speiseraum dunkel kassettiert und verspiegelt. Durch diese Spiegelung erhöht sich der 2,5 Meter hohe Speiseraum optisch. Die Küche ist durch eine Anrichte vom Speiseraum erreichbar. Insgesamt erschließen sich die übrigen Räume aus der Wohnhalle über Treppenaufgänge. Hier zeigt sich, dass bei Loos die äußere Simplizität der Linien und der Fassadengestaltung dem kompliziert angelegten Inneren nicht gänzlich entspricht. Das Innere ist von außen nicht erkenntlich. Damit widerspricht Loos dem reinen Funktionalismus, demgemäß die Innenverläufe nach außen sichtbar werden. Loos geht es um reine Form, die mit der Funktion in Einklang zu bringen ist.

Břevnov: Die Architektenfamilie Dientzenhofer ist in Prag durch zahlreiche anspruchsvolle Bauten hervorgetreten. Hier in Břevnov (Markétská) hat Christoph Dientzenhofer die Basilika **St. Margareta** (Bazilika sv. Markéty; Markétská) als Klosterkirche für die Klosteranlage der Benediktiner 1708–21 errichtet. Für die Bauvollendung und die Innenausstattung war sein Sohn Kilian Ignaz verantwortlich. Die Ursprünge des Klosters liegen im frühen Mittelalter. Die Stiftungsurkunde des Papstes für die Benediktiner an dieser Stelle stammt aus dem Jahr 993. Im Laufe der Jahrhunderte wurden immer wieder Bauvorhaben realisiert. Aus der frühesten Zeit stammen noch die Krypta der Klosterkirche, Teile des Klosterhofs und ein rundes Lavatorium (Brunnenhaus). Während der Hussitenkriege wurde das Kloster zerstört und dann fast zweihundert Jahre lang provisorisch genutzt. Erst Mitte des 17. Jh. erfolgte der Neubau eines Konventsgebäudes. Ein großangelegter Umbau wurde unter Abt Ottmar Zink begonnen. Der Bau des Konvents begann am 30. Mai 1708 zunächst unter der Leitung von Paul Ignaz Bayer. 1709 wurde er jedoch wegen Unzuverlässigkeit von Christoph Dientzenhofer abgelöst. Dieser lieferte veränderte Pläne für das Konventsgebäude, das 1716 vollendet wurde, und neue Pläne für die Klosterkirche. Er beteiligte sich seit 1716 vor allem an der Bauleitung und am Umbau einiger Klosterteile: Gartenpavillon Vojteška (1724–26, 1750), Umwandlung des alten Sartorius-Klosters in ein Infirmarium (Krankensaal; 1735–36), Bau des Glashauses (1736–1737), Bau des neuen Haupttors (1740), Verlängerung des Flügels mit dem Sommerrefektorium und der Bibliothek (1750–51). Die Klosteranlage besteht aus einem mehrflügeligen Bau mit drei Innenhöfen. Die vierjochige Klosterkirche mit seitlichen Kapellennischen ist vom Süden her mit ihrer Nordfassade an das Konventsgebäude angeschlossen. Der Chor ist drei Joche lang. Die Außenfassade ist mittels ionischer Pilaster, die hoch über einem Sockelbereich ansetzen, gegliedert. Dazwischen spenden Rundbogenfenster Licht, während im Chorbereich zusätzlich hochovale Fenster eingesetzt wurden. Über dem Gebälk und dem Dachgesims sitzen im Bereich des Langhauses Giebel, wo an den Ausläufern der Voluten Heiligenstatuen stehen (von Mathias Wenzel Jäckel). Die Ecken des Baus sind weich gerundet, was den Eindruck von intensiver Plastizität vermittelt. Der mit einer Tonne gewölbte Innenraum (Deckengemälde von Johann Jakob Stevens von Steinfels) ist durch die über Eck gestellten und in den Raum greifenden Wandpfeiler artikuliert, wobei der Chor sich mit seiner ganzen Breite zum gesamten Raum öffnet. An der Außenfassade wird der Zwischenbereich zwischen Kirchenschiff und Chor durch Säulenstellungen markiert, entsprechend ist der Eingangsbereich gestaltet.

Hier in Břevnov befindet sich der berühmte **Weiße Berg** (Bílá hora), wo am 8. November 1620 die entscheidende Schlacht des Dreißigjährigen Krieges zwischen den böhmischen Ständen und der Katholischen Liga stattfand. Schon Mitte des 16. Jh. entstand hier ein außergewöhnliches Jagdschloss, das **Schloss Stern** (Letohrádek Hvězda; Dolní Liboc, Libocká). Das Areal diente seit Beginn des 16. Jh. als Jagdgebiet. König Ferdinand I. legte hier um 1530 ein Wildgehege an. Wenige Jahre später umfasste man das Gebiet mit einer Mauer, und 1555–56 ließ Erzherzog Ferdinand von Tirol ein Jagdschloss erbauen, dessen Sternform ihm den Namen gab. Die Idee stammt von dem Statthalter selbst, der den Plan entworfen haben soll. An der Ausführung war der königliche Hofarchitekt Bonifaz Wohlmut, der das Befestigungsplateau errichtete und wahrscheinlich auch bei der Ausführung des Inneren mithalf, beteiligt. Von außen erscheint das dreigeschossige Bauwerk – sieht man von seiner Grundform ab – eher unspektakulär. Es ist ein weiß verputzter, mit einem Zeltdach bedeckter Backsteinbau mit kleinen rechteckigen Fenstern samt Fensterläden. Der Eingang ist in einer zwischen den Sternspitzen eingerichteten Vermauerung untergebracht. Die Plattform mit Bastionen, die am besten von der rückwärtigen, der Hangseite, einsehbar ist, ist an dieser Seite so hoch über einer zweiten Plattform eingerichtet, dass man dazwischen, hinter einem Kryptoportikus, Raum gewann, der als Ballsaal diente. In der Mitte des Gebäudes liegt ein überkuppelter Zentralraum. Von dort aus führen überwölbte Durchgänge zu Vermauerungen, wo auch Fenster eingesetzt sind, dazwischen liegen rautenförmige Räume; in einem dieser Räume ist neben dem Eingang das Haupttreppenhaus untergebracht. Erscheint das Bauwerk von außen streng, so wirkt es im Inneren gefälliger, denn hier finden sich im Erdgeschoss im Zentralraum und in den Durchgängen vorzügliche Stuckaturen mit Szenen aus der antiken Geschichte und Mythologie von Giovanni Campione und Andrea Avostalis del Pambio. Heute befindet sich hier das Literaturmuseum.

Im Süden

Smíhov: Im Süden der Kleinseite liegt der größte Verwaltungsbezirk von Prag. Im 19. Jh. wurde Smíhov als Industriegebiet erschlossen. Unter anderem befand sich hier ab 1854 die Waggonfabrik R. Ringhoffer Smichov (später Ringhoffer-Tatra Werke AG) von Baron Franz Ringhoffer, die bis Ende des 19. Jh. zur größten Waggonfabrik Österreich-Ungarns ausgebaut wurde. Zuvor lockte Smíhov mit seinen landschaftlichen Reizen. Kilian Ignaz Dientzenhofer baute hier 1725–28 sein Privathaus. Zuerst war das **Dientzenhofer-Haus** (Bývalá Dienzenhofforova vila; III C8, Štefánikova, 12) eine zweigeschossige rechteckige Villa mit an der Gartenseite sich vorschiebenden *sala terrena*, dann wurde es um Seitenflügel vergrößert. Der Bau erinnert ein wenig an die Struktur der St.-Nikolaus-Kirche am Altstädter Ring. Dazu trägt vor allem die Aufteilung in einen Mittelteil und zwei Seitenrisalite bei, die durch schmale Zwischenglieder verbunden sind. Auch der Aufbau der Dachzone ist eine Reminiszenz an die Kirche. Am Mansarddach, das gleich über dem Dreiecksgiebel ansetzt, vermitteln Lukarnen zu den beiden Dachpavillons über den Seitenrisaliten. Im Inneren wartet das Bauwerk mit einem Deckenfresko mit der Darstellung der

Jean Nouvel, Der Goldene Engel (Zlatý Anděl), 2000. Durch die Glasfassade schimmert die Gestalt des Engels aus dem Film *Der Himmel über Berlin* (1987) von Wim Wenders

Bacchus-Feier von Wenzel Lorenz Reiner im Gartensaal auf.

Auch **Villa Bertramka** (III A9) gehört zu den Barockvillen, die hier in die herrliche Landschaft gebaut wurden. Heute befindet sich hier das **Mozart-Museum**.

Dass sich das Gesicht des Stadtteils seit dem 18. Jh. selbstverständlich veränderte, aber nicht an Attraktivität verloren hat, davon zeugt ein spektakulärer Bau des französischen Stararchitekten Jean Nouvel mit dem Namen **»Goldener Engel«** (Zlatý Anděl). Er entstand 2000 im Zentrum des Stadtteils (III C9, Nádražní, 25) als Geschäftshaus und Shoppingcenter. Der Name geht auf das hier für den Bau der Metrostation abgerissene Haus »Zum Goldenen Engel« zurück. Der Neubau ist eine Stahl-Glas-Konstruktion und entstand an der Kreuzung zweier Straßen über einer Metrostation. An dieser Ecke schiebt es sich als ein hoher, auf Stützen gesetzter Riegel vor, der in einer fließenden Linie zu dem Seitenteil weiterleitet. Der mehrstöckige Riegel schließt mit einer Balustrade aus Stahl, die ihre Fortsetzung an den nach oben gestaffelten Geschossen des Seitenteils findet. Die Glasfassade des Riegels ist vor allem wegen der überdimensionalen Abbildung des Engels aus Wim Wenders Film *Der Himmel über Berlin* von 1987 bekannt geworden. Das Engel-Thema wird auch durch die Verse verschiedener Dichter, die in roten Buchstaben an der Fassade angebracht sind, vermittelt.

Ausflugsziele in der Prager Umgebung

Burg Karlstein (Karlštejn): Kaiser Karl IV. ließ die Burg auf einem Berg 30 Kilometer südlich von Prag ab 1348 erbauen. Auch wenn es sich um eine Burg handelt, war sie weder für militärische Zwecke noch als Wohnstätte des Kaisers gedacht, sondern diente ausschließlich zur Aufbewahrung der Reichskleinodien, der königlichen Krönungsinsignien und der großen Reliquiensammlung des Kaisers. Die Anlage hat die Form eines gespiegelten L und ist aufgrund der topographischen Lage aufsteigend. Entsprechend zum Aufstieg nehmen die in der Burg eingerichteten Räume an Bedeutung zu. Das Erscheinungsbild der Burg ist Ergebnis einer Regotisierung. Die ursprünglichen mittelalterlichen Gebäude waren im 16. Jh. im da-

Burg Karlstein

mals aktuellen Stil umgebaut worden. 1887–99 beschloss man Maßnahmen zur Wiederherstellung des mittelalterlichen Aussehens der Anlage, die von Friedrich von Schmidt und Josef Mocker ausgeführt wurden.

Heute betritt man das Burgareal durch den Ursula-Turm (Voršila-Turm) im Norden. Ursprünglich befand sich der Hauptzugang unter einem Turm etwas weiter östlich. Von hier aus öffnet sich zuerst die Untere Vorburg. Die zentralen Gebäude bilden der Kaiserpalast, in dem sich die Gemächer des Kaisers, die Nikolauskapelle und die Katharinenkapelle befinden, sowie die beiden Türme. Zum Marienturm führt ein Durchgang, der an die Katharinenkapelle angeschlossen ist, dann leitet ein Gang (früher Zugbrücke) zum Großen Turm mit der Kreuzkapelle über. Im Westen folgt dem Kaiserpalast die Obere Vorburg, in die von der Unteren Vorburg das Burggrafentor führt. Das Haus des Burggrafen schließt südöstlich dort an den Kaiserpalast an, wo sich auch der Haupteingang zur inneren Burg, dem Palast befindet.

Karl IV. erstrebte die Sakralisierung der eigenen Person als Kaiser. Das äußert sich nicht nur in den Zeremonienwegen, die mit der Neugründung der Neustadt festgelegt wurden und in die profane und sakrale Räume gleichermaßen eingebunden waren, sondern vor allem hier in Karlstein, das in drei Stufen aufgebaut ist: von der irdischen als der niedrigsten, vertreten durch den Kaiserpalast, über die nächsthöhere des kleineren Turms mit der Marien- und der Katharinenkapelle bis zur höchsten – himmlischen – Stufe des großen Turms als Burgfried mit der Heiligkreuzkapelle, die Christus vorbehalten ist. Diese Anordnung entspricht der Vorstellung von der Hierarchisierung im Mittelalter. In der höchsten, himmlischen Sphäre sind nicht nur die Reliquien untergebracht, sondern auch die Reichskleinodien und die Krönungsinsignien, die durch die Nähe zu den Reliquien selbst deren Status zugewiesen bekamen bzw. erreichen sollten. Karl IV. scheute hierfür keine Mühen. Er richtete auf der Burg aufwendig ausgestattete Räume ein, ganz besonders prächtig wurde die **Heiligkreuzkapelle** ausgestattet. Der zweijochige, kreuzgewölbte Raum ist in der unteren Zone gänzlich mit Edelsteinen besetzt, ähnlich wie die Wenzelskapelle im Veitsdom auf dem Hradschin. Zusätzlich sind die Wände mit Tafelgemälden bedeckt, die von der Hand Meister Theoderichs stammen und die Antlitze von Heiligen, Kirchenvätern und Aposteln zeigen. Auch finden sich hier Fresken (1365) mit Szenen aus dem Leben der hll. Wenzel und Ludmila, deren Autorschaft nicht geklärt ist (vielleicht Meister Oswald). Die Pracht wird in der Gewölbezone mit funkelndem Steinmosaik gesteigert.

Kloster Sedletz (Sedlec) in Kuttenberg (Kutná Hora): Kuttenberg liegt in Mittelböhmen, etwa 70 Kilometer südlich von Prag. Der Weg lohnt jedoch in jedem Fall, wurde die Stadt doch 1995 in das UNESCO-Weltkulturerbe aufgenommen. Sie wurde im 12. Jh. gegründet und gelangte durch Silbergewinnung sowie das Recht der Münzprägung (Prager Groschen / pražský groš) zu beträchtlichem Reichtum. Im Mittelalter gehörte sie zu den reichsten und größten Städten Böhmens. Nach den Hussitenkriegen, als sie große Bevölkerungsverluste hinnehmen musste, verlor Kuttenberg zunächst an Bedeutung, doch die wirtschaftliche Basis erlaubte einen erneuten Aufstieg, so ließ sich hier König Vladislav Jagiello krönen. Als die Bodenschätze im 16. Jh. erschöpft waren, sank die Bedeutung jedoch erheblich. Die Stadt ist mit der Gründung des Zisterzienserklosters in Sedletz eng verbunden, da sie auf dem Stiftsgebiet liegt. Das Kloster war das erste, das auf dem Gebiet Böhmens gegründet wurde. Zustimmung zur Gründung gaben 1142 der Landesfürst Herzog Vladislav II., der Prager Bischof Otto und der Olmützer Bischof Heinrich Zdik. 1243 siedelten sich hier Mönche aus Waldsassen an. Die Bodenschätze von Kuttenberg verschafften den Mönchen nicht nur Vermögen, sondern auch politischen Einfluss am böhmischen Hof. Die Konventsgebäude entstanden zuerst im romanischen Stil, wurden dann 1280–1320 im gotischen Stil umgebaut. 1421 wurde das Kloster durch die Hussiten unter der Führung von Jan Žižka zerstört. Ein Wiederaufbau erfolgte erst nach der Rekatholisierung 1620.

Die Klosterkirche der Jungfrau Maria kann als Höhepunkt der Förderung sakraler Architektur durch den Přemysliden-König Wenzel II. bezeichnet werden. Der gotische Umbau der ursprünglich romanischen Basilika wurde wahrscheinlich ab den 1290er Jahren durchgeführt. Ohne ein Stützsystem repräsentierte auch diese Kirche die reduzierte Form einer Kathedrale. Nach der Zerstörung in den Hussitenkriegen wurde sie im 17. Jh. in einer gotisch-barocken Form von Paul Ignaz Bayer und Johann Blasius Santini-Aichl wiedererrichtet. Die sich anschließenden Umbaumaßnahmen erschweren eine Rekonstruktion des gotischen Zustands, dennoch wird der Einfluss der Architektur Frankreichs, der Donauebene und Schwabens vermutet.

Auf dem Klostergelände befand sich bis zum Abriss 1817 die **Philippus-und-Jacobus-Kirche** (Kostel sv. Filipa a Jakuba) aus dem 14. Jh. Bis heute erhalten geblieben sind daraus nur ein Portal und ein Mauerteil am Pfarrhaus. Aus dem 14. Jh. stammt auch die **Allerheiligen-Kapelle** (Kostel Všech svatých) im nördlichen Areal des Klosters, das nach mehrfachen Umbaumaßnahmen im Lauf der Jahrhunderte sein heutiges barockes Antlitz durch Johann Blasius Santini-Aichl um 1710 erhalten hat.

In Kuttenberg selbst entstanden weitere sakrale Bauwerke, an denen die bedeutendsten Architekten Prags tätig waren. Mittelalterlich gotisch wurde die **Kirche des hl. Jacobus und des Erzdekanats** (Arciděkanský chrám sv. Jakuba) durch die Zisterzienser um 1320 begonnen. Ab 1402 arbeitete auch die Prager Dombauhütte hier an der an französischen Vorbildern orientierten **Kathedrale der**

hl. Barbara (Katedrala sv. Barbara), deren Bauabschluss ins Jahr 1512 fiel. Unmittelbar vor dem Ursulinenkloster baute Domenico Orsi das **Jesuitenkolleg** (1667–1700). František Maximilian Kaňka errichtete 1734–53 die Barockkirche des **hl. Johannes von Nepomuk** (Kostel sv. Jana Nepomuckého). Kilian Ignaz Dientzenhofer war gleichzeitig (1738–43) mit Kaňka in Kuttenberg tätig und für die **Kirche des Herzens Gottes** (Kostel Nejsvětějšího Srdce Páně) am Ursulinenkloster verantwortlich.

Unter den Profanbauten ist der ehemalige **Wälscher Hof** (Vlašský dvůr) erwähnenswert. Zuerst diente er als Münzstätte zur Aufbewahrung des Silbererzes, bis er Ende des 14. Jh. zu einer königlichen Residenz umgestaltet wurde. 1724 wurde Kuttenberg das Münzrecht entzogen, und die Residenz verfiel. Sie wurde im 19. Jh. restauriert. Vom Reichtum des städtischen Bürgertums zeugt heute noch das gut erhaltene sogenannte **Steinerne Haus** (Kamenný dům). Dieses dreigeschossige Gebäude mit einer Spitzbogenarkade im Erdgeschoss wurde 1489 durch den Görlitzer Architekten Briccius Gauske erbaut. Von besonderer ästhetischer Wirkung ist der gotische Erker, der sich in der Mitte der Fassade über die beiden Obergeschosse erstreckt. Er könnte als eine Reminiszenz des Erkers des Altstädter Rathauses in Prag gelten.

Museen/Galerien

Bedřich-Smetana-Museum (II D5–6, am Ufer der Moldau): Das von außen mit charakteristischen Sgraffiti bedeckte Neorenaissancegebäude entstand 1885. Direkt an der Moldau, am Altstädter Brückenturm, gelegen, wurde es zunächst als städtisches Wasserwerk genutzt. Seit 1936 beherbergt es den Nachlass des tschechischen Komponisten Bedřich Smetana.

Galerie Jiří Švestka (IV H4, Biskupský dvůr, 6): Die führende Prager Privatgalerie in der Oberen Neustadt zeigt tschechische und internationale Kunst der Moderne und Gegenwart.

Galerie Manes (Výstavní síň Mánes): Die Galerie für die Kunst der Moderne und Gegenwart befindet sich in einem spektakulären funktionalistischen Gebäude in der Unteren Neustadt, das von Otakar Novotný 1930 erbaut wurde. Es überspannt wie eine Brücke die Moldau (III D7, Masarykovo nábřeží, 250), gleichzeitig wurde ein alter Wasserturm aus dem 15. Jh. in das moderne Gebäude mit einbezogen.

Galerie Vaclav Spala (Galerie Vaclavá Špálý / Spalovka; Národní, 30): Privatgalerie für tschechische Kunst der Gegenwart in der Altstadt.

Goltz-Kinský-Palais (Kinský Palác; II F5): Seit dem 4. Februar 2011 ist hier die asiatische und orientalische Sammlung neu zu sehen. Sie umfasst Bestände der Nationalgalerie und der Prager Karls-Universität ab 7000 v. Chr. aus Mesopotamien, Assyrien, dem Iran, aber auch fernasiatischer Kunst und nordamerikanischer sowie einige Bestände griechisch- und römisch-antiker Kunst.

Haus Zum goldenen Ring (Dům u zlatého prstenu; II F5, Ungelt, Tynska 6): Das ursprünglich gotische Haus in der Altstadt, das 1609 im Renaissancestil umgebaut wurde, beherbergt die Galerie der Hauptstadt Prag, die ständige Sammlung der Kunst des 20. Jh. Das Ausstellungskonzept verfolgt das Ziel, die soziokulturellen Veränderungen in Prag und Tschechien nach 1989 mittels Kunst zu veranschaulichen.

Haus Zur Schwarzen Gottesmutter (Dům U Černé Matky Boží; II F5, Celetná, 34): Das kubistische Gebäude von Josef Gočár präsentiert die Sammlung des tschechischen Kubismus. Ursprünglich wurde das Haus für František Josef Herbst als Geschäftshaus mit einem Café erbaut. Im ersten Geschoss befindet sich immer noch ein Café. Im zweiten und dritten Stock zog das Kubismus-Museum der Nationalgalerie ein. Zu sehen sind u.a. Gemälde von Emil Filla, Vincenc Beneš, Josef Čapek, Antonín Procházka und Bohumil Kubišta, Skulpturen von Otto Gutfreund. Als Leihgabe des Kunstgewerbemuseums sind Möbel und Keramik nach Entwürfen von Pavel Janák und Josef Gočar zu sehen, u.a. dessen Modell des Kubismus-Hauses. Im vierten Obergeschoss zeigt das Museum Druckgrafik sowie Archivalien und Dokumente zum Œuvre der genannten und weiterer Künstler und Architekten des tschechischen Kubismus.

Jüdisches Museum (Židovské muzeum v Praze; II F4, U Staré školy, 1): Das Museum wurde 1906 von dem Hebraisten Salomon Hugo Lieben in der Altstadt gegründet und gehört zu den ältesten jüdischen Museen in Europa. Das Hauptziel war die Sammlung, Bewahrung und Präsentation von jüdischen Kulturgegenständen und Handschriften sowie alten Drucken aus Böhmen und Prag auf dem Gebiet der Tschechischen Republik von der frühesten Zeit der Siedlung bis in die Gegenwart. 1939 wurde es wegen der NS-Judenverfolgung geschlossen. Aufgrund der außergewöhnlichen und gleichzeitig makabren Idee der Nationalsozialisten, ein Museum eines untergegangenen Volkes zu errichten, setzte eine intensive Sammlung zahlreicher weiterer Exponate ein, was das Überleben der

Sammlung sicherte. Nach dem Zweiten Weltkrieg ging die Verwaltung der Sammlung wieder an die Jüdische Gemeinde über. Heute wird sie in sechs Dependancen, vor allem den erhaltenen Synagogen, auf dem Gebiet der ehemaligen Judenstadt (Josefov) präsentiert.

Kampa-Museum (Museum für moderne Kunst Mitteleuropas; II D6): Das Museum befindet sich in einer ehemaligen Getreidemühle auf der innerstädtischen Halbinsel Kampa, die hier durch den Benediktinerorden im 10. Jh. gegründet wurde. Nach der Zerstörung während der Hussitenkriege ging das Grundstück an die Gemeinde der Altstadt, und 1478 errichtete hier Václav Sova von Liboslav ein Wohnhaus mit einer Wassermühle. Bis heute trägt das Gebäude diesen Namen. 1574 wurde es erneut von der Altstädter Gemeinde erworben. 1589 begann ein Neubau, nachdem die Mühle bei einem Feuer schwer beschädigt worden war. Ihre Renaissancefassade wurde im 19. Jh. im Auftrag von František Odkolek wiederhergestellt und im Stil des Historismus umgestaltet. Weitere Umbauarbeiten unternahmen vor allem Josef Schulz und Josef Zítek. Nach einem weiteren Brand erwarb die Stadtverwaltung Prag das Haus. Dem wiederhergestellten Gebäude wurden nach dem Zweiten Weltkrieg drei Abteilungen der Tschechoslowakischen Akademie der Wissenschaften zugewiesen. 2000–01 erfolgte eine Rekonstruktion der Mühle im Sinne der Form, die ihr Josef Schulz im 19. Jh. verliehen hatte.

Das Kampa-Museum selbst entstand auf Initiative der Sammlerin Meda Mládek. Sie übergab 1989 ihre private Kunstsammlung von Werken vornehmlich zweier tschechischer Künstler, František Kupka und Otto Gutfreund, der Stadt Prag, mit dem Wunsch, sie in der alten Sova-Mühle der Öffentlichkeit zugänglich zu machen, was nach der Wiederherstellung des Gebäudes 2001 realisiert wurde. Die Mládek-Sammlung umfasst über 250 Werke von Kupka, u. a. Zeichnungen, Gemälde, Entwürfe für Bücher, von Otto Gutfreund hingegen siebzehn Skulpturen, vor allem aus dessen kubistischer Periode 1911 bis 1914. Darüber hinaus enthält die Sammlung mehr als 240 Werke von Jiři Kolář aus verschiedenen Perioden. Vertreten im Museum sind außerdem Werke anderer mitteleuropäischer Künstler, aus Tschechien, Polen, der Slowakei, Ungarn und dem ehemaligen Jugoslawien (u.a. Václav Cígler, Hugo Demartini, Věra Janoušková, Otakar Slavík, Aleš Veselý, Magdalena Abakanowicz, Edward Dwurnik, Ákos Birkás, György Jovánovics, Ivan Kožarić, Miča Popovič). Mit der Sammlung von Jiří und Běla Kolář kamen in das Museum Werke der ersten tschechischen Modernisten (u. a. Josef Václav Myslbek, Alfons Mucha) und Werke der Gruppe 42 (Skupina 42), deren Mitglied Kolář selbst war, und zu denen u.a. auch Jan Kotík, Kamil Lhoták und Bohumír Matal gehörten. Schließlich beherbergt das Museum die Sammlung des Theoretikers Jindřich Chalupecký, darunter Werke von Václav Cígler, Karel Malich, Hugo Demartini, Zdeněk Sýkora.

Kunstgewerbemuseum (Uměleckoprůmyslové muzeum v Praze; II E4, 17. listopadu, 2): Gegründet 1885, fand das Kunstgewerbemuseum seinen Platz zunächst im Rudolfinum. 1900 zog es in den Neubau von Josef Schulz um. Auf zwei Etagen werden Gegenstände des tschechischen und internationalen Kunsthandwerks und des Kunstgewerbes vom 16. bis zum 19. Jh. in ständiger Sammlung wie auch in wechselnden Ausstellungen präsentiert, insgesamt mehr als 16000 Exponate, u.a. Glas, Keramik, Porzellan, Schmuck, aber auch Uhren und Messgeräte.

Lobkowitz-Palais (Lobkovický Palác; I C4, Hradčany): Das Gebäude ist das einzige Privatgebäude auf der Prager Burg und gehört der Familie Lobkowitz. Darin wird die Kunstsammlung der Familie ausgestellt mit Gemälden von Canaletto, Pieter Bruegel d.Ä. und Velázquez sowie eine historische Sammlung von Musikinstrumenten und Partituren u.a. von Mozart und Beethoven.

Messepalast (Veletržní Palác; IV G2): Auf einer Fläche von über 13 000 Quadratmetern auf drei Etagen zeigt die Nationalgalerie hier ihre ständige Sammlung der Kunst des 20. und 21. Jh. von tschechischen und internationalen Künstlern.

Mucha-Museum (Muchovo muzeum) im Kaunitz-Palais (II G6, Panská, 7): Das monographische Museum in der Unteren Neustadt ist dem Leben und dem Werk des Jugendstilkünstlers Alfons Mucha gewidmet.

Das **Museum der Stadt Prag** in der Oberen Neustadt (Muzeum hlavního města Prahy; IV H4, Na Poříčí, 52) zeigt die Geschichte der Stadt Prag. Seit 2007 ist auch das Modell (5,76 × 3,24 Meter) der Stadt Prag von Antonín Langweil von 1826–34 wieder ausgestellt.

Nationales Technik-Museum (Národní technické muzeum v Praze; V F3, IV F3, Kostelní, 42): Das bereits 1908 in der Oberen Neustadt gegründete Museum befindet sich in einem 1935–38 von Milan Babuška errichteten Gebäude. Ziel ist die Dokumentation der technischen und industriellen Entwicklung und deren gesellschaftliche Relevanz sowie die Bewahrung wichtiger Exponate für die nachkommenden Generationen. Die heutigen Bestände umfassen mehrere Sammlungen, darunter Zeichnungen, Entwürfe, Fotografien und andere Archivmaterialien führender tschechischer Architekten des Historismus, des tschechischen Kubismus, des Art Nouveau, des Funktionalismus (u.a. Josef Zítek, Antonín Wiehl, Pavel Janák, Josef Gočár, Oldřich Tyl, Otakar Novotný). Dazu gehören auch Architekturmodelle für Prager Bauwerke und eine fotografische Dokumentation der Prager Architektur, Dokumentationen und Modelle u.a. industrieller Gebäude, Industriedesigns und des Transportwesens. Das Museum zeigt aber auch Dokumentationen zur Geschichte der Astronomie und des mechanischen Drucks und forscht zur Geschichte der Technik und Industrie.

Nationalmuseum (Národní muzeum; III G7, Václavské náměstí): 1818 wurde das Nationalmuseum als Vaterländisches Museum in Böhmen (Vlastenecké muzeum v Čechách) von einer Gruppe national gesinnter Aristokraten um den Paläontologen Graf Kaspar Maria von Sternberg gegründet. Im Hauptgebäude in der Unteren Neustadt befindet sich die historische, naturwissenschaftliche, paläontologische und anthropologische Sammlung.

Zur Sammlung des Nationalmuseums gehören auch folgende Bestände:

• **Náprstek-Museum** (Náprstkovo muzeum Praha; Betlémské náměstí, 1): 1862 als Tschechisches Industrie-Museum von dem Prager Philanthropen und Ethnologen Vojtěch Náprstek gegründet, beherbergt das Haus eine ethnographische Sammlung asiatischer, afrikanischer und amerikanischer Kultur;

• **Antonín-Dvořák-Museum** (Villa Amerika / Ke Karlovu, 20): Gegründet 1932, die Bestände umfassen Originalwerke des Komponisten, Korrespondenz, Fotografien und andere Dokumente;

• die elf Ausstellungsräume der Skulpturensammlung im **Lapidarium** (am Výstaviště / Ausstellungsgelände) zeigen vorzügliche böhmische, vornehmlich Prager Steinskulpturen vom 11. bis zum 19. Jh., die chronologisch präsentiert werden. So finden sich hier das Originalrelief mit der Kreuzigung Christi vom Nordportal der Teynkirche, die Originalstatuen vom Altstädter Brückenturm, die Figur der Maria Immaculata von der Mariensäule am Altstädter Ring und einige Skulpturengruppen von Matthias Bernhard Braun oder Ferdinand Maximilian Brokoff, die ursprünglich die Karlsbrücke schmückten (die Karlsbrückenskulpturen sind aus konservatorischen Gründen systematisch durch Kopien ersetzt worden);

• **Haus zum Goldenen Löwen** (U Zlatého lva / Dittrich-Apotheke / Nerudova): Ausstellung historischer **Apotheken** sowie historischer Gegenstände des Apothekenbetriebs, u.a. eine komplette Ausstattung der Apotheke, die hier 1820 eröffnet wurde.

Prager Nationalgalerie (Národní galerie v Praze): Das größte Museum Prags, die Sammlung der Prager Nationalgalerie (Tschechische Nationalgalerie), umfasst Werke tschechischer und internationaler Künstler vom Mittelalter bis in die Gegenwart und geht auf die Gründung einer Gemäldegalerie am 5. Februar 1796 durch die Vereinigung patriotischer Freunde der Kunst (Společnost vlasteneckých přátel uměni) zurück. 1902 erfolgte eine Erweiterung um die Königlich böhmische Sammlung als Stiftung des Kaisers Franz Joseph I. 1918 hat die Vereinigung die Sammlung an den tschechoslowakischen Staat übergeben und zur Nationalgalerie erklärt. Es folgten weitere Zukäufe, insbesondere moderner Kunst. Seit 1949 sind alle Sammlungen zu einer Nationalgalerie zusammengelegt. Die Bestände sind in mehreren Dependancen in der Stadt untergebracht, wobei in den vergangenen zehn Jahren eine grundlegende Umdisponierung erfolgte: Die Werke der Alten Meister finden sich im Sternberg-Palais, St.-Agnes-Kloster und Schwarzenberg-Palais, die Sammlung des 19. Jh. wird im St.-Georgs-Kloster ausgestellt, die Bestände der Moderne und der Gegenwartskunst im Messepalast, dem Goltz-Kinský-Palais sowie dem Haus Zur Schwarzen Gottesmutter. Das Schloss Žd'ár nad Sázavou (Saar) außerhalb Prags zeigt Werke der Barockkunst.

Schloss Žd'ár nad Sázavou (Saar): In dem knapp 170 Kilometer westlich von Prag entfernten Klosterareal der Zisterzienser hat die Nationalgalerie in den ehemaligen Konventsgebäuden des Schlosses Žd'ár der Familie Kinský eine Sammlung barocker Werke von Künstlern eingerichtet, die mit dem Werk des Architekten Johann Blasius Santini-Aichl verbunden sind.

Schwarzenberg-Palais (Schwarzenberský Palác; I B5): Das sehr gut restaurierte Palais beherbergt seit 2002 Werke böhmischer Kunst des 16. bis 18. Jh., darunter etwa 160

Skulpturen sowie 280 Gemälde, die bis dato im St.-Georgs-Kloster präsentiert worden waren. Die Ausstellung ist chronologisch geordnet. Am Eingang wird man von imposanten Skulpturen von Matthias Bernhard Braun (ursprünglich am Clam-Gallas-Palais) empfangen. Die Präsentation konzentriert sich auf die wichtigsten Meister böhmischer Malerei wie Karel Škréta und Peter Johann Brandl. Hervorzuheben ist eine aus der Rudolfinischen Kunstkammer stammende Sammlung von Werken der Spätrenaissance und des Manierismus, u.a. von Hans von Aachen, Bartholomäus Spranger, Roelant Savery und Giuseppe Arcimboldo.

St.-Agnes-Kloster (Klášter sv. Anežky České): Im Klostergebäude wird seit 2000 eine Neuordnung der Sammlung der mittelalterlichen und Frührenaissancekunst präsentiert. Sie umfasst Werke böhmischer Tafelmalerei und Skulptur von der Mitte des 14. Jh. (u.a. Meister Theoderich), Kunst des sogenannten weichen und des internationalen Stils. Da Böhmen und Prag seit dem 14. Jh. einen intensiven kulturellen Austausch mit anderen europäischen Zentren unterhielten, sind die Werke dieser Zeit aus Böhmen und Mähren in den Kontext der Kunst Mitteleuropas gestellt.

St.-Georgs-Kloster (Klášter sv. Jiří): Die etwa 350 Gemälde und 54 Skulpturen umfassende Sammlung erstreckt sich auf Erd- und Obergeschoss des Klostergebäudes und zeigt Gemälde, Skulpturen und Kunsthandwerk tschechischer Künstler des 19. Jh. (1790–1910). Sie ist chronologisch in neun Sektionen angeordnet. Die Skulpturensammlung und das Kunstgewerbe (Glas, Porzellan, Silber, Möbel und Textilien) als Leihgabe des Kunstgewerbemuseums haben keine eigenen Räume erhalten, sondern sind in den Kontext der ausgestellten Malerei eingebunden.

Sternberg-Palais (Šternberský Palác; I B4): Die neue Disposition der Sammlung wurde 2002–03 eröffnet. Der erste Teil der Sammlung umfasst griechisch- und römisch-antike Kunst. Im Erdgeschoss werden Werke deutscher und österreichischer Meister vom 16. bis zum 18. Jh. präsentiert, u.a. Lucas Cranach, Hans Baldung Grien und nicht zuletzt eines des wenigen Altarbilder von Albrecht Dürer, *Das Rosenkranzfest* (1506), das Kaiser Rudolf II. – ursprünglich für San Bartolomeo in Venedig – erworben hat.

Im ersten Geschoss des Palais sind Gemälde italienischer und niederländischer Künstler vom 14. bis zum 16. Jh. präsentiert. Die italienischen Werke stammen aus der Sammlung Schloss Konopiště des Herzogs Franz Ferdinand d'Este, darunter toskanische Meister wie B. Daddi oder L. Monaco, Werke venezianischer Schule (Werkstatt Vivarinis) und Meisterwerke des Florentiner Manierismus (A. Bronzino, A. Allori). Im zweiten Obergeschoss werden Werke italienischer, spanischer, französischer und niederländischer Meister vom 16. bis zum 18. Jh., darunter Gemälde von Tintoretto, Tiepolo, Ribera, El Greco, Rubens und van Dyck, weiterhin Rembrandt, Terborch, van Goyen und Hals gezeigt.

Tschechisches Museum der bildenden Künste (České muzeum výtvarných umění; II E5, an der Ecke Karlova/Husova): Das Museum in der Altstadt widmet sich der Sammlung und Bewahrung tschechischer Kunst des 20. und 21. Jh. Es wurde 1963 gegründet und unterhält heute seine Bestände in mehreren Dependancen in Prag und außerhalb der Stadt. Die erste Dauerausstellung war 1964 auf dem Schloss Nelahozeves (Zámek v Nelahozevsi) zu sehen, etwa 30 Kilometer entfernt von Prag. Damals gehörte zur Sammlung auch die Kunstsammlung der Familie Lobkowitz, die nach 1993 restituiert wurde und mittlerweile teilweise im Palais Lobkowitz auf dem Hradschin zu sehen ist. Seit 1971 unterhält das Museum Ausstellungsräume in Prag. In der Altstadt in der Husova, 19–21, zeigt das Museum seine Bestände in drei historischen Häusern, die ihre Ursprünge bereits im Frühmittelalter haben. Darüber hinaus unterhält das Museum Ausstellungsräume im Jesuitenkolleg in Kuttenberg (Barborská, 51–53) sowie weiterhin auf Schloss Nelahozeves.

Die Sammlung des Museums umfasst Werke der klassischen Moderne, des Art Nouveau, des Symbolismus (u.a. Vojtěch Hynais, Jacob Schikaneder, Stanislav Sucharda, František Kupka), des tschechischen Kubismus (u.a. Josef Čapek, Antonín Procházka, Otto Gutfreund), und die wohl beste Sammlung der Künstlergruppen Skupina 42 (Gruppe 42), Ra (Ra-Gruppe) und Sedm v říjnu (Die Sieben im Oktober), weiterhin Werke von Künstlergruppen der Nachkriegszeit wie Trasa, Máj, UB12 und Etapa. Darüber werden kontinuierlich Werke der Gegenwartskunst (z.B. Tvrdohlaví-Gruppe) erworben.

Anhang

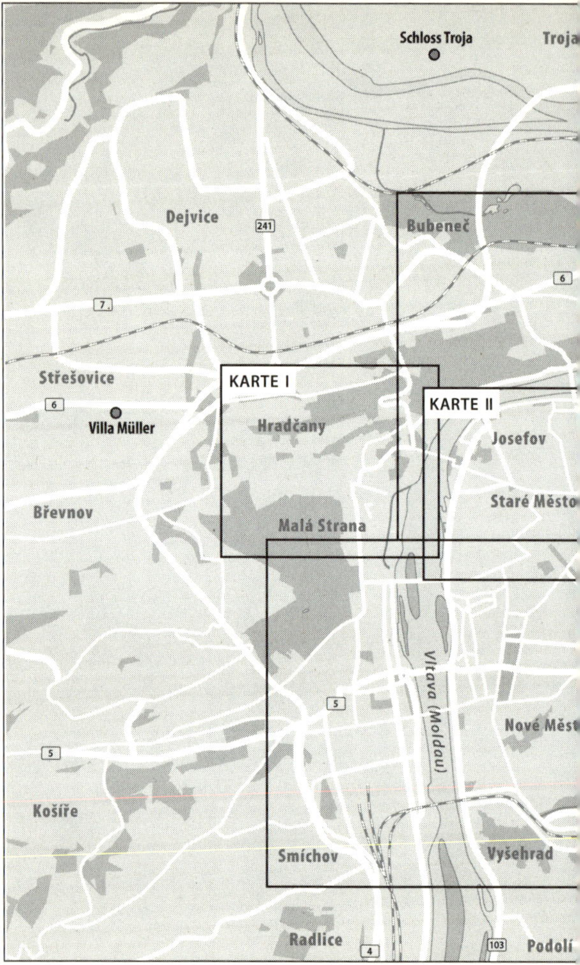

Schloss Troja
Troja
Dejvice
241
Bubeneč
6
7
Střešovice
6
Villa Müller
KARTE I
KARTE II
Hradčany
Josefov
Břevnov
Staré Město
Malá Strana
Vltava (Moldau)
5
Nové Měst
5
Košíře
Smíchov
Vyšehrad
Radlice
4
103
Podolí

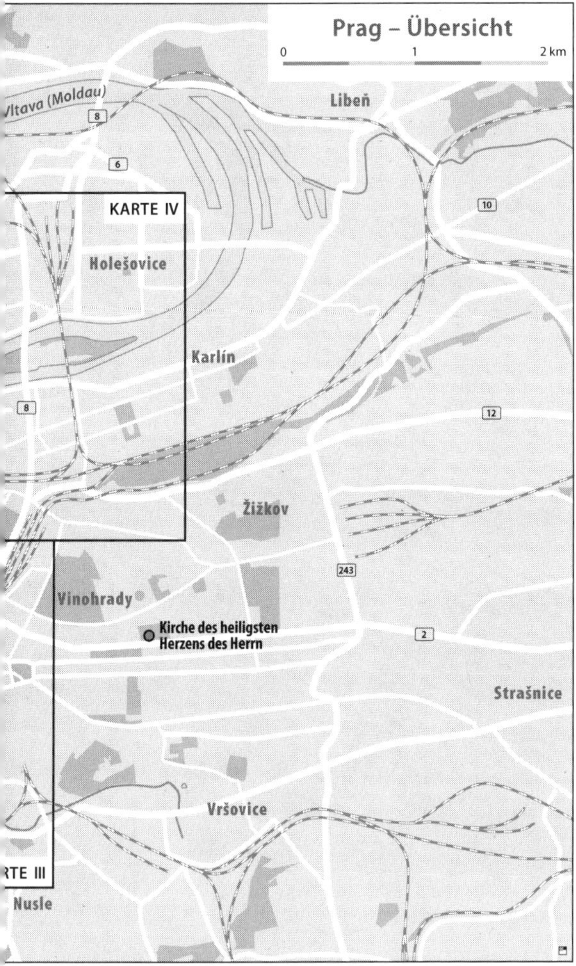
Prag – Übersicht
0
1
2 km
Vltava (Moldau)
Libeň
8
6
10
KARTE IV
Holešovice
Karlín
8
12
Žižkov
243
Vinohrady
Kirche des heiligsten Herzens des Herrn
2
Strašnice
Vršovice
RTE III
Nusle

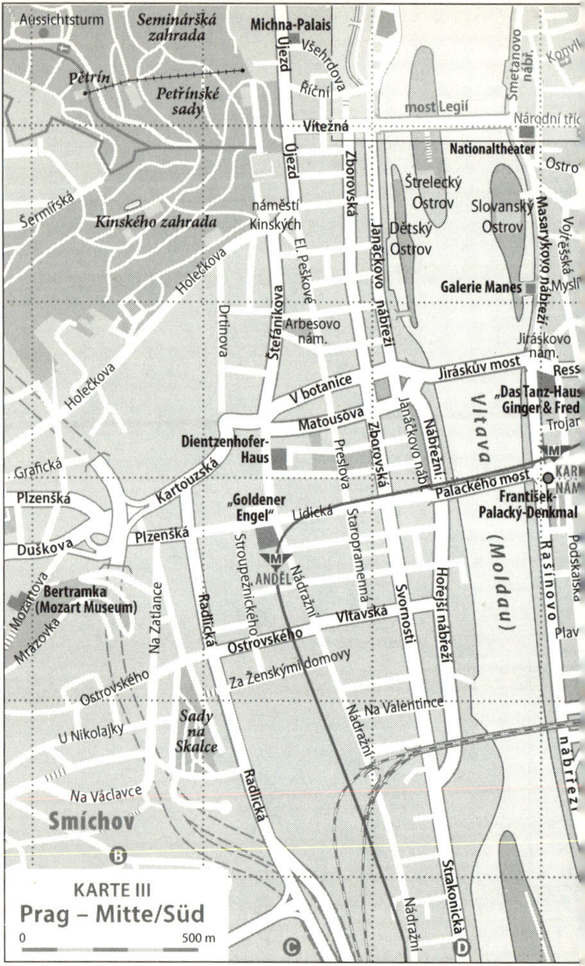

KARTE III
Prag – Mitte/Süd

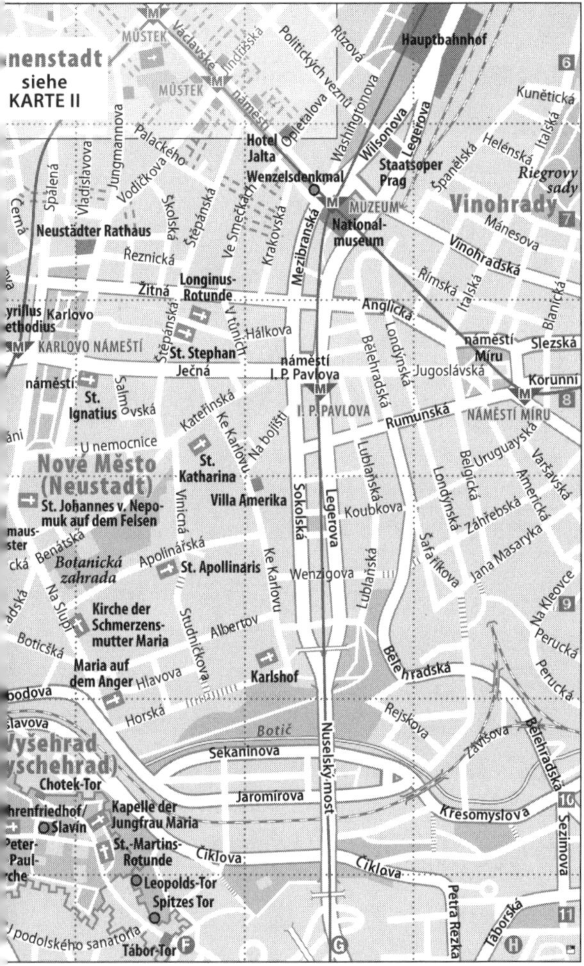

nenstadt siehe KARTE II
MŮSTEK
Václavské náměstí
Jindřišská
Politických vezňů
Růžová
Hauptbahnhof
Opletalova
Washingtonova
Wilsonova
Legerova
Kunětická
Italská
Helénská
Španělská
Hotel Jalta
Wenzelsdenkmal
Staatsoper Prag
Riegrovy sady
Vinohrady
MUZEUM
National-museum
Mánesova
Vinohradská
Palackého
Jungmannova
Vladislavova
Spálená
Černá
Vodičkova
Školská
Štěpánská
Ve Smečkách
Krakovská
Mezibranská
Neustädter Rathaus
Řeznická
Žitná
Longinus-Rotunde
Římská
Italská
Blanická
Anglická
Karlovo
KARLOVO NÁMĚSTÍ
Hálkova
St. Stephan
Bělehradská
Londýnská
náměstí Míru
Slezská
Ječná
náměstí I. P. Pavlova
Jugoslávská
Korunní
náměstí
St. Ignatius
Salmovská
Kateřinská
Ke Karlovu
Na bojišti
I. P. PAVLOVA
Rumunská
NÁMĚSTÍ MÍRU
U nemocnice
St. Katharina
Uruguayská
Varšavská
Belgická
Nové Město (Neustadt)
St. Johannes v. Nepomuk auf dem Felsen
Vinicná
Villa Amerika
Sokolská
Legerova
Lublaňská
Koubkova
Londýnská
Americká
Záhřebská
Benátská
Botanická zahrada
Apolinářská
St. Apollinaris
Ke Karlovu
Wenzigova
Lublaňská
Šafaříkova
Jana Masaryka
Na Kleovce
Na Slupi
Kirche der Schmerzensmutter Maria
Studničkova
Albertov
Boticšká
Maria auf dem Anger
Hlavova
Karlshof
Bělehradská
Perucká
Horská
Rejskova
Botič
Vyšehrad (Wyschehrad)
Sekaninova
Nuselský most
Záwišova
Bělehradská
Chotek-Tor
Jaromírova
Kapelle der Jungfrau Maria
Slavín
Kresomyslova
St.-Martins-Rotunde
Čiklova
Čiklova
Sezimova
Leopolds-Tor
Spitzes Tor
Petra Rezka
Táborská
U podolského sanatoria
Tábor-Tor
6
7
8
9
10
11
F
G
H

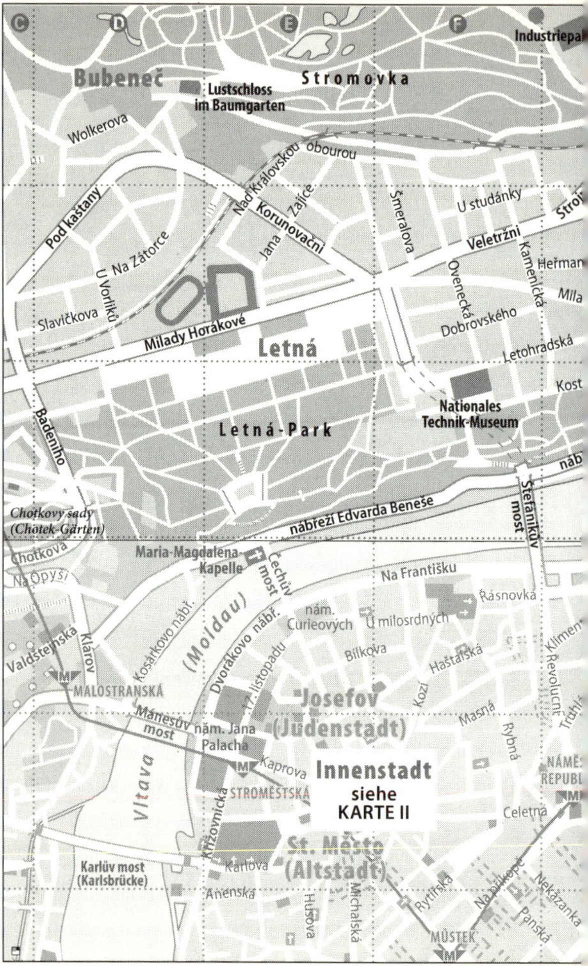
C
D
E
F
Industriepa
Bubeneč
Lustschloss im Baumgarten
Stromovka
Wolkerova
obourou
Nad Královskou
Pod kaštany
Korunovační
Zajíce
Jana
Na Zátorce
U Voríků
Slavičkova
Milady Horákové
Letná
Šmeralova
U studánky
Veletržní
Kamenická
Ovenecká
Dobrovského
Letohradská
Heřman
Mila
Kost
Nationales Technik-Museum
Letná-Park
Badeniho
Chotkovy sady (Chotek-Gärten)
nábřeží Edvarda Beneše
nábř
Štefánikův most
Chotkova
Na Opyši
Maria-Magdalena-Kapelle
Čechův most
Na Františku
Řásnovka
nám. Curieových
U milosrdných
Kosárkovo nábř.
(Moldau)
Dvořákovo nábř.
Bílkova
Haštalská
Klimen
Revoluční
Valdštejnská
Klárov
MALOSTRANSKÁ
17. listopadu
Josefov (Judenstadt)
Kozí
Masná
Rybná
Truhl
Mánesův most
nám. Jana Palacha
Vltava
Kaprova
Innenstadt siehe KARTE II
STROMĚSTSKÁ
NÁMĚ REPUBL
Celetná
Křižovnická
St. Město (Altstadt)
Karlův most (Karlsbrücke)
Karlova
Anenská
Husova
Michalská
Rytířská
Na příkopě
Nekázanka
Panská
MŮSTEK

KARTE IV
Prag – Mitte/Nord
0
500 m
Holešovice
Karlín
Vltava (Moldau)
Ostrov
Štvanice
PRAHA-HOLEŠOVICE
ZASTÁVKA
PRAHA-
BRUBNY
VLATAVSKÁ
KŘIŽIKOVA
FLORENC
NÁMĚSTÍ
REPUBLIKY
Masaryk-Bahnhof
Hauptbahnhof
Hotel
Central
Galerie
Jiří Švestka
Museum d.
Stadt Prag
nationale
Gedenkstätte
Denkmal Jana Žižky
U výstaviště
Strojnická
Šimáčkova
Veletržní
Dukelských hr dinů
Janovského
Bubenská
Antioínská
Za viaduktem
Argentinská
Osadní
Komunardů
U průhonu
Přístavní
Dělnická
Tusarova
Jateční
Na Maninách
U Uranie
Bubenské nábřeží
Karolinská
Rohanské nábř.
Pobřežní
Sokolovská
Thámova
Křižíkova
Karlínské
nám.
Kollárova
Pernerova
Vítkova
Ke Štvanici
Wilsonova
nábř. Ludvíka Svobody
Klimentská
Petrské
Těšnov
Zlatnická
Na poříčí
Havlíčkova
Hybernská
náměstí
M. Gorkého
Opletalova
Vrchlického sady
Jeruzalémská
Husitská
U památníku
Trocnovská
Řehořova
Seifertova
Italská
1
2
3
4
5
6
I
J

Weiterführende Informationen

Literaturhinweise

Arens, Detlev: Prag. Kultur und Geschichte der »Goldenen Stadt«. Köln 2005.

Belzyt, Leszek: Krakau und Prag zwischen 14. und 17. Jahrhundert. Vergleichende Studien zur Sozial-, Kultur- und Wirtschaftsgeschichte ostmitteleuropäischer Metropolen. Thorn 2003.

Die Dientzenhofer. Barocke Baukunst in Bayern und Böhmen, Eine Ausstellung der Stadt Rosenheim in Zusammenarbeit mit der Nationalgalerie Prag. 8. März bis 26. Mai 1991. Hrsg. von der Stadthalle Rosenheim in Zusammenarbeit mit dem Kulturamt der Stadt Rosenheim. Rosenheim 1991.

Diviš, Jan: Pražská Loreta. Prag 1972.

Formánek, Jaroslav [u. a.]: Die Prager Burg. Prag 1965.

Gloc, Ingrid: Architektur der Jahrhundertwende in Prag. Zur Geschichte der Architektur zwischen Eklektizismus und Moderne im Spiegel der Sanierung der Prager Altstadt. Alfter 1994.

Homolka, Jaromir: Zur Kunst der Gotik in Böhmen. In: Kunst der Gotik in Böhmen. Präsentiert von der Nationalgalerie in Prag. Ausst.-Kat. Schnütgen-Museum. Köln 1985. S. 37 ff.

Josip Plečnik – An Architect of Prague Castle. Prague 1996.

Karl IV. Kaiser von Gottes Gnaden. Kunst und Repräsentation des Hauses Luxemburg 1310–1437. Hrsg. von Jiři Fajt, München. Berlin 2006.

Kühn, Christian: Das Schöne, das Wahre und das Richtige. Adolf Loos und das Haus Müller in Prag. Braunschweig 1989.

Marek, Michaela: Kunst und Identitätspolitik. Architektur und Bildkünste im Prozess der tschechischen Nationsbildung. Köln 2004.

– Universität als »Monument« und Politikum. Die Repräsentationsbauten der Prager Universitäten 1900–1935 und der politische Konflikt zwischen »konservativer« und »moderner« Architektur. München 2001.

– Prag um 1800. Eine Stadt verwandelt sich. In: Prag 1780–1830. Kunst und Kultur zwischen den Epochen und Völkern. Hrsg. von Roman Prahl. Prag 2000.

Moravánszky, Ákos: »Die Befreiung der Form aus der Materie«. Architektur und Theorie des Prager Kubismus. In: Prager Architektur und die europäische Moderne. Hrsg. von Tomáš Valena und Ulrich Winko. Berlin 2006. S. 25–38.
Oulíkowá, Petra: Clementinum Kunstführer. Prag 2006.
Pavlík, Milan / Uher, Vladimír: Barockarchitektur in Prag. Amsterdam 1998.
Pollak, Oskar: Johann und Ferdinand Maximilian Brokoff. Ein Beitrag zur Geschichte der österreichischen Barockplastik. Prag 1910.
Romanik in Böhmen. Geschichte, Architektur, Malerei, Plastik und Kunstgewerbe. Hrsg. von Erich Bachmann. München 1977.
Sedlákowa, Radomira: Architekturführer Prag. Ostfildern 1997.
Seibt, Ferdinand (Hrsg.): Renaissance in Böhmen. München 1985.
Seidl, Ernst (Hrsg.): Lexikon der Bautypen. Funktionen und Formen der Architektur. Stuttgart 2006. [sw. Rathaus.]
Ševčik, Jiří / Weibel, Peter (Hrsg.): Utopien & Konflikte. Dokumente und Manifeste zur tschechischen Kunst 1938–1989. Ostfieldern 2007.
Švácha, Rostislav: The Architecture of New Prague 1895–1945. Massachusetts Institute of Technology. Cambridge/London 1995.
Swoboda, Karl M. (Hrsg.): Barock in Böhmen. München 1964.
– (Hrsg.): Gotik in Böhmen. München 1969.
Tichy, Franz: Studie zu Sakralbauten des Kilian Ignaz Dientzenhofer. München 1995.
Valena, Tomáš: Jenseits der Manifeste. Der Fall Josef Plečnik. In: Architektur und Theorie des Prager Kubismus. In: Prager Architektur und die europäische Moderne, hrsg. von Tomáš Valena und Ulrich Winko. Berlin 2006. S. 39–52.
Vybíral Jindřich: »Die Kunst muss aus nationalen Boden hervorgehen« Die Erfindung des tschechischen Nationalstils. In: Matthias Krüger / Isabella Woldt (Hrsg.): Im Dienste der Nation. Identitätsstiftungen und Identitätsbrüche in Werken der bildenden Kunst. Berlin 2011. S. 77–94.
Wachmeier, Günter: Prag. Ein Kunst- und Reiseführer. Stuttgart [u. a.] 1981. (Kohlhammer Kunst und Reiseführer.)

Internetseiten

Zu Prag:
  www.praha.eu
Veranstaltungskalender:
  www.pragueevents.cz
  www.tschechien-online.org/webkatalog/kultur
  www.prag-reise.de
  www.digitalprague.com
Nationalmuseum:
  www.nm.cz
Museum der bildenden Künste:
  www.cmvu.cz
Zu Franz Kafka:
  www.kafkaesk.de

Nachweis der Karten und Abbildungen

Archiv Otakar Fierlinger: 117 – imago/blickwinkel: 104 – imago/F. Berger: 52, 81 – imago/Hans Blossey: S. 209 – imago/imagebroker: S. 160, 270 – imago/McPHOTO: S. 60 – Klaus Kühner, HüttenWerke: Karten in den Umschlagklappen, S. 286-291 – Werner Neumeister, München: 15 – Pavel Stecha: 261 – Vladimír Uher: 98, 126, 138

Objektregister

Alfa-Haus 239
Alte Propstei 54
Alter jüdischer Friedhof 208
Alter Königspalast 49 f., 76–87
Altstädter Brückenturm 199
Altstädter Rathaus 170–173, 177, 187
Altstädter Ring 17, 18, 155, 195 f.
Anenská 197
Astronomische Uhr (Altstädter Rathaus) 172
Aula Regia 13

Ballhaus 50, 91, 93, 94
Bank der tschechoslowakischen Legion 189, 29
Basteigarten (Hradschin) 55
Bata-Haus 239
Břevnov 264–267
Brückengasse 145
Brückenzollamt 145
Burg Karlstein 270–272
Burggrafenamt (Hradschin) 88

Carolinum 14, 16, 17, 153, 172–177, 180, 205, 275
Casa Santa (Loretoheiligtum) 96, 98, 99
Celetná 203
Chotek-Tor (Vyšehrad) 252
Clementinum 19, 122, 134, 135, 152,163, 176, 180–184

Daliborka-Turm (Hradschin) 89, 90
Denkmale
  Denkmal Karls IV. 204
  František-Palacký-Denkmal 231 f., 237
  Johannes-Hus-Denkmal 197
  Wenzelsdenkmal 223, 247 f.
  Žižka-Denkmal 260
Dientzenhofer-Haus 267

Ehrenfriedhof und Slavín (Vyšehrad) 255

Gallusmarkt 17
Georgsgasse 87
Goldener Engel 269
Goldenes Gässchen (Hradschin) 88
Grand Hotel Europa 27, 236
Granovsky-Haus 196
Großprioratsmühle 147

Halbinsel Kampa 147
Hauptbahnhof 234 f.
Haus der Herren von Kunštát und Poděbrady 186
Haus Lindt 239
Haus Zu den drei goldenen Löwen 204
Haus Zu den drei Straußen 143
Haus Zu den zwei Sonnen 146
Haus Zum goldenen Brunnen 186

Haus Zum goldenen Hirsch 143
Haus Zum goldenen Löwen 280f.
Haus Zum goldenen Ring 275f.
Haus Zum steinernen Tisch 146
Haus Zur Minute 171, 187
Haus Zur Schwarzen Gottesmutter 187, 205, 276, 281
Haus Zur steinernen Glocke 196
Hirschgraben 90, 91
Holešovice 256–259
Hotel Central 27, 235f.
Hotel Jalta 236
Hotel Paříž 190
Hradschiner Platz 109
Hungermauer 119

Industriepalast 256

Jan-Palach-Platz 242
Judenstadt (Josefov) 206–210
Judithbrücke 197
Jüdisches Rathaus 207

Karlsbrücke 74, 145, 197f., 200f., 280
Karlshof 16, 211, 216f., 218
Karlsplatz 180, 230, 232
Kettenbrücke 24
Kirchen und Klöster
Allerheiligen-Kapelle (Sedletz) 273
Augustiner-Kloster 217
Basilika des hl. Thomas 12
Basilika St. Margareta 264–266
Bethlehemskapelle und das Predigerhaus 150
Christi-Geburt-Kirche 96, 100
Emmauskloster 211
Heiligkreuzkapelle (Burg Karlstein) 272
Hl.-Kreuz-Kirche 233
Hl.-Kreuz-Rotunde 157, 158
Jesuitenkolleg (Kloster Sedletz) 274
Jungfrau Mariae (Hradschin) 47
Kapelle der Jungfrau Maria an den Schanzen (Vyšehrad) 253
Karl-Borromäus-Kirche 214f.
Karmelitinnenkloster 96
Kathedrale der hl. Barbara (Kuttenberg) 273f.
Kirche der Schmerzensmutter Maria 218
Kirche des heiligsten Herzens des Herrn 260
Kirche des Herzens Gottes (Kuttenberg) 274
Kirche des hl. Jacobus und des Erzdekanats (Kuttenberg) 273
Kloster der Elisabethinerinnen 218
Kloster Sedletz 272–274
Kloster Strahov 100–108, 263
Klosterkirche der Jungfrau Maria (Kloster Sedletz) 273

Maria auf dem Anger (M. auf dem Rasen) 211, 217f.
Maria Schnee (Karmeliterkirche) 16, 218–220
Mariae Himmelfahrt (Strahov) 101
Maria-Magdalena-Kapelle 258
Philippus-und-Jacobus-Kirche (Kloster Sedletz) 273
St. Aegidius 148
St.-Agnes-Kloster 149f., 281
St. Ambrosius 16
St. Anna 197
St. Apollinaris 16, 211
St. Bartholomäus 150
St. Benedikt 96
St. Clemens 165
St. Cyrillus und Methodius 214
St. Franziskus (St.-Agnes-Kloster) 149
St. Franziskus Seraphicus 151ff., 163, 204
St. Gallus 153
St.-Georgs-Kirche und -Kloster 47, 56ff., 281f.
St. Heinrich und Kunigunde 16, 233, 247
St. Hieronymus / Na Slovenach 16
St. Ignatius 213, 232
St.-Jakob-Kirche und -Kloster 155
St.-Johann-von-Nepomuk (Hradschin) 101, 108f.
St. Johannes von Nepomuk auf dem Felsen 200, 215f.
St.-Josef-Kirche und -Kloster 119
St. Katharina 16, 211, 217
St. Laurentius 119
St. Maria de Victoria 120
St. Maria unter der Kette 121
St. Martin in der Mauer 158
St.-Martins-Rotunde 252
St. Nikolaus (Altstädter Ring) 159–162, 267
St. Nikolaus (Kleinseitner Ring) 21, 122–128, 145, 153
St. Peter und Paul (Vyšehrad) 16, 253
St.-Rochus-Kapelle (Strahov) 19, 101
St. Salvator (Kreuzherrenplatz) 152, 162f., 204
St. Salvator 166
St. Stephan 16, 217, 220f.
St.-Thomas-Kirche und -Kloster 146, 128
St. Ursula 221
St.-Veits-Basilika (Hradschin) 49
St.-Veits-Dom 49f., 59–76, 82, 86, 89, 121, 177, 198, 272
St.-Veits-Rotunde 47, 61, 64
Teynkirche (Kirche der Jungfrau Maria vor dem Týn) 166–170
Ursulinenkloster 108
Wälsche Kapelle 165
Wenzelskapelle (St. Veits-Dom) 67, 75, 177, 272

Kleiner Ring 203
Kleinseitner Brückentürme 198
Kleinseitner Rathaus 144
Kleinseitner Ring 145, 180
Kohlenmarkt 203 f.
Kreditbank 27
Kreuzherrenplatz 152, 203–205

Lapidarium 256, 280
Leopolds-Tor (Vyšehrad) 252
Letná-Park 258
Levý Hradec Burg 46, 158
Longinus-Rotunde 217
Loretoheiligtum 96–100

Malteserplatz 146
Mariensäule (Altstädter Ring) 196, 280
Mariensäule (Kleinseitner Ring) 110
Masaryk-Bahnhof 238 f.
Matthiastor 51, 52
Messepalast 257, 279, 281
Mihulka-Turm (Hradschin) 90, 91
Museen und Galerien
Antonín Dvořák-Museum 280
Bedřich-Smetana-Museum 275
Galerie Jiři Švestka 275
Galerie Manes 275
Galerie Vaclav Spala 275
Jüdisches Museum 276 f.
Kubismus-Museum 187
Kunstgewerbemuseum 245, 278
Mozart-Museum 268
Mucha-Museum 279
Museum der Stadt Prag 279
Museum für Moderne Kunst 257
Museum Kampa 147, 277 f.
Náprstek-Museum 280
Nationales Technik-Museum 279
Nationalmuseum (Museum des Königreichs Böhmen) 222–226, 245–247 f.
Nationalmuseum 25, 59, 111, 115, 150, 256, 280
Prager Nationalgalerie 281
Tschechisches Museum der Bildenden Künste 283 f.

Na příkopě (Am Graben) 248
Nationaltheater 226–229
Neruda-Gasse 146
Neues Rathaus 192 f.
Neustädter Rathaus 229 f., 247

Obstmarkt 17, 205

Palace Euro 33
Palais
Adria-Palast 221
Buquoy-Palais 131
Clam-Gallas-Palais 177–180, 185, 239, 282
Colloredo-Mansfeld-Palais 184 f.
Czernin-Palais (Loretánske náměstí) 116–118, 134
Czernin-Palais 131
Erzbischöfliches Palais 113
Fürstenberg-Palais 130

Großprioratspalais 131
Kaunitz-Palais 132, 145
Kinský-Palais 236 f.
Kolowrat-Palais 130
Koruna-Palast 237
Ledebour-Palais 131
Lichtensteinpalais 132, 146
Lobkowitz-Palais 132
Lobkowitz-Palais (Hradschin) 88, 278
Lucerna-Haus (L.-Palast) 237 f.
Martinitz-Palais 115
Melantrich-Palast 239
Michna-Palais 133
Nostitz-Palais 134
Palais Czernin-Morzin 137, 146, 179
Palais Goltz-Kinský 185 f., 196, 275, 281
Palais Pálffy 131
Palais Salm 111
Palais Sweerts-Sporck 236 f., 239 f.
Palais Sylva-Tarouca (Piccolomini) 33, 240
Schönborn-Palais 135
Schwarzenberg-Palais 110, 281 f.
Slavata / Palais der Herren von Hradec 137
Smiřický-Palais 146
Sternberg-Palais 114, 281, 282
Sternberg-Palais (Kleinseitner Ring) 146
Thun-Hohenstein-Palais 136, 137, 146
Thun-Palais 136
Toskanisches Palais 112, 155
Vrtba-Palais und Garten 137
Waldsteinpalais 21, 138–144, 146
Paradiesgarten (Hradschin) 54
Pestsäule (Kleinseitner Ring) 145
Petřín (Laurenziberg) 100
Philosophischer Bibliothekssaal (Strahov) 105
Prager Kunstakademie 243
Prager Tor (Vyšehrad) 251
Prager Universität, Philosophische Fakultät 243 f.
Pulverbrücke 50, 91
Pulverturm 190 f.

Reitschule (Hradschin) 94
Repräsentationshaus 33 f., 44 f., 49, 190, 192–195
Rossmarkt 17, 246 f.
Rudolfinum 242 f., 278

Sächsisches Haus 145
Schlösser
Königliches Lustschloss / Belvedere 91 ff., 140
Lustschloss im Baumgarten 257
Lustschloss Michna (Villa Amerika) 230 f., 240
Schloss Stern 266
Schloss Troja 258 f.
Schloss Žd'ár nad Sázavou 281
Smíhov 267–269
Spitzes Tor (Vyšehrad) 251
Staatsoper Prag 245 f.

Ständetheater (Tyl-Theater) 191 f., 205
Steinernes Haus 274
Střešovice 263 f.
Stromovka 256 f.
Synagogen
Altneusynagoge 207
Hohe Synagoge 207
Klausensynagoge 208
Maisel-Synagoge 210
Pinkas-Synagoge 210
Spanische Synagoge 210

Tábor-Tor (Vyšehrad) 252
Tanz-Haus Ginger & Fred 221 f.
Teynhof 155, 166, 196
Teynschule 166, 196
Theologischer Bibliothekssaal (Strahov) 103
Theresianisches Adeligen Damenstift 88
Umwehrung (Prager Burg) 89

Veitsberg 260
Verlagshaus Urbanek 230
Villa Bertramka 268
Villa Bílek 94
Villa Müller 263
Villa Park Strahov 33
Vinohrady 260–263
Vladislavsaal 77, 80, 82, 83, 85, 87
Vyšehrad 249–255

Wälscher Hof (Kuttenberg) 274
Waldsteinplatz 146
Weißer Berg 20, 120, 151, 159, 163, 182, 266
Weißer Turm (Hradschin) 90
Wenzelsplatz 246 f.
Wiehl-Haus 240 f.
Wimmer-Brunnen 203 f.

Zeremonienhalle (Josefov) 208–210
Zollhaus 241

Personenregister

Aachen, Hans von 19, 282
Abakanowicz, Magdalena 278
Agnes von Böhmen, Prinzessin 59, 149
Agosto, Jacopo 98
Aichbauer, Johann Georg 100
Albrecht, Jiří 226
Aleš, Mikoláš 173
Aleš, Veselý 278
Allio, Andrea 99
Alliprandi, Giovanni Battista 22, 115, 133, 135, 145
Allori, Alessandro 283
Ambrozzi, Wenzel 240
Anna Jagiellonka, Königin 73, 91
Anna von Foix-Candale 85
Arcimboldo, Giuseppe 19, 282
Asam, Cosmas Damian d. Ä. 162
Avostalis del Pambio, Andrea 267
Avostalis, Ulrich 113, 137, 254

Babuška, Milan 279
Baccio del Bianco 140, 142
Baldung Grien, Hans 283
Balšanek, Antonín 193
Bayer, Paul Ignaz 13, 22, 113, 154, 182, 213 f., 265, 273
Beethoven, Ludwig van 278
Behrens, Peter 29
Bendelmayer, Bedřich 27, 235 f.
Bendl, Johann Georg 54, 163–165, 196, 220 f., 248
Beneš, Edvard 25, 30
Beneš, Vincenc 276
Benigna Katharina von Lobkowitz, Fürstin 96
Berka von Dubá, Hynek 37
Berlage, Hendrik Petrus 29
Bernini, Gianlorenzo 74, 155, 179, 203
Berta, Äbtissin 59
Bílek, František 94
Birkás, Ákos 278
Blecha, Matěj 237
Boccacci, Vincenzo 139
Boleslav I. (d. Grausame), Herzog 11, 61
Boleslav II., Herzog 11, 36, 56
Bolla, Rochus 180
Bologna, Giovanni da 141
Bořivoj I., Herzog 46, 107
Bořivoj II., Herzog 73
Bossi, Campione de 128
Bramante, Donato 98
Brandl, Peter Johann 100, 282
Braun, Matthias Bernhard 94, 135 f., 138, 166, 179, 202 f., 280, 282
Břetislav I., Herzog 11, 73
Břetislav II., Herzog 61, 73
Brokoff, Ferdinand Maximilian 109, 129, 137, 143, 147, 154, 156, 159, 179, 202 f., 226, 280
Brokoff, Johann 112, 159, 200, 202 f., 216
Bronzino, Agnolo 283

Brožík, Václav 173, 225
Brüderle, Johann Michael 100
Bruegel, Pieter d. Ä 278
Brunner, Vratislav H. 64
Burgkmair, Hans 58
Bušek, Leonard 72

Campione, Giovanni 267
Canaletto 278
Canevalle, Carlo Antonio 254
Canevalle, Domenico 140, 152
Canevalle, Marcantonio 22, 221
Čapek, Josef 276, 283
Caratti, Francesco 21, 58, 116, 134, 163
Carlone, Carlo Innocenzo 180
Carlone, Silvestro 99
Cerny, František 212
Chalupecký, Jindřich 278
Chochol, Josef 29, 187
Chotek, Johann Rudolf 24
Cígler, Václav 278
Collin, Alexander 73
Colombo, Giovanni Battista 98
Colombo, Pietro 134
Cometa, Giovanni Bartolomeo 98, 163
Corradini, Antonio 74
Cranach, Lucas 283

Daddi, Bernardo 283
Demartini, Hugo 278
Dientzenhofer, Christoph 22, 96 f., 99 f., 108, 122, 124, 127, 162, 217, 264 f.
Dientzenhofer, Kilian Ignaz 22, 96 f., 99–101, 108, 123, 128 f., 143, 148, 150, 159, 164, 183, 185, 214 f., 217 f., 226, 231, 240, 264, 267, 274
Dobner, Josef 153
Dobrovský, Josef 226
Dryák, Alois 235 f., 248
Dubček, Alexander 30
Dürer, Albrecht 283
Dwurnik, Edward 278
Dyek, Anton van 283

El Greco 283
Elisabeth Apollonia Gräfin von Kolowrat, geb. Tilly 99
Elisabeth von Pommern 71
Engel, Antonín 29
Erben, Karel Jaromír 226
Ernst III., Graf zu Schaumburg-Holstein 142

Fanta, Josef 224, 234
Fassmann, Franz 103
Ferdinand I., Kaiser 19, 50, 64, 73, 85, 91 f., 95, 113, 139, 176, 180, 266
Ferdinand II., Kaiser 20, 139, 213, 266
Ferdinand (II.), Erzherzog 19, 266
Ferdinand III., Kaiser 195
Filla, Emil 276
Fischer von Erlach, Johann Bernhard 73, 133, 156, 177–180, 185, 239
Fischer von Erlach, Joseph Emanuel 73, 74
Fischer, Georg 233
Fiumberti, Giovanni 180

Floris, Frans 94
Fontana di Brusata, Marco 163
Fragner, Jaroslav 257
Franz Anton Graf von Nostitz-Rieneck 191
Franz Ferdinand d'Este, Erzherzog 283
Franz II. / I., Kaiser 24
Franz Joseph I., Kaiser 53, 281
Friedrich II., Kaiser 11
Friedrich V. / I, König 20
Fuchs, Josef 257

Galli, Domenico 134, 183
Galli, Santin 140
Gaudencius, Karel 254
Gauske, Briccius 274
Gehry, Frank O. 33, 221
Geiger, Ferdinand 146
Georg von Klausenberg 55
Georg von Podiebrad, König 49, 172 f., 186, 191, 262
Gočár, Josef 29, 187–190, 276, 279
Godyn, Abraham 259
Godyn, Isaak 259
Gottwald, Klement 260
Goyen, Jan van 283
Grotte, Alfred 210
Guta von Habsburg 13
Gutfreund, Otto 221, 277 f., 284

Hácha, Emil 26
Hähnel, Ernst Julius 204
Haffenecker, Anton 22, 191, 239
Hager, Johann 128
Hálek, Vítězslav 229
Hals, Frans 283
Havel, Václav 31, 40
Havlíček, Milan 226
Heermann, Johann Georg 258
Heermann, Paul 258
Heidelberger, Ernst 143
Heinrich I., sächsischer König 61
Heinrich IV., Kaiser 11
Heinrich Julius, Herzog von Braunschweig 166
Heinrich VII., Kaiser 12
Heinrich, Gentz 241
Heintsch, Johann Georg 58, 214
Hellich, Josef 57
Hering, Johann Georg 164
Herwig, Bohuslav 103
Hilbert, Kamil 53, 64, 230
Hiebel, Johann 165, 183 f.
Hofmann, Vlastislav 29, 187
Holubec, Nikolaus 72
Hübschmann, Bohumil 29, 236
Hus, Jan 18, 150, 151, 173, 197
Hynais, Vojtěch 225, 255, 284

Ignatius von Loyola 164

Jäckel, Mathias Wenzel 100, 119, 152 f., 202, 265
Jäger, Josef 23, 146
Jan III. Sobieski, König von Polen 259
Janák, Pavel 29, 187, 221, 276, 279
Janda, Karel 27

Janonšková, Věra 278
Jaromír (Gebehard), Bischof 11
Jaroš, Tomáš 93
Johann Georg I., Kurfürst von Sachsen 20, 38
Johann von Luxemburg, König von Böhmen 12, 14, 170
Johannes von Nepomuk 74, 154
Jöndl, Johann Philipp 233
Josef II., Kaiser 23, 84, 93, 96, 107 f., 159, 171, 206
Jovánovics, György 278
Juda, Goldsmied 210
Jüngling, Antonín 238
Jungmann, Josef 226

Kadeřábek, Jiří 226
Känischbauer von Hohenried, Johann Baptist 100
Kaňka, František Maximilian 22, 73, 116, 138, 165, 183 f., 216, 254, 274
Karl d. Große, Kaiser 216
Karl IV. 14, 17, 37, 48, 57, 59, 71–76, 78, 83, 87, 113, 159, 171, 174, 191, 197–199, 211, 216 f., 219 f., 232, 235, 244, 246 f., 249, 252, 270 f.
Karl von Lichtenstein 132
Karl von Luxemburg 59
Kaspar Maria von Sternberg 280
Kepler, Johannes 19, 51
Klouček, Celda 27, 243, 248
Klouček, Celestin 224
Koch, Johann 223
Kohl, Johann Friedrich 98, 202
Kolowrat, Ludmila Eva Franziska 100
Konrad I., Fürst von Mähren 253
Kotěra, Jan 27, 29, 187, 230
Kotík, Jan 278
Kotlík, Andreas 72
Kovář, Johann Karl 215
Kóvař, Kristián 129
Kožarić, Ivan 278
Kracker, Johann Lucas 127
Kramolín, Josef 102, 166
Kranner, Josef Andreas 64
Krejcar, Jaromír 257
Kříž, Jan 150
Kubišta, Bohumil 276
Kunz, F. 99
Kupka, František 277, 283
Kvasnička, Josef 226
Kysela, Ludvík 239

Lachhofer, Johann 108
Langweil, Antonín 279
Lauermann, Josef 102
Lauffer, Emil 93
Lauterer, Adam 166
Le Corbusier 257
Lederer, Franz Xaver 204
Leopold I., Kaiser 58, 95, 119
Leopold II., Kaiser 256, 259
Letzel, Jan 236
Lhoták, Antonín 93
Lhoták, Kamil 278
Lieben, Salomon Hugo 276
Liebscher, Adolf 229
Liebstein, Wenzel Franz, Graf 122
Liška, Johann Christoph 103, 108, 153, 154
Litoměřický, Konrád 168

Lobkowitz, Johann von 132
Lobkowitz, Philipp 97
Löw ben Bezalel, Judah 208
Loos, Adolf 263
Luditz, Wenzel von 190
Ludmila, Herzogin 46, 107
Ludmila, Herzogin 57
Ludwig II., König 19
Ludwig Jagiello 76
Luna, Christian 22
Lurago, Anselmo 23, 116, 121, 240
Lurago, Carlo 21, 88, 121, 134f., 148, 152, 163, 182, 185, 213, 237, 252
Lurago, Francesco 122, 182
Lurago, Giovanni Antonio 165

Machytka, Jan 243
Maderna, Giovanni Battista 116
Malich, Karel 278
Mánes, Josef 159, 172
Mannes, J. V. 97
Mařák, Julius 225
Marchetti, Francesco 259
Marchetti, Giovanni 259
Maria Amalia von Österreich 73
Maria Theresia, Kaiserin 22, 51, 53, 73 f., 91, 93,
Martin von Klausenberg 55
Martinelli, Domenico 115
Masaryk, Tomáš Garrigue 25, 39, 117
Mašek, Karel Vítězslav 27
Matal, Bohumír 278
Mathey, Jean-Baptiste 95, 101, 112–115, 119, 152, 204, 258
Matthias von Arras 14, 59, 62, 65, 67f., 72, 121
Matthias, Kaiser 51, 181
Mauder, Josef 255
Maulpertsch, Franz Anton 105
Max, Josef 200, 202
Maximilian II., Kaiser 73, 84
Mayer, Johann Georg 99
Mayer, Johann Ulrich 146, 186
Meister Benedikt 254
Meister des Leitmeritzer Altar 76
Meister Frenzlin / Wenzel 75
Meister Oswald 213, 272
Meister Theoderich 272, 282
Meyer, Johann 202
Michl, Martin 105
Mies, Jakobellus von 151
Mlada, Äbtissin 58, 59
Mlada, Maria 56
Mládek, Meda 277
Mocker, Josef 53, 64, 191,198, 233, 271
Monaco, Lorenzo 283
Monogrammist IP 170
Mosto, Ottavio 113, 155
Mozart, Wolfgang Amadeus 204, 277
Mucha, Alfons 193–195, 254f., 278f.
Mühlheim, Johann von 150
Müller, Ignaz 129
Müller, Milda 263
Münzberger, Bedřich 256
Münzer, Thomas 151

Mundt, Johann Heinrich 170
Myslbek, Josef Václav 195, 228, 243, 248, 278

Náprstek, Voytěch 280
Neruda, Jan 146, 229
Neunherz, Wilhelm Joseph 102
Nosecký, Siard 103
Nouvel, Jean 269
Novák, Karel 194
Novák, Luděk 32
Novotný, Otakar (Oskar) 29, 275, 279

Ohmann, Friedrich 27, 235, 243
Orsi de Orsini, Giovanni Domenico 103, 122, 124, 213, 274
Orsi, Giovanni Battista 96, 99
Otto, Bischof von Prag 272
Otto, Kaiser 36
Ovid 143

Pacassi, Nikolaus 51
Packény, Jan 121
Palach, Jan 31, 40
Palacký, Comenius 226
Palacký, František 226
Palko, Franz Xaver 102, 128
Palliardi, Ignaz 107, 119, 130 f., 133
Palliardi, Michael Ignaz 102, 215
Pambio, Joan Maria del 91
Pánek, Jan Šimon 155
Pappenheim, Gottfried Heinrich, Graf 103
Paris, Abraham 119
Parler, Peter 14, 55, 62 f., 65, 67–72, 82 f., 168 f., 171, 177, 198, 226
Pavíček, František 112
Pešánek, Zdeněk 32
Pešina, Wenzel Michael 64
Pfeiffer, Antonín 237
Philipp von Schwaben 11
Philippi, Giovanni Maria 51, 144
Piccolomini, Ottavio 240
Pieroni, Giovanni 139, 140
Pietro della Torre, Giovanni 133
Piscina, Pietro 144
Platzer, Ignaz Franz 52, 102, 103, 127, 185, 202, 239 f.
Plečnik, Jože 29, 53–55, 260, 262
Polívka, Oswald 192 f.
Popovič, Miča 278
Popp, Antonín 225 f., 245
Pozzo, Andrea 165, 184
Prachner, Richard Georg 100, 128, 149
Prager, Karel 226
Prée, František Ignác 23, 185
Preisler, Jan 193
Přemysl Ottokar I., König 11, 36, 59, 73
Přemysl Ottokar II., König 12, 14, 36, 73, 78, 84, 86 f., 89, 191, 256
Procházka, Antonín 276, 283

Quittainer, Andreas Philipp 97
Quittainer, Johann Anton 101, 103, 129, 148, 152

Raab, Ignaz 102
Radeč, Wenzel von 72
Rano, Martino 213
Rauchmüller, Matthias 200, 216
Redelmayer, Joseph 128
Reiner, Wenzel Lorenz 100, 108, 116, 129, 148, 153, 156, 268
Rejsek, Matěj 170, 190
Rembrandt van Rijn 283
Ribera, Jusepe de 283
Ried, Benedikt 18, 49, 57, 63, 80–85, 90, 230
Ringhoffer, Franz 267
Roder, Pankraz 207
Rodin, Auguste 197
Roith, František 29
Rossi, Domenico Egidio 116
Rottmayr, Johann Michael 136
Roubalík, Bohumil 229
Ruben, Christian 93
Rubens, Peter Paul 129, 283
Rudolf II., Kaiser 19, 21, 38, 50f., 53, 73, 80, 89, 93, 101, 104, 163, 256f., 259, 283
Rudolf, Kronprinz von Österreich-Ungarn 227

Sakař, Josef 244
Šaloun, Ladislav 194, 197
Sansovino, Jacopo 98
Santini, Giovanni Francesco 123
Santini-Aichl, Johann Blasius 13, 131, 135f., 216, 273, 281
Savery, Roelant 282
Schikaneder, Jacob 243, 283
Schiller, Friedrich 138
Schlick, Leopold, Graf 73
Schmidt, Anton 132
Schmidt, Friedrich von 271
Schmidt, Hermann 183
Schmidt, Johann 215
Schmoranz, František (Franz) d.J. 223, 243
Schnirch, Bohuslav 229, 245
Schönherr, Matthias 149, 156
Schöpf, Anton 100
Schöpf, Karl 215
Schulz, Josef 223, 228, 242, 245, 277f.
Schulz, Simon 103
Schwanitzer, Josef 207
Schwanthaler, Ludwig von 225
Scotti, Giuseppe Bartolomeo 22, 131
Sebregondi, Nicolo 139
Semper, Gottfried 242, 260
Sigismund von Luxemburg, Kaiser 18, 260
Škréta, Karel 155, 170, 214, 282
Sladkovský, Karel 229
Slavík, Otakar 278
Smetana, Bedřich 227, 275
Soběslav I., Herzog 47, 78, 87, 253
Soběslav II., Herzog 78
Soldati, Tomaso 133, 214
Sova von Liboslav, Václav 277
Španiel, Otakar 64
Spazio, Giovanni 91
Spezza, Andrea 139
Spiess, Hans 63
Špillar, Karel 194

Spinetti, Bernardo 162, 183, 240
Spinetti, Givanni Battista 164
Spranger, Bartholomäus 19, 282
Spytihněv I., Herzog 46, 47
Spytihněv II., Herzog 73
Stegner, Matthias 100
Stella, Paolo della 50, 91 f.
Stephanie, Prinzessin von Belgien 227
Stevens, Anton 148
Stevens von Steinsfels, Johann Jakob 266
Štursa, Jan 221
Šubic, Janez 229
Sucharda, Stanislav 232, 283
Sucharda, Vojtěch 237
Süssner, Jeremias 153
Süssner, Konrad Max 153
Švabinský, Max 195
Svatava von Polen 253
Svoboda, Karel 93
Sýkora, Zdeněk 278

Tenzer, Antonín 236
Terborch, Gerard 283
Terzio, Francesco 64, 93
Thiele, Jan 93
Tiepolo, Giovanni Battista 283
Tintoretto, Jacobo 283
Tirol, Hans von 50, 91
Tirol, Johann 113
Trenkwald, Josef 93
Tulka, Josef 229
Tycho Brahe 19, 51, 93
Tyl, Josef Kajetán 24, 192
Tyl, Oldřich 257, 279

Ullmann, Vojtěch Ignác 210
Urban, František 254 f.
Urbanová-Zahradnická, Marie 254 f.

Vejrych, Jan 190
Velázquez, Diego Rodríguez de Silva y 278
Ventura, Giovanni 88
Víška, František 256
Vlach, Augustin 109
Vladislav II. Jagiello, König 18, 49, 63, 73, 78–80, 83, 85 f., 90, 101, 121, 191, 193, 197, 249, 253, 272,
Voget, Franz 156
Vratislav I., Herzog 11, 47, 56–58
Vratislav II., Herzog 11, 36, 61
Vries, Adriaen de 141, 143

Wagner, Anton Paul 229
Wagner, Otto 27, 53, 187
Wahl, Josef 210
Waldhauser, Konrad 154
Waldstein, Albrecht Wenzel Eusebius 21, 138, 142
Weiss, Franz Ignaz 109, 148
Weitmühl, Beneš von 59, 72
Wenders, Wim 269
Wenzel I., König 11, 36, 149, 155
Wenzel II., König 13, 128, 174, 273
Wenzel III., König 12, 37
Wenzel IV., König 18, 74, 79 f., 87, 175, 193, 199
Wenzel von Böhmen (der Heilige) 11, 16, 46, 54, 57,

61, 64, 71, 76, 107, 110, 156, 173, 186, 202, 247, 251, 272
Wenzel von Luxemburg 72
Wiehl, Antonín 230, 240, 255, 279
Willmann, Michael Lukas Leopold 103, 153
Wirch, Johann Joseph 23, 114
Wohlmut, Bonifaz 50, 64, 71, 83, 84, 91 f., 94, 113, 266
Wolf, Achill 116
Wolfgang Hieronymus Heroldt 200
Wratislaw von Mitrowitz, Johann Wenzel, Graf 156
Würth, Johann Joseph 74
Wurmser, Nikolaus 213

Zálešák, Štěpán 254
Zasche, Josef 221
Zdik, Heinrich , Bischof 101, 272
Želivský, Jan 219, 230
Zeníšek, František 225, 229, 243
Zeyer, Julius 255
Zítek, Josef 193, 227, 229, 242, 277, 279
Žižka, Jan 260, 273
Znaim, Konrad von 56

Zur Autorin

Isabella Woldt studierte Kunstgeschichte und Philosophie in Hamburg. Promotion 2001 mit einer Arbeit über die Kunsttheorie von Lord Shaftesbury. 2001–04 wissenschaftliche Oberassistentin am Kunsthistorischen Institut A. Mickiewicz Universität Paznań (Polen), 2005–07 Stipendiatin der Aby-Warburg-Stiftung und Lehrbeauftragte am Kunstgeschichtlichen und am Philosophischen Seminar in Hamburg. Seit 2007 wissenschaftliche Mitarbeiterin am Hamburger Kunstgeschichtlichen Seminar. Schwerpunkte von Forschung und Publikationen sind Kunst und Architektur Ostmitteleuropas (vor allem Residenzenforschung) sowie Wissenschaftsgeschichte (Aby Warburg).